19523

TRAITÉ
DU
IEU

a' AMSTERDAM chez PIERRE HUMBERT.

TRAITÉ
DU JEU,

Où l'on examine les principales Questions

DE DROIT NATUREL
ET DE MORALE

qui ont du rapport à cette Matiere.

Par JEAN BARBEYRAC.
TOME PREMIER.

A AMSTERDAM,
Chez PIERRE HUMBERT.

MDCCIX.

PRÉFACE.

I L n'y a rien de plus difficile que de convaincre les Hommes de leurs égaremens, lors qu'il s'agit de choses indifférentes en elles-mêmes, & qui ne sont mauvaises que par l'abus qu'on en fait. Peù de gens ont besoin qu'on emploie beaucoup de raisonnemens pour leur persuader que le Blasphême, par exemple, le Meurtre, le Larcin, la Perfidie, la Fraude, la Calomnie, sont des actions également honteuses & criminelles : il y a là je ne sai quoi qui fait d'abord horreur, indépendamment de la violation manifeste des Loix de la Nature &

* 2   de

de l'Evangile ; & à moins que d'avoir étouffé tout fentiment de Vertu, ou que d'être né & élevé parmi des Peuples fauvages qui ne font prefque aucun ufage de leur Raifon, on ne fauroit être tenté de fe porter à de pareils forfaits fans quelque répugnance, ni les commettre actuellement fans quelque remors. Quelque ingénieux qu'on foit à fe flatter & à fe faire des illufions, on ne peut guéres venir à bout d'autre chofe, que d'exténuer le crime : il faut du moins bien du tems avant que d'impofer entiérement filence à cet Accufateur importun & ce Témoin incorruptible que chacun a dans fon propre cœur. Mais boire & manger font des actions naturelles & abfolument néceffaires : quel mal y a-t-il, vous dira ce Gourmand, à manger ce que l'on veut & à fe crever de viandes ? Pourquoi ne pourrai-je pas, vous dira cet

Yvro-

Yvrogne, me donner au cœur
joie & boire tous les jours autant
qu'il me plaît? Porter un ruban,
ou n'en point porter, le prendre
d'une couleur plûtôt que de l'autre, être habillé ou meublé de
telle ou telle maniére, ce font
chofes qui de leur nature ne font
ni bien ni mal : il m'eft donc permis de fuivre uniquement là-deffus ma fantaifie, de me parer &
de m'ajufter comme bon me fem-
blera, d'élever des Bâtimens
fomptueux & d'étaler des Ameu-
blemens magnifiques autant que
j'en aurai les moiens & l'envie,
c'eft ainfi que raifonnent bien des
gens. Vous aurez beau repréfenter aux prémiers les mauvais effets de l'Intempérance, & aux
derniers ceux du Luxe, vous aurez beau leur alleguer tous les
motifs que la Raifon nous four-
niffent pour nous porter à la Sobriété & à la Modeftie ; tout cela ne fera que peu d'impreffion

fur

fur eux. Pleins de l'idée de ce qu'eft la chofe en elle-même, ils ne penfent point à ce qu'elle devient par la maniére dont ils en ufent ; & la paffion vigilante, auffi foigneufe de fes propres intérêts qu'ingénieufe à perdre celui dont elle s'empare, le détourne inceffamment de la vûë de l'excès ou de l'abus, & le rend infenfible aux plus forts difcours qui tendent à l'en convaincre.

Je ne fai s'il y a quelque chofe où ce que je viens de dire paroiffe plus clairement, qu'à l'égard du Jeu. Comme cet amufement, confideré en lui-même, ne renferme rien de mauvais, de quelque côté qu'on le tourne, une infinité de gens ne s'avifent pas feulement de foupçonner que certaines circonftances puiffent le rendre illicite & criminel. On paffe tranquillement fa vie à jouer d'une maniére tout-à-fait indigne, je ne dirai pas d'un véritable

ble Chrétien , mais d'un Homme raisonnable, sans revenir jamais à soi-même, & sans prêter l'oreille à aucune exhortation.

C'est là sans contredit un aveuglement inexcusable. Pour peu qu'on eût soin de refléchir sur sa propre conduite, & de la comparer avec les Loix claires & invariables de la Raison & de l'Evangile, on se reconnoîtroit bientôt coupable d'un grand abus, & l'on n'auroit pas besoin d'autre avertissement pour sentir du moins en gros la nécessité de se corriger. Mais peut-être aussi n'est-ce pas tout-à-fait la faute de ceux qui s'engagent dans de tels excès, & qui y persistent si constamment. Ceux qui devroient travailler à leur faire ouvrir les yeux & à les ramener dans la bonne voie ou le négligent beaucoup, ou du moins s'y prennent mal.

La négligence est claire : on n'a qu'à parcourir l'Histoire de

tous

tous les siécles, & y joindre ce que l'on voit de ses yeux. Il n'est pas moins certain qu'on s'y prend d'ordinaire tout autrement qu'il ne faut. Qu'est-ce qu'ont produit & que pouvoient naturellement produire les déclamations des *Péres*, qui, outre qu'elles ne distinguoient pas l'usage innocent d'avec l'abus le plus manifeste, renfermoient d'ailleurs de pitoiables raisons pour détourner du Jeu l'Auditeur & le Lecteur? Croit-on que ce soit un bon moien pour convertir une personne qui joue, que de lui dire, par exemple, avec l'Auteur d'une Homélie qui est parmi les Oeuvres de St. CYPRIEN, qu'*en jouant* (a) *aux Jeux de Hazard on sacrifie au Démon qui en est l'inventeur;* ou, comme fait St. CHRYSOSTÔME, que *le Jeu* (b) *est un don du Diable, & non pas de Dieu?* J'aimerois autant, pour empêcher les gens d'aller à la Comédie,

(a) J'ai rapporté le passage, Liv. I. Ch. II. §. I.
(b) Homil. VI. in Matth.

médie, me servir de cette belle
penſée de TERTULLIEN,(1)que
le Diable eſt celui qui chauſſe les
brodequins aux Acteurs, afin de
faire mentir JÉSUS-CHRIST,
qui a dit , que *perſonne ne peut
ajoûter une coudée à ſa ſtature.*

Si l'on recueilloit tout ce qui
ſe débite encore aujourd'hui en
Chaire ſur ces ſortes de ſujets,
on n'y trouveroit que trop de
pareils raiſonnemens, à la honte
d'un Siécle qui par tout ailleurs
ne les ſouffre preſque plus.   On
y chercheroit du moins en vain
cette juſteſſe , cette préciſion,
cette exactitude, cette juſte é-
tenduë, qui en éclairant l'Eſprit
va tout droit au Cœur.

Les Livres devroient y ſup-
pléer: mais en a-t-on là-deſſus
qui ſoient capables de ſatisfaire
une

---

(1) *Sic & Tragœdos* [Diabolus] *cothurnis extulit,
quia nemo poteſt adjicere cubitum unum ad ſtaturam
ſuam. mendacem facere vult Chriſtum.* De Spectacul.
Cap. XXIII.

une perſonne de bon goût, & de réduire au ſilence les plus obſtinez Joueurs? *La plûpart des Caſüiſtes (je me ſers des propres ter-*mes d'un (a) Auteur Catholique Romain & par conſéquent non ſuſpect à leur égard) *ont traité la matiére du Jeu, ceux-ci dans les* Sommes des Cas de Conſcience, *ceux-là dans d'autres Ouvrages, en parlant ou de* la Juſtice & du Droit, *ou des* Contracts, *ou de la* Reſtitution, *ou du* Neuviéme Précepte du Décalogue. *Mais outre qu'ils l'ont traitée fort ſéchement, & que leurs opinions ne ſont pas toûjours fort ſûres dans la pratique, ils ne ſont pas deſcendus dans un aſſez grand détail, & il manque bien des choſes à leurs obſervations.*

(b) *Comme* Mr. THIERS *a une grande lecture, il eſt vraiſemblable qu'il a cité preſque tous les Livres qui ont été faits ſur les Jeux & ſur les Divertiſſemens : néanmoins*

(a) *Thiers, Traité des Jeux &c.* Préface, pag. 2.

(b) *Nouv. de la Rep. des Lett.* Janvier 1687. Art. I. au commencement.

moins il n'en cite pas un fort grand nombre, & c'est ce qui peut nous causer quelque surprise, parce que n'y aiant rien de plus étendu que cette matiére, rien où il entre plus de fine moralité, il étoit de l'ordre que beaucoup d'Auteurs la traitassent expressément, & sans oublier quelques-unes des parties essentielles à un bon Traité sur cela. C'est la réflexion que fit Mr. BAYLE en commençant l'Extrait du Livre que je viens de citer; & effectivement il y a lieu d'être surpris de cette grande stérilité des Moralistes, sur tout à l'égard du Jeu, qui depuis qu'il est connu dans le Monde y a causé tant de dissipations & tant de désordres.

Le plus ancien Traité que nous ayions, est celui d'un Médecin Flamand d'*Eckeloo*, nommé PASCHASIUS JUSTUS, qui le publia en MDLX. Il est intitulé, (a) *Des Jeux de Hazard, ou de la*

(a) *De Alea, sive de curanda ludendi in pecuniam cupiditate.*

la maladie de jouer de l'argent. Il y a du Latin & un verbiage confus de mauvaise Philosophie : du reste point de méthode & peu de solidité ; tout ce qu'il dit est fort vague, & ne porte guéres que contre les abus les plus grossiers des Jeux de Hazard. Aussi voit-on que ses raisonnemens ne firent pas plus d'impression sur lui-même, qu'ils n'en avoient fait apparemment sur les autres : car il y a ceci de singulier, qu'il étoit grand Joueur, (a) & qu'il le fut toute sa vie, malgré son Livre, & malgré les vœux & les priéres qu'on dit qu'il avoit souvent fait à Dieu pour être guéri de cette maladie dont il se sentoit atteint.

(a) Voiez sa Vie, à la tête du Livre même.

Je n'ai point vû (b) l'Ouvrage d'Ange Roccha, Evêque de *Tagaste* en *Afrique* & Sacristain du Palais Apostolique sous *Clément* VIII : ni celui de Lambert Daneau, Professeur en diverses Académies Protestantes.

(b) Imprimé à *Rome* en 1616.

Je·

Je fai feulement que l'un & l'autre, auffi bien que celui de *Paf-chafius Juftus*, roulent uniquement fur les Jeux de Hazard; comme fi les autres fortes de Jeux ne méritoient pas qu'on en parlât. Et pour ce qui eft du Livre de *Daneau* en particulier, une feule maxime qu'on en rapporte fuffit pour faire juger de la maniére dont l'Auteur traite fon fujet : (a) *Quiconque*, dit-il, *retient l'argent d'un autre fur ce fondement qu'il le lui a gagné au Jeu, le retient injuftement, & avec auffi peu de bonne confcience que s'il le lui avoit dérobé.*

En MDCLXXXV. il parut à *Paris* des *Converfations morales fur les Jeux & les Divertiffemens*, par Mr. DU TREMBLAI. Je ne les connois que par ce qu'en dit Mr. *Bayle* dans fes (b) *Nouvelles de la République des Lettres*, où il en donna le plan en peu de mots. Mr. *Thiers* (c) prétend qu'elles

(a) Je la rapporte fur la foi de Mr. *La Placette*, dans fon Traité des Jeux de Hazard, Ch.I.

(b) *Janvier* 1685. pag. 122. & *Août*, pag. 930, 931.

(c) Préf. pag. 6.

qu'elles ne pénétrent pas affez dans les fujets particuliers, & qu'elles ne marquent pas affez les circonftances qui peuvent accompagner les Jeux & les Divertiffemens. Mais, pour lui, il déclare que fon Livre *renferme à peu près tout ce que les autres Auteurs ont dit & tout ce qu'ils ont ômis de dire de plus confidérable* fur ce fujet.

Cet Ouvrage, qui fut publié l'année fuivante, eft intitulé, *Traité des Jeux & des Divertiffemens, qui peuvent être permis ou qui doivent être défendus aux Chrétiens felon les Régles de l'Eglife & le fentiment des Péres.* On voit par là d'abord que le deffein de Mr. THIERS eft uniquement, comme il le dit encore dans fa Préface, *d'expliquer les fentimens de l'Eglife* (c'eft-à-dire, des Péres, des Conciles, & des Auteurs Catholiques Romains) *fur les Jeux & les Divertiffe-*

tiffemens. Il a tenu parole. Les
trois quarts pour le moins de son
Livre confiſtent en citations en-
nuieuſes de grands paſſages, qui
ſur chaque Article diſent à peu
près la même choſe, & cela d'u-
ne maniére où il n'y a rien que
de plat ou de fort vague; ce n'eſt
même ſouvent que pure décla-
mation. Du reſte, nôtre Curé
plein d'eſtime & d'admiration
pour les penſées d'autrui qu'il
avoit ramaſſées dans ſes lectures,
n'a pas jugé à propos d'y mettre
beaucoup du ſien. Il indique à la
vérité les principales circonſtances qu'il faut conſiderer ſur cette matiére, mais il ne fait que
les indiquer. Rarement raiſonne-
t-il, & on remarque en général
peu d'ordre & peu de ſuite dans
ſon diſcours. Il traite de la Raillerie, des bons mots & des plai-
ſanteries ingénieuſes, des attou-
chemens, des regards, des bai-
ſers, de ceux qui ſe divertiſſent

**

à

à faire ou à regarder des Images
lascives & des peintures deshonnêtes, de la lecture des Romans
& des autres Livres de galante-
rie, du plaisir qu'on prend à plusieurs choses nuisibles au Prochain, de la Pêche, de la Chasse, des Charivaris, du Ris en
général, de la Comedie, de l'O-
pera, & des autres sortes de Spectacles, jusqu'à celui des Farces
& des Marionettes, des Masca-
rades & sur tout de celles du Car-
naval, en un mot de tous les Divertissemens & publics , & particuliers, qui lui sont venus dans
l'esprit. Cependant le Livre n'est
qu'un *in douze* de 481 pages.
D'où l'on peut juger, à combien
peu de chose se réduit ce que dit
l'Auteur sur le Jeu en particulier, mis à part les citations qui
regnent ici avec la même proportion que dans le reste du Livre.

J'avois déja formé tout mon
plan

plan & affez avancé la compofi-
tion de mon Ouvrage, lors que
ce Traité de Mr. *Thiers* & celui
de *Pafchafius Juftus* me tombé-
rent entre les mains. Mais, après
les avoir lûs avec foin, je n'y trou-
vai rien qui m'obligeât à faire aucun changement ni dans mon Syftême, ni dans mes raifonnemens.
Je compris auffi par là , que je
pouvois à divers égards traiter
mon fujet d'une maniére à ne pas
appréhender qu'on fe plaignît de
la répétition , tant pour le fond
des chofes , que pour le tour &
pour la méthode.

Mr. LA PLACETTE, fi con-
nu par un grand nombre de Livres qu'il a publiez fur des matiéres de Morale, donna en
MDCXCVII. un petit *Traité fur
les Jeux de Hazard*, qui eft parmi fes *Divers Traitez fur des matiéres de Confcience:* mais, comme porte le titre , il ne s'y eft
propofé que d'*examiner ces deux*

ques-

questions; l'une si ces sortes de Jeux sont criminels d'eux-mêmes; l'autre, s'il faut rendre ce qu'on y a gagné.

Je n'ai point pris à tâche d'examiner, moins encore de critiquer tout ce que disent ceux qui ont traité avant moi le même sujet. Si j'ai relevé quelques unes de leurs fautes, ce n'est qu'en passant & pour donner quelque exemple de leur peu d'exactitude. Mais je ne saurois m'empêcher de dire ici quelque chose d'un défaut d'autant plus considérable, qu'il ne se borne pas au peu d'Ouvrages qu'on a sur la matiére du Jeu. Il regne plus ou moins dans la plûpart des Livres de Morale, si l'on en excepte ceux des Casuïstes de l'Ordre de *St. Ignace*, qui ont pris le contrepié.

Le défaut, dont il s'agit, c'est qu'on raisonne sur des principes abstraits, & qu'on bâtit là-dessus des maximes outrées, qui ne font au-

aucun effet ou qui en font de mauvais. On s'entête de je ne sai quelle perfection imaginaire, dont la vûë ne peut guéres frapper qu'un Esprit mélancholique ou quelque Cerveau débile. On se laisse éblouïr à des subtilitez Métaphysiques ou à des idées Mystiques; & là-dessus grands raisonnemens à perte de vûë, régle sur régle, distinction sur distinction; de sorte que les Véritez & les Maximes les plus solides sont comme étouffées par ce mélange confus de chiméres creuses & de raisons étrangéres. On condamne des choses fort innocentes; on exaggére celles qui sont véritablement vicieuses; on ne distingue point l'usage d'avec l'abus. Qu'arrive-t-il de là? C'est qu'à force d'exiger des Hommes plus qu'ils ne peuvent, on n'en obtient rien de ce qu'ils doivent; & qu'en les faisant plus coupables qu'ils ne sont, on leur persuade

suade

suade presque qu'ils ne le sont point du tout. L'expérience est ici trop certaine pour avoir lieu d'en douter; & quiconque y fera attention, tombera d'accord que les (a) *décisions excessivement rigides sont presque aussi dangereuses que les relâchées,* comme Mr. *La Placette* l'a dit en autant de termes.

Ce n'est pas qu'au fond une Maxime soit fausse précisément parce qu'elle paroît rigide, sur tout si l'on s'en remettoit au jugement de ceux qui ont quelque intérêt à la trouver telle. Mais c'est que, quand on examine bien les choses, on découvre sans peine la fausseté & le peu de fondement des Maximes rebuttantes que la plûpart des Moralistes débitent sur plusieurs sujets, & en particulier sur les Jeux & les Divertissemens.

Le mal vient de ce que l'on ne prend pas le bon chemin, & qu'on qu'on s'éloigne des véritables sources de la Morale. On ne considére pas affez la conftitution de la Nature Humaine & fon état ici-bas. On raifonne comme fi l'on avoit à faire à des Anges, & non pas à des Hommes. On méprife ou l'on néglige les Loix que la feule Lumiére Naturelle nous découvre; & à force de diftinguer le Chrétien de l'Homme, on prefcrit des Régles impraticables & à l'Homme & au Chrétien. On abufe de quelques paffages de l'Ecriture Sainte mal entendus: on prend à la lettre des expreffions figurées: la moindre reffemblance des termes fait que l'on attribuë aux Ecrivains Sacrez les fentimens dont on étoit prévenu; & de conféquence en conféquence on s'engage peu-à-peu dans les plus grandes abfurditez.

Le Chapitre III. de la I. Partie de cet Ouvrage, tend à diffiper

** 4   des

des préjugez si dangereux, & à découvrir au naturel le génie & les principes généraux de la Morale Chrétienne. J'ai crû qu'on ne me sauroit pas mauvais gré si je profitois de l'occasion qui se présentoit d'insérer ici cette petite piéce en forme de digression, qui fait néanmoins en partie à mon sujet.

Pour ce qui est de la matiére principale, j'ai tâché de la traiter à fond, & d'en dire assez sur chaque article pour décider tous les cas qui peuvent s'y rapporter. J'ai posé des principes clairs & simples, j'en ai tiré les conséquences, & je les ai suivies par tout où elles m'ont mené, sans m'embarrasser de rien. J'ai pesé tranquillement le Bien & le Mal sur toutes les questions qui se présentoient : j'ai examiné les choses en elles-mêmes, & comme si j'étois le prémier qui méditât là-dessus ; j'ai consulté mes propres idées,

idées, plûtôt que celles d'autrui.
Ce n'est pas qu'ici, comme par
tout ailleurs, je ne rende exactement à chacun ce que j'en ai em-
prunté, & que je ne rapporte
même avec plaisir, lors qu'un
Auteur, soit Ancien ou Moderne me paroît de quelque poids,
les pensées que j'y ai trouvé qui
avoient quelque conformité avec
les miennes: mais j'en ai usé ainsi
pour ne laisser aucun lieu au reproche de plagiaire, & pour as-
saisonner d'ailleurs mon discours
de quelques traits agréables, plus
que pour faire valoir des autoritez là où les raisons seules ont
droit d'exiger l'aquiescement du
Lecteur.

Je me suis borné au titre de
mon Livre; & si j'ai dit plusieurs
choses sur les Divertissemens en
général, ce n'est qu'autant que
cela étoit nécessaire pour donner
des Régles sur le Jeu en particulier. Il faudroit plusieurs autres

Volu-

Volumes pour traiter exactement de chaque forte de Plaifir & de Recréation qui peut avoir quelque chofe de mauvais ou par fa nature, ou à caufe de certaines circonftances.

J'ai divifé tout l'Ouvrage en quatre Livres. Dans le *prémier*, qui ne contient que trois Chapitres, mais le troifiéme fort long, je montre que le Jeu, confideré en lui-même, n'a rien d'illicite, ni par le Droit Naturel, ni par les Loix de la Religion. J'examine en particulier la nature des Jeux de hazard, & je prouve qu'elle ne renferme rien qui les rende plus criminels que les autres. Je fais voir qu'aucun Jeu n'eft contraire par lui-même à l'efprit de l'Évangile : & c'eft de là que je prens occafion d'expliquer en peu de mots le génie & les principes généraux de la Morale Chrétienne, par oppofition aux idées outrées que quelques-

ques-uns en ont donné fur divers
fujets.

Le *fecond* Livre, qui fe réduit
à quatre Chapitres, eft deftiné à
confiderer ce qui regarde le fond
ou l'eſſence même du Jeu. J'y
traite de la nature du Jeu; de ſes
différentes fortes; de la liberté,
de l'égalité, & de la fidélité,
qui font néceſſaires pour empêcher qu'il n'y aît quelque choſe
de vicieux dans le Contract; &
des qualitez de la choſe qui peuvent le rendre nul. La diſtinction
du *gros jeu* & du *petit jeu*, à laquelle il me ſemble qu'on ne
prend pas aſſez garde, me ſert
ici & ailleurs à décider bien des
cas d'une maniére où l'on trouvera peut-être quelque choſe de
nouveau.

Dans le *troiſiéme* Livre, qui eſt
le plus long, tout roule ſur ce
qu'il y a d'externe qui accom-
pagne le Jeu. Je recherche d'a-
bord le but naturel & ordinaire
de

de ce divertiſſement ; & je tire de là enſuite dequoi établir des Régles inconteſtables ſur les autres circonſtances. J'y établis, ce me ſemble, par des raiſons invincibles, qu'il n'eſt pas permis de jouer gros jeu. Je parle des diſpoſitions où l'on doit être en jouant ; du tems que l'on peut donner au Jeu ; des cas où il eſt illicite à cauſe de quelque préjudice qui en revient ou à nous-mêmes, ou à autrui ; des ménagemens que demandent le ſexe, l'âge, & le rang ou le caractére que l'on a dans la Société, tant Civile qu'Eccléſiaſtique; du choix des lieux où l'on joue & des perſonnes avec qui l'on joue. J'examine à quels Jeux il eſt le plus à propos de ſe divertir, chacun ſelon ſon état. Je fixe l'étenduë, & l'obligation des réglemens que les Loix font ou peuvent faire ſur le Jeu ; & je propoſe en peu de mots les moiens les plus propres prcs pour parvenir au but de ces réglemens.

Enfin , dans le *quatriéme* & dernier Livre , j'entre dans quelque détail des abus du Jeu, c'eſt-à-dire, des abus les moins groſſiers & les plus communs; & je répons aux raiſons ou plûtôt aux vains ſubterfuges de ceux qui abuſent de ce divertiſſement. Ici ſur tout je tâche de pourſuivre la paſſion du Jeu dans tous ſes retranchemens, & de ne laiſſer aucun prétexte plauſible aux illuſions des Joueurs.

Il ſeroit inutile , après ce que j'ai dit là & ailleurs, de diſſimuler que les excès du Jeu, qui ſont devenus à la mode en bien des endroits, m'ont donné occaſion de travailler ſur cette matiére. Les Livres de Morale ſont toûjours de ſaiſon : mais ils ne le ſont jamais davantage , que lorsqu'ils tendent à corriger les déréglemens du ſiécle auxquels on

fait

fait le moins d'attention. Le Jeu
est un de ceux-là, & je ne sai si
jamais l'abus en a été plus commun. Il se répand sur tous les
âges & sur toutes les conditions:
il augmente de jour en jour, mais
il ne sauroit aller guéres plus loin.
Peu de gens y prennent garde:
on s'accoûtume insensiblement à
n'y trouver plus à dire; & il faut
avoir assûrément du courage pour
entreprendre de s'opposer sans
détour à un torrent si rapide.

Essaions pourtant, au hazard
de ce qui en pourra arriver. Faisons ce qui dépend de nous, &
ne nous mettons pas en peine du
reste. Je n'ai rien oublié pour
faire voir clairement le fond des
choses; & ceux qui jouent n'auront d'ailleurs, ce me semble,
aucun sujet de se plaindre que
j'outre quoi que ce soit. Je leur
ai accordé tout ce qu'ils peuvent
raisonnablement prétendre : j'ai
eu tous les égards qu'on peut
avoir

avoir pour la foibleſſe des Hommes, ſans préjudice de la Vérité & de leur Devoir. Peut-être que quelques-uns ouvriront les yeux, & montreront aux autres un exemple qui avec le tems aura de plus grandes ſuites. Peut-être que ceux qui ont en main des moiens plus efficaces pour arrêter le cours des mauvaiſes modes, ſongeront à les emploier dans cette occaſion. Quoi qu'il en ſoit, il ne faut pas entiérement deſeſperer du ſuccès, lors qu'on a lieu de croire que ceux qui ont tenté avant nous la même choſe ne s'y ſont pas tout-à-fait pris comme il faut.

Je ſai que je ſerai expoſé à des réflexions malignes ſur les portraits qu'on verra ſur tout dans le dernier Livre: mais je n'ai pas crû que cette raiſon dût m'obliger à ſupprimer une choſe qui me paroiſſoit abſolument néceſſaire. On doit deſormais être déſa-

défabufé de la penfée que de fim-
ples Maximes, quelque poufléies
& développées qu'elles foient, fuffifent pour produire l'effet que
l'on fe propofe dans un Traité
de Morale. La plûpart des gens
font fi fort aveuglez par la paffion, que les généralitez les plus
marquées ne font fur eux que
peu ou point d'impreffion. Il faut
entrer dans quelque détail qui les
frappe, qui leur tienne lieu de
miroir fidelle où ils ne puiffent
s'empêcher de découvrir la tur-
pitude de leurs excès, & qui leur
faffe toucher au doigt en quoi &
jufqu'où ils péchent contre la Régle qu'ils ne croioient pas violer,
ou du moins autant qu'ils font.
Il n'eft pas poffible d'écrire fur
ce pié-là, fans donner lieu à des
applications, qui peuvent être
très-juftes, quoi qu'elles ne foient
pas dans l'intention de l'Auteur.
Quelquefois même ceux à qui le
portrait convient le mieux, cher-

chent

chent vîte ailleurs quelcun à qui
il reſſemble, pour éloigner d'eux
la comparaiſon. Je n'ai point chargé les miens, pour donner plus
d'horreur des abus du Jeu, ou
pour empêcher qu'on n'en fît application à telle ou telle perſonne: il m'auroit été facile d'y ajoûter bien des traits, & des traits
encore plus affreux, ſans donner
l'eſſor à mon imagination, & ſans
rien prêter aux originaux qui ne
ſe préſentent que trop quelque
part qu'on aille. Après tout, il
ne s'agit point ici de flatter les
gens ; & bien loin de craindre
que tel ou telle croie que je l'ai
en vûë, je ſouhaitte que chacun
de ceux qui jouent ſoupçonne
que c'eſt lui que regarde le portrait. Quiconque s'y reconnoîtra, n'a qu'a ſe l'appliquer, je déclare hautement que
c'eſt lui alors que j'ai voulu peindre. S'il ſe ſent coupable , ce
n'eſt pas ma faute : mais ce ſera

***

la

la sienne, s'il ne veut pas se corriger au plûtôt.

Il me semble ici entendre quelcun qui dira que ce n'étoit pas à
moi à prendre les choses sur ce
ton-là, & qu'il falloit en laisser
le soin à ces personnes de poids
& d'autorité, qui doivent veiller à la correction des mœurs.
Mais outre que, selon toutes les
apparences, on auroit attendu
bien long tems quelque remède
à un mal si pressant de la part de
ceux qui semblent n'y faire aucune attention ; je ne sai si, de
la maniére que les choses vont,
ils sont les plus propres à réüssir.
On est tout accoûtumé à écouter leurs censures & leurs exhortations sans en être presque émû,
soit parce que souvent elles ne
sont pas assez bien proportion-
nées au but qu'ils se proposent
ou qu'ils doivent se proposer,
soit parce qu'on s'imagine que
c'est leur mêtier d'outrer les choses,

fes , & de demander beaucoup
plus qu'ils ne veulent obtenir.
Ainfi il vaut mieux peut-être
qu'un Laïque, qui ne fauroit ê-
tre foupçonné d'avoir quelque
intérêt à crier contre le Jeu , aît
entrepris de traiter cette matiére. Et après tout , comme chacun eft tenu d'étudier la Morale
pour foi-même, chacun peut &
doit auffi l'enfeigner dans l'occafion. Tout Homme, tout Chrétien , eft Prédicateur-né , pour
repréfenter aux autres des chofes qui intéreffent tous les Chrétiens, tous les Hommes.

Il eft bon , au refte , de donner ici aux Joueurs & Joueufes
qui daigneront jetter les yeux fur
cet Ouvrage , un avis dont bien
des gens ont befoin. Ils lifent les
Livres en courant & à bâtons
rompus: d'ordinaire même ils ne
font qu'en effleurer quelques endroits par ci par là , felon leur
goût, & laiffent les autres, fou-

vent plus essentiels. Ainsi ils n'ont
que des idées très-confuses &
très-imparfaites de la matiére : &
plus l'Ouvrage est méthodique,
moins ils en retirent de profit,
parce que ce qui suit y dépend
de ce qui précéde, & qu'à moins
que de s'engager dans des repé-
titions ennuieuses , on ne peut
que supposer toûjours certaines
choses déja prouvées ; de sorte
que celui qui ne les a pas luës ne
comprend pas toute la force des
raisonnemens fondez là - dessus,
& est même quelquefois sujet à
les prendre de travers. Si de tels
Lecteurs , tombant par hazard
sur quelque endroit de mon Livre qui leur paroîtra singulier,
prétendent en tirer quelque avantage pour decréditer mes leçons,
& en font la matiére de leur critique, peut-être même de leurs
fades railleries ; je leur déclare
qu'ils courent grand risque eux-
mêmes de se faire moquer d'eux
par

par toute perſonne ſage & dés-
intéreſſée ; & que je ne me croi-
rai pas ſuffiſamment refuté par
de ſi foibles réponſes.

Encore un avis, mais qui regarde une autre ſorte de Lecteurs.
On trouvera dans les Notes, que
l'on voit au bas des pages, l'original des Paſſages d'Auteurs Anciens que je cite ou tout du long,
ou en ſubſtance ; & pluſieurs autres Paſſages, tant d'Auteurs Modernes que d'Auteurs Anciens,
dont il n'eſt point fait mention
dans le Texte, mais qui ſervent
à confirmer ou à illuſtrer mes
penſées. J'y ai fait auſſi en paſſant diverſes Remarques, qui,
quoi qu'éloignées du ſujet principal, ne déplairont peut-être pas
à ceux qui aiment l'exactitude,
& qui ſont bien aiſes qu'on ne
laiſſe pas échapper de petites choſes que l'on n'auroit peut-être
jamais ſans cela occaſion de publier. Pour les autres, qui ne ſe

ſou-

soucient pas de ces bagatelles, elles sont placées de telle maniére qu'ils ne seront pas obligez de s'ennuier à les lire.

Il y a entr'autres certains endroits, & dans le Texte & dans les Notes, où je fais quelques remarques historiques sur le Jeu; & voici ce qui y a donné lieu. En commençant de travailler à cet Ouvrage de Morale, j'avois quelque dessein de publier ou ensemble, ou à part, une HISTOIRE DU JEU, c'est-à-dire, un Traité des principaux Jeux des Anciens. Il me sembloit que l'on pouvoit traiter la matiére beaucoup plus exactement & en meilleur ordre, qu'elle ne l'a encore été par divers Autéurs; & qu'en y joignant de nouvelles remarques sur plusieurs choses, on feroit de tout cela un Ouvrage également curieux & utile pour l'intelligence des Coûtumes des Anciens. Mais comme je
m'ap-

m'apperçûs bien-tôt que le Traité de Morale occuperoit feul un
aſſez grand eſpace, je ne ſongeai
plus au Traité hiſtorique ; & quoi
que j'aie déja aſſez de choſes ramaſſées là-deſſus, je ne ſai pas
quand eſt-ce que des occupations
plus importantes me permettront
de reprendre ce travail & d'y mettre la derniére main. Il ſeroit à
ſouhaitter que pluſieurs perſonnes entrepriſſent quelque choſe
de ſemblable ſur les diverſes parties des Antiquitez Gréques &
Romaines ; & que de tout cela
on en fît un Corps complet &
régulier. C'eſt un ſecours qui
manque à la République des Lettres.

SOMMAIRE

des Livres, des Chapitres, & des Paragraphes de cet Ouvrage.

LIVRE PREMIER.

Où l'on fait voir que le Jeu, consideré en lui-même, n'est illicite ni par le Droit Naturel, ni par les Loix de la Religion.

CHAPITRE I.

Que le Jeu en lui-même, & mis à part l'abus, est une chose tout-à-fait indifférente. Pag. 1

I. L'Homme est né pour travailler. II. Les Paiens l'ont reconnu. III. Mais il ne doit pas travailler sans relâche. IV. La Révelation le donne à entendre. V. La Morale & la Religion concourent non seulement à permettre, mais encore à ordonner que l'on prenne quelque recréation. VI. Si tout Divertissement est indigne d'une Créature raisonnable, & un effet de la corruption de nôtre Nature? Le Plaisir est innocent par lui-même. Beau passage de *Maxime de Tyr* là-dessus. Qu'est-ce qui rend les Plaisirs criminels? VII. Si l'abus est ici inséparable de l'usage? VIII. Le Jeu en soi n'a rien d'illicite, soit qu'on ne joue rien, ou qu'on joue

quel-

††† 5   ceptes

ceptes de la Morale Evangélique, font au fond
les mêmes que ceux de la Loi Naturelle. III. Régle générale pour connoître fi une chofe eft indifférente, ou non. Fauffe penfée de *St. Ambroife* là-deffus. Utilité que l'on peut tirer de ce
que les Philofophes Païens ont écrit fur la Morale. IV. A quoi fe réduit en général la Morale de
l'Evangile. V. 1. En quoi confifte la T E M P É-
R A N C E Chrétienne. L'amour & le défir des
Biens fpirituels, n'eft qu'un amour & un défir de
préférence. VI. Jufqu'où & comment on peut
rechercher l'*Eftime* & les *Honneurs* du monde.
Jufte idée de la vraie *Humilité*. Le nom même
de cette vertu n'eft pas inconnu aux Païens. Preuve de cela par un paffage de *Platon*. Si les Or-
gueilleux s'eftiment eux-mêmes autant qu'on
pourroit le croire? VII. Bornes légitimes de la
recherche des *Richeffes*. La Charité ne va pas jufqu'à obliger de fe réduire foi-même à la Pauvreté pour affifter les néceffiteux. Si tout commerce au delà des chofes abfolument néceffaires à la
Vie, eft abfolument illicite par les Loix de l'E-
vangile? Réflexion fur ce que Mr. *Bayle* a dit
là-deffus. Devoirs des Riches. VIII. Quels *Plaifirs* font ou ne font pas innocens? IX. 2. Devoirs généraux renfermez dans l'idée de la J u s-
T I C E, que l'Evangile préfcrit. Pourquoi eft-
ce que Nôtre Seigneur recommande plus fouvent
& plus fortement les Devoirs de l'*Humanité* &
de la *Charité*, que ceux de la *Juftice rigoureufe*.
Si les *jugemens charitables* font contraires à la Raifon? Réfutation de ce que Mr. *Bayle* a dit là-
deffus dans fes *Nouvelles Lettres* à l'occafion de la
Critique générale de l'Hiftoire du Calvinifme &c.
X. Juftes bornes de la *Bénéficence* & de l'*Aumône*.
Comment & jufqu'où l'on eft tenu d'*aimer fes
Ennemis*. Il faut quelquefois relâcher de fon
droit; les Païens même le difent. Mais on ne
doit

LIVRE SECOND.

Où l'on examine ce qui regarde le fond
ou l'essence du Jeu.

CHAPITRE I.

*De la nature du JEU, de ses différentes
sortes, & de la liberté qu'il doit y
avoir dans l'engagement.* 101

CHAPITRE II.

De l'égalité qu'il doit y avoir dans la partie. 114

I. UNe partie de Jeu doit être égale, autant
qu'il se peut. II. Régle pour détermi-
ner si l'on joue *gros jeu* ou *petit jeu*. En quel cas
on peut se dispenser d'une égalité rigoureuse.
III. Quand est-ce qu'elle doit être aussi exacte
qu'il est possible. Tout gros jeu est un commerce, mais un commerce peu sûr, & au fond peu
agréable. Exemple remarquable & d'une fortune
extraordinaire, & d'une perte prodigieuse faite
en un seul jour. IV. En quoi consiste l'EGA-
LITE' du Jeu en général. V. Application de
cette égalité aux *Jeux d'adresse*. Si l'on doit avoir
égard ici aux cas fortuits ? VI. Des distractions,
& de l'infirmité ou naturelle, ou aquise, des
membres dont l'usage est nécessaire pour le Jeu.
De ceux qui, après avoir joué quelque tems,
perdent la tramontane. VII. Moiens de compenser l'inégalité respective des Joueurs. VIII. Si
une précision Mathématique est ici nécessaire ?
IX. En quoi consiste l'égalité des *Jeux de hazard*.
X. S'il y a quelque inégalité dans les Jeux où,
plusieurs jouant ensemble, celui qui gagne tire
le tout ? XI. Fondement des *Loteries*. Si elles
sont essentiellement accompagnées de quelque
injustice ? Réfutation de ce que l'Auteur de l'*Art
de penser* a soûtenu là-dessus. XII. De l'égalité
de la partie dans les *Jeux mêlez d'adresse & de hazard.* XIII. Si l'on peut profiter de ce que l'on
gagne à des gens qui, sachant fort bien jouer,
risquent de petits jeux par l'avidité du gain ?
XIV. S'il est permis de se prévaloir de l'ignorance

rance de celui qui se croit aussi fort joueur, quoi
qu'il soit effectivement plus foible? Comparaison entre le Contract de Vente & celui du Jeu.
XV. Cas où l'on peut en conscience retenir ce
que l'on a gagné, en jouant même gros jeu
contre quelqu'un plus foible. XVI. Si une *Ga-*
geure est bonne, quand un des Parieurs sait certainement la vérité du fait dont il est question.

CHAPITRE III.

De la fidélité du Jeu.   140

I. LA *fidélité* est ici absolument necessaire.
II. Pourquoi cela? Le peu de valeur de la
chose en quoi l'on trompe quelqu'un, ne diminuë
point la laideur de la tromperie. Beau passage de
Montagne là-dessus. Danger qu'il y a de se laisser
aller à la moindre tricherie. Différence entre les
Vices & les Vertus, à l'égard de leurs accroisse-
mens. III. En quoi consiste la FIDELITE' du
Jeu. IV. *Première Régle.* Observer exactement
les Loix du Jeu, autant qu'il est possible. V. *Se-*
conde Régle. N'user d'aucun artifice illégitime.
VI. *Troisiéme Régle.* Ne pas se prévaloir de l'oubli ou des méprises de ceux avec qui l'on jouë,
hors les cas où cela est formellement autorisé par
les Loix du Jeu. S'il ne seroit pas mieux d'abolir entiérement une telle permission? VII. Quand
on joue argent sur jeu, l'engagement finit là.
VIII. Que si l'on doit, il faut paier exactement.
IX. Si l'on en est dispensé, sous prétexte que la
dette est petite? X. Des dettes considérables.
XI. Il y en a d'autres qui doivent passer devant.
XII. Il faut quelquefois relâcher de son droit, &
quitter même la dette. XIII. En tout ceci on
fait abstraction des Loix Civiles.

CHAPITRE IV.
Des qualitez essentielles *de la chose que l'on joue.* 155

I. *IL* y a telle *qualité de la chose que l'on joue,* qui entre dans l'essence du Contract. II. On ne sauroit jouer validement & légitimement 1. *Ce qui n'entre point en commerce.* Telles sont les choses consacrées à quelque usage de Religion, & celles dont le Souverain défend de trafiquer. III. Ni 2. *Ce qu'on ne sauroit donner ou recevoir, sans pécher.* Exemple remarquable des friponneries des Prêtres du Paganisme. Autre exemple d'un Jeu infame. IV. 3. *Ce qui n'appartient pas à l'un ou à l'autre des Joueurs, ou dont il ne peut pas disposer,* rend aussi le Jeu nul. V. Réponse à *une objection.* Si celui qui a joué une chose dont il ne pouvoit pas disposer, est tenu de restituer ce qu'il a gagné? VI. *Autre objection* refutée. La bonne foi du Commerce demande qu'on prenne bien garde avec qui l'on a à faire. VII. *Troisiéme objection.* Si l'ignorance à l'égard de la condition des personnes est ici de bonne foi. VIII. Si l'on peut jouer avec un Inconnu? & que doit-on faire, quand on a joué avec une personne que l'on ne connoissoit pas? IX. Cas où le Contract du Jeu est valide, quoi que ceux avec qui l'on a joué ne pussent pas disposer de l'argent qu'ils ont perdu. X. Quand & à qui l'on est tenu de restituer. Si le Tuteur ou autre de qui l'on dépend, est toûjours en droit de relever de la perte le Joueur qui s'est émancipé à risquer un argent dont il n'avoit pas la disposition? XI. Réflexion sur une maxime du Droit Romain. XII. Devoir du Mineur, lors qu'il vient à prendre l'administration de ses biens.

LIVRE TROISIÈME.

Où l'on traite des circonstances externes qui accompagnent le Jeu.

CHAPITRE I.

Du but *que l'on doit se proposer en jouant.* **174**

IL peut y avoir quelque défaut à l'égard des cir-constances externes, sans que le Contract du Jeu en soit moins valide. I. Le BUT du Jeu est le fondement des Régles qu'on doit établir sur les autres circonstances. II. *On joue pour se divertir :* combien diversement on entend cela. III. Si tout Divertissement est une diversion des objets fâcheux & tristes ? Réflexion sur ce que dit là-dessus *St. Evremond.* Plaintes injustes de ceux qui exaggérent les maux de la Vie Humaine. Passage de *Montagne* sur ce sujet. Quel est le but naturel & l'usage ordinaire des Divertissemens. IV. Combien de *vûës* ou conçoit qu'une personne peut se proposer dans le Jeu avec quelque apparence de raison. V. La *prémiére* est hors de propos, & la *seconde* blâmable. V. Inutilité de la *troisiéme.* Comment elle pourroit avoir lieu ? Usage des Exercices de l'Antiquité Gréque & Romaine. VII. La *quatriéme* vûë, qui est celle de la plûpart des gens, est vicieuse & deshonnête. Le métier de Joueur a été de tout tems infame. VIII. Le commerce du Jeu est contraire au but des diverses sortes de Métiers & de Professions. IX. Il est inutile & nuisible

en

en même tems. X. Il est contraire de sa nature & à l'Evangile, & aux Loix de la Société Humaine. Fondement naturel de tout Commerce légitime. Quelle lézion suffit pour annuller un Contract; & quelle différence il y a à cet égard entre le Droit Naturel ou Divin, & les Loix Humaines. On ne doit pas s'enrichir aux dépens d'autrui: sens de cette maxime. XI. S'il est permis ou sûr de destiner seulement une partie de son bien au trafic du Jeu. Vers de Madame *Deshoulières* là-dessus. Réflexion sur une pensée de *Socrate*. XII. Quel est, tout bien compté, le but naturel & légitime du Jeu.

CHAPITRE II.

S'il est permis de jouer gros jeu. 198

I. LE but & la nature du Jeu demande qu'on ne joue que peu de chose. II. Il semble d'abord qu'il ne faudroit jouer rien du tout. Danger qu'il y a de passer tant soit peu les bornes de la Nature. III. On peut néanmoins donner ici quelque chose à la coûtume. Justes bornes de ce qu'il est permis de risquer au Jeu. IV. Il est très-dangereux de jouer gros jeu, & il n'y a aucune raison de le faire. V. On peut s'incommoder, sinon pour le présent, du moins pour l'avenir. Marotte qu'ont les Joueurs de vouloir se raquitter, & de se flatter toûjours d'un changement favorable. Si le bonheur passé est un garant sûr de l'avenir? VI. C'est toûjours faire de son bien un mauvais usage, que de jouer gros jeu. On doit éviter avec soin de contribuer en aucune sorte, même par accident, au dommage du Prochain & aux fautes qu'il commet. VII. Combien il est déraisonnable d'employer beaucoup d'argent à se divertir. Argument *ad hominem* contre les Joueurs. VIII. Proportion qu'il faut garder entre la somme qu'on joue, & la longueur ou le nombre des séances. IX. Bons usages qu'on pourroit faire de ce qui se perd au Jeu. X. Si c'est un mauvais rafinement de Dévotion, que d'emploier un tel argent en aumônes ? Courte réfutation de ce que Mr. *Thiers* a dit là-dessus.

CHAPITRE III.

Des dispositions où l'on doit être en jouant. 211

I. LES DISPOSITIONS avec lesquelles on joue, doivent être conformes à la nature & au but légitime de ce divertissement. II. Rien ne sied mieux ici, qu'une honnête gaieté. Il est juste que l'Ame prenne part aux plaisirs du Corps. Les manières enjouées & agréables sont nécessaires pour le commerce de la Vie. III. Le Chagrin & l'Avarice, avec toutes leurs suites, doivent être bannies du Jeu. IV. Ce qu'il faut entendre ici par *Avarice*. Combien elle est honteuse & ridicule dans un divertissement. V. Situation d'esprit convenable en cette occasion. Bel exemple de *Théodoric*, Roi des *Goths*. Maxime générale au sujet de tous les fâcheux accidens auxquels on peut être exposé. Honteux spectacle que fournissent ceux qui se fâchent & qui s'emportent après avoir perdu. VI. Inutilité des inquiétudes & de l'avidité du Gain. Elles nuisent même à la fin du Joueur. Beau passage de *Montagne* là-dessus. Incompatibilité de ces sentimens avec la bonne foi, même dans les autres choses. VII. Combien est déraisonnable le chagrin d'avoir perdu. Lequoi est-ce qu'on doit être fâché

en

CHAPITRE IV.

Quel tems *on peut donner au Jeu.* 230

faut

faut garder entre l'application aux choses férieufes, & celle qu'on donne à un Divertiſſement.
Beau paſſage de *Plutarque* là deſſus.   IX. Régle
générale pour ſavoir le tems qu'on peut deſtiner
au Jeu.   X. Exemples de la maniére dont quelques perſonnes ſages ont partagé les tems du
Travail & de la Recréation. Paſſage de *Senéque.*
XI. Moien ſûr de n'aller ici jamais dans l'excès.
Utilité de s'affectionner de plus en plus à l'ouvrage.   XII. Autre expédient, c'eſt de varier les
Recréations.   XIII. Le meilleur eſt toûjours, de
chercher quelque autre amuſement plus convenable que le Jeu.   Raillerie ingénieuſe de Mr.
Locke ſur ce ſujet.   XIV. Si l'on peut quelquefois ſortir un peu des bornes naturelles de ce divertiſſement ? Précaution dont il faut uſer en ce
cas-là. Déciſion de *Senéque* ſur ce que devoir faire une perſonne ſage pendant la Fête des *Saturnales.*   XV. 2. Il ne faut jouer qu'en des tems
& des heures convenables. Le matin n'eſt point
propre à cela. XVI. Circonſtances qui demandent ou qu'on ne joue point du tout, ou qu'on ne
le faſſe qu'avec beaucoup de reſerve. Des tems
deſtinez aux Exercices Publics de la Religion.
XVII. Si l'on peut jouer le reſte de la journée,
pendant le Dimanche & autres jours ſolennels ?
XVIII. Des tems d'affliction publique , ou particuliére. Réponſe de *Ciceron* au reproche de
Marc Antoine ſur ce ſujet.   XIX. Comment on
peut diſtinguer les autres circonſtances où il n'eſt
pas à propos de jouer.

C H A-

CHAPITRE V.

Que le Jeu doit être innocent, *c'est-à-dire, ne nuire en rien ni à nous-mêmes, ni à autrui.* 262

I. CE que c'eſt qu'un Jeu INNOCENT. Combien eſt abſurde & criminel un Divertiſſement qui a quelque choſe de nuiſible. En combien de maniéres le Jeu peut être tel. II. Exemple d'un Jeu barbare de quelques Peuples de l'ancienne *Thrace.* III. Des *Jeux Publics* de la Gréce. IV. Des *Spectacles* ſanglans auxquels les *Romains* ſe divertiſſoient. V. Des *Joûtes*, des *Tournois*, & des *Combats de barriére* qui ont été en uſage parmi les *François* juſqu'au XVI. Siécle. Bon mot d'un Turc là-deſſus. VI. Si l'on peut ſe divertir à voir *danſer ſur la corde?* D'où vient le plaiſir qu'on y prend. Réfutation de la penſée de l'Abbé de *St. Réal* ſur ce ſujet. La Cruauté n'eſt pas un ſentiment naturel à l'Homme. Pourquoi l'on ſe met à rire, quand on voit quelcun qui ſe laiſſe tomber. VII. Du plaiſir qu'on trouve à *voir battre des Bêtes*, comme des Taureaux, des Coqs &c. S'il eſt excuſable, ſous prêtexte qu'on croit que les Bêtes ſont de pures machines? Importance de détourner de bonne heure les Enfans de tout ce qui a la moindre apparence de Cruauté. Paſſage de *Montagne.* Si la *Chaſſe* eſt permiſe, ſur tout à un Eccléſiaſtique. Argument *ad hominem* contre Mr. *Thiers*, au ſujet de l'Intolérance & de la Perſécution pour cauſe de Religion. VIII. Si les Echecs portent à tromper & aimer trop la Guerre. IX. Si les Jeux d'adreſſe, & en particulier celui des *Echecs*, contribuent par eux-mêmes à former ou à nourrir l'Orgueil.

gueil. Réflexion fur ce qu'a dit là-deſſus Mr. *La
Placette*. D'où vient qu'indépendamment de tout
motif d'intérêt , on aime à gagner , même aux
Jeux de pur hazard. Fauſſe raiſon qu'en donne
l'Auteur de *l'Art de Penſer*. Condition requiſe
pour avoir lieu de regarder un Jeu comme nuiſible par lui-même.   X. 2. En combien de maniéres le Jeu devient nuiſible par l'abus qu'on
en fait. XI. Comment il nuit à la *Santé*. Effet
commun de toutes les Paſſions. XII. Qu'eſt-ce
qui rend celle-ci ſi violente ? De quels mouvemens elle eſt compoſée. XIII. Pourquoi elle
eſt ſi infatigable & ſi conſtante. Comparaiſon de
ſes effets avec ceux des autres Paſſions. Exemples
d'un attachement étrange au Jeu. XIV. D'où
vient qu'on ne s'apperçoit pas du déſordre qu'elle cauſe dans le Corps. XV. Un Joueur eſt tous
les jours à la veille de ſe ruïner. XVI. Exemples
de gens qui ont vendu leur *liberté*. XVII. Autres qui ont joué leur *Femme* , leurs *Enfans*,
leurs *Chevaux*, leurs *Dents*, leurs *Sourcils*, leurs
Doigts , & leur *Vie* même. Dangers analogues
auxquels un Joueur s'expoſe à tous ces égards.
XVIII. Combien la paſſion du Jeu eſt nuiſible à
l'Ame. Un Joueur devient par là moins capable
de toute autre choſe. XIX. Incompatibilité de
la fureur du Jeu avec les ſentimens d'une véritable *Piété*. Exemples de l'eſprit de profanation
qu'il inſpire. XX. *Sermens* des Joueurs. XXI. Leurs
Blaſphêmes. Leurs murmures directs , ou indi-
rects , contre la Providence. XXII. La plûpart des Joueurs ſont *ſuperſtitieux*, & pourquoi.
XXIII. Ils ſont ſujets à *tromper* leurs compagnons.
XXIV. On s'y porte plus aiſément dans le Jeu,
que dans tout autre commerce , & pourquoi.
XXV. Celui qui trompe au Jeu , ne ſera guéres
de meilleure foi ailleurs. Une Vertu ſolide ne ſe
dément pas groſſiérement. Exemples de fauſſes
V er-

Vertus. D'où vient qu'une personne sujette à quelque Vice se tient dans certaines bornes. Pourquoi est-ce que les Brigands observent entr'eux quelque sorte de Justice. XXVI. La passion du Jeu fait qu'on néglige le *soin des siens*. Tort qu'un Joueur fait à ses *Enfans*, par rapport à leur *entretien*. XXVII. Et par rapport à leur *éducation*. Facilité qu'il y a de trouver des compagnons d'oisiveté. La Fainéantise s'introduit aisément, & passe bien-tôt en coûtume. XXVIII. Combien une Mére joueuse fait du tort à sa Famille. XXIX. Les Joueurs sont *durs & impitoiables, peu libéraux, peu empressez à rendre service, inutiles en ce Monde*. Deux sortes d'Avarice. D'où vient qu'un Joueur paroît quelquefois libéral. XXX. De ceux qui *jouent l'argent d'autrui*, sans le consentement du Propriétaire. Si c'est un véritable Larcin? Combien le Jeu est dangereux pour ceux qui ont entre les mains quelque argent d'autrui. XXXI. De ceux qui *empruntent* pour jouer. XXXII. Un Joueur s'embarrasse peu de paier ses dettes. XXXIII. Danger du Jeu, sur tout pour les *Marchands*. En quel cas une Banqueroute est innocente. XXXIV. De ceux qui *retiennent le bien d'autrui*, ou qui causent du dommage en faisant attendre le paiement. XXXV. Cas où l'on peut faire beaucoup de tort à plusieurs, & quelquefois à l'Etat, quoi que l'argent appartienne au Joueur en quelque sorte, ou qu'on ait dequoi paier bien-tôt. Exemple du Marquis de *Pisany*, rapporté par *Voiture*, qui étoit lui-même sujet à la passion du Jeu. XXXVI. Le Jeu des Grands & des Princes peut être fort nuisible à l'Etat, ou à plusieurs Particuliers. Divers exemples là-dessus. Réflexion sur une remarque de *Tite Live*. XXXVII. 3. Circonstances qui rendent le Jeu préjudiciable. Il y a de *mauvaises dispositions* qu'il produit, & d'autres qu'il entretient. Dan-

CHAPITRE VI.

Si tout le monde peut jouer, & comment.

373

I. **P**Lusieurs choses indifférentes de leur nature, ne sont pourtant pas permises, du
moins également, à tout le monde. II. Il n'y
a ni *sexe*, ni *âge*, ni *caractère*, qui par lui-même
demande que l'on renonce absolument à tout
Jeu. III. Sens de la maxime de St. *Paul* : T O U T
m'est permis, mais tout ne m'est pas avantageux.
Utilité des Loix de la *Bienséance*. IV. 1. Les
Femmes & les *Filles* doivent avoir plus de retenuë, que les Hommes & les Garçons, dans toutes les choses dont l'abus peut mener au liberti-
nage. Si l'on fait bien aujourd'hui de les en dispenser à l'égard du Jeu ? V. Le Sexe en général n'a pas tant besoin de pareils Divertissemens,

&

& pourquoi. VI. Il est aussi plus sujet à en abuser, à cause de son grand loisir. Si les Dames jouoient dans la *Gréce* ancienne & parmi les *Romains?* VII. La plûpart des Femmes sont plus susceptibles, que les Hommes, des mauvaises dispositions qui font abuser du Jeu, ou que l'abus de ce divertissement produit. VIII. Danger qu'il y a qu'elles n'oublient ici la Modestie & la Douceur. IX. Jeux auxquels la Bienséance ne leur permet pas de jouer. X. 2. Jusqu'où & comment on doit permettre aux *Enfans* de jouer. XI. Avec quelle circonspection les *Jeunes Gens* doivent user du Jeu. Principale cause des désordres de la Jeunesse. Quels Jeux conviennent le mieux à un Jeune Homme. XII. Régle pour l'*Age Viril.* XIII. Et pour la *Vieillesse.* L e s *vieux Foux sont plus foux que les jeunes:* sens de cette maxime de Mr. le Duc *de la Rochefoucaut.* Pourquoi les Passions sont plus fortes & plus difficiles à guérir dans la Vieillesse, que dans la Jeunesse. D'où vient que la passion du Jeu en particulier trouve tant de prise sur les personnes de cet âge, & qu'elles ont tant de peine à en revenir. Portrait d'un Vieillard qui joue d'une manière digne de lui. Tort qu'il fait aux autres par son exemple. XIV. 3. Le Jeu par lui-même n'est pas incompatible avec le caractére de ceux qui ont quelque *Dignité* ou quelque *Charge* dans l'Etat. Passage de *Montagne* là-dessus. Exemple rapporté par *Valére Maxime.* Pourquoi les personnes distinguées dans l'Etat ont ici de plus grands ménagemens à garder, que le commun des Hommes? XV. Il ne faut jouer avec ses Inférieurs que le moins qu'on peut. Egalité & familiarité que le Jeu introduit entre ceux dont les conditions sont les plus disproportionnées. Passages des *Amusemens sérieux & comiques,* & des *Caractéres de la Bruyére.* D'où vient que les.

Grands

Grands se rabaissent quelquefois eux-mêmes honteusement. Contrariété des Passions, dont les
intérêts sont opposez. Facilité que le gros Jeu
fournit aux plus grands Faquins de se fourrer par
tout. XVI. On ne doit même jouer au vû & lû
de ses Inférieurs que le moins qu'il est possible,
& le plus sûr est de ne point jouer du tout avec
eux. Exemple de l'Empereur *Alexandre Sévére*,
& du Roi *Philippe de Macedoine*. XVII. Il ne faut
jamais commettre sa gravité en jouant. Moien de
l'éviter. En quoi consiste le plus haut point de
Sagesse, & le meilleur préservatif contre le Vice.
XVIII. Des Jeux auquels un Magistrat, par exemple, ne peut jouer décemment. Si la *Mourre*
est de ce nombre. XIX. Pourquoi les *Ecclésiastiques* sont obligez à de plus grands ménagemens,
que les personnes civiles. Quelle est la fin propre & directe du Gouvernement Civil. Jusqu'où
& comment les Magistrats sont tenus de porter
les Hommes à la Vertu. But de la Religion. Idée
qu'a le Peuple du caractére d'un digne Ecclé-
siastique. Paroles d'une *Novelle* de l'Empereur
Léon, sur ce sujet. Pensée outrée d'*Isidore de Da-
miette*. XX. Combien il est dangereux que le
Jeu ne détourne les Ecclésiastiques de leurs occupations sérieuses. Si leur Emploi est celui qui
demande le moins de travail & de science? Idée
générale de la capacité que devroit avoir un Ec-
clésiastique, s'il étoit possible. Défenses du Jeu
souvent renouvellées par rapport aux gens de cet
Ordre. XXI. Inutilité ou du moins peu de fruit des
exhortations & des leçons des Ecclésiastiques qui
jouent tout ouvertement. Leur silence honteux
sur cette matiére. XXII. S'ils doivent quelquefois s'abstenir du Jeu absolument? Cas où
cela a lieu. XXIII. Autre cas où ils ne sauroient
s'en dispenser. Si le changement de Païs les autorise à se permettre le Jeu, lorsqu'ils étoient sur

le

le pié de ne pouvoir le faire fans fcandale ? Conte de deux Femmes du commun qui voloient
jouer quelques Miniftres. XXIV. Combien il
devroit être facile à un Eccléfiaftique de fe paffer de pareils amufemens. Moien de fe divertir
que les Gens de Lettres peuvent trouver d'ordinaire dans leur mêtier même. Utilité de favoir
mettre à profit les amufemens. XXV. Si la Femme & les Enfans d'un Eccléfiaftique peuvent jouer
tout ouvertement , & autant que les gens du
monde ?

CHAPITRE VII.

Si l'on peut jouer par tout & avec toute forte de gens ? 4)1

I. CHacun doit prendre garde où il joue, &
avec qui. II. Soin qu'il faut avoir d'éviter tous les L I E U X qui pourroient être une occafion de débauche, ou qui préfentent des objets
dont la vûë feule a quelque chofe qui n'eft pas
entiérement innocent. Beau paffage de *Senéque*.
Danger du grand commerce du monde, fur tout
pour ceux dont la Vertu eft encore chancellante.
Autre paffage du même Philofophe. Si l'on eft
toûjours fpectateur innocent des mauvais exemples ? III. Il ne faut pas jouer indifféremment
avec tout le monde, dans les lieux même les plus
honnêtes. Si l'honnêteté demande que l'on vive
familiérement & que l'on entre dans quelque engagement particulier avec les Méchans & les Débauchez incorrigibles ? Pourquoi l'on doit être
plus refervé & plus circonfpect à cet égard dans
les Parties de plaifir , que dans les affaires les
plus férieufes. IV. Si un Honnête Homme peut
aller dans un Brelan ou une Académie de Jeu ?
V.

C H A P I T R E VIII.

A quels Jeux il est le plus à propos de se divertir. 481

I. IL faut, autant qu'on le peut, rapporter ses actions les moins sérieuses à quelque chose de grave & d'important. II. Deux maniéres d'envisager ici les différentes sortes de Jeux. III. 1. Condition nécessaire pour rendre le Jeu propre à la fin légitime de tout divertissement. Les *Jeux de hazard* sont par eux-mêmes les plus propres à cette fin. V. Mais ils sont, d'autre côté, les plus dangereux, quand on n'est pas

ex-

extrémement fur fes gardes pour jouer en homme fage. VI. Lefquels des *Jeux mêlez d'adreffe & de hazard* font les plus convenables. Si l'on peut mettre en ce rang le *Trictrac*, & la plûpart des Jeux de *Cartes?* Réflexion fur l'efprit du Jeu, & fur un paffage de *La Bruyére.* D'où vient que de beaux génies ne peuvent guéres être bons Joueurs. VII. Opinion de *Jaques I.* Roi de la *Grande Bretagne*, fur le Jeu des *Echecs.* Jugement de *Montagne* fur le même Jeu. Penfée de Mr. *Fleury* fur les Jeux fédentaires en général. Exemples de la maniére dont on s'applique à ce Jeu, quand une fois on l'aime avec paffion. Si les Echecs fervent à aiguifer l'Efprit? Combien les occupations frivoles retréciffent la capacité de l'Efprit. VIII. Régles fur l'ufage du *Trictrac*, des *Dames*, de l'*Hombre*, & autres femblables Jeux. Quel eft le tems le plus propre à s'y amufer. IX. Des *Jeux d'adreffe* où le Corps agit beaucoup plus que l'Efprit, comme le *Billard*, le *Palet*, la *courte Boule* &c. Ils font, généralement parlant, préférables à tout autre. X. 2. D'où vient que les Dames depuis long-tems rejettent tous les Jeux d'exercice. Caractére de la plûpart des Femmes. XI. Quels Jeux conviennent ou ne conviennent pas aux perfonnes d'un tempérament vif & ardent, & aux gens robuftes ou replets. XII. Des Jeux propres à la Jeuneffe ou à la Vieilleffe. Paffage de *Ciceron* là-deffus. XIII. De la différence des Jeux felon le genre de vie. Les Jeux fédentaires ne s'accommodent pas avec une vie fédentaire. XIV. S'ils font bons pour les Gens de Lettres & en général pour tout Homme de Cabinet? XV. Les exercices violens leur font nuifibles. Paffage de *Sénéque.* Il faut revenir le plus tôt qu'on peut du Corps à l'Efprit. Exercice de la Voix recommandé.

CHA-

CHAPITRE IX.

Des réglemens que les Loix peuvent faire sur le Jeu. 516

I. LEs Chefs de la Société ont quelquefois de bonnes raisons de défendre certaines choses indifférentes en elles-mêmes. II. Deux sortes de Loix à considerer ici, & questions à examiner là-dessus. III. 1. Le Souverain peut défendre absolument certaines sortes de Jeux. IV. Et à plus forte raison limiter la somme qu'on joue. V. Comme aussi défendre de jouer certaines sortes de choses, & en certains tems ou certains lieux. VI. S'il peut défendre absolument le Jeu, de quelque nature qu'il soit. VII. S'il y a quelque Etat où toute sorte de Jeu ait été défendu. VIII. Sur quel pié les Jeux de hazard étoient regardez dans l'ancienne *Gréce.* IX. Et parmi les *Romains.* Réfutation de ce que feu Mr. *Gravius* a dit là-dessus. Passage de *Plutarque,* qu'on n'avoit pas remarqué. X. Réponse à la raison tirée de l'exemple de l'Empereur *Auguste,* & de *Caton.* Les Loix contre le Jeu ont toûjours été fort mal observées. Quelle peine on infligeoit aux Joueurs. XI. Ordonnance de *Justinien* là-dessus. A quoi ont abouti depuis les Loix contre le Jeu. XII. Jusqu'où s'étendroit l'obligation de ces sortes de Loix, supposé qu'elles subsistassent encore dans toute leur force. Etenduë de celles qui fixent une certaine somme. XIII. De celles qui défendent de jouer certaines choses, ou en certains tems & en certains lieux. XIV. De celles qui interdisent absolument le Jeu, ou une certaine sorte. XV. Des réglemens qui tendent à annuller le Jeu, ou même les engagemens

con-

LIVRE QUATRIEME.

Où l'on entre dans quelque détail des abus du Jeu, & l'on répond aux objections de ceux qui abusent de ce divertissement.

CHAPITRE I.

Des tromperies du Jeu. 551

I. POurquoi il est nécessaire de joindre cette partie aux trois autres. II. Dessein général de ce IV. Livre. Ce n'est pas vertu, que d'être meilleur que les plus méchans. Quelle sorte d'excès est le plus difficile à corriger. III. Exemples de tromperies grossières dans le Jeu. IV. De ceux qui regardent le jeu de leur Voisin, ou qui se le font montrer adroitement. V. De ceux qui laissent voir leur jeu à un autre, pour gagner de compagnie. VI. De ceux qui favorisent quelcun pour qui ils s'intéressent sans avoir aucune part à son jeu. VII. De ceux qui ne mettent pas au jeu, lors qu'ils croient qu'on ne s'en appercevra pas. VIII. De ceux qui veulent faire passer au Jeu quelque piéce de monnoie pour plus qu'elle ne vaut. IX. De ceux qui renoncent exprès. X. De ceux qui se prévalent des méprises ou des distractions des autres. XI. De ceux qui ne veulent paier que le plus tard qu'ils peuvent.

CHA-

CHAPITRE II.

Abus à l'égard de la somme qu'on joue. 569

I. QUoi que le Jeu soit fixé pour l'ordinaire, il ne laisse pas d'y avoir ici de l'abus en général. II. Bien des gens jouent plus qu'ils ne peuvent sans s'incommoder en quelque manière. III. Preuve de cela par la comparaison de ce qu'ils jouent avec leurs revenus. Réponse à ce qu'on dit, que le beau jeu va & vient. IV. Si les Riches peuvent en conscience jouer avec des gens peu accommodez, quoi que ce qui se joue soit pour eux-mêmes peu de chose. V. Autre preuve plus courte & plus décisive, que la plûpart des gens, riches ou non, jouent plus qu'ils ne devroient; & en même tems régle claire & infaillible pour connoître jusqu'où l'on peut risquer son argent au Jeu.

CHAPITRE III.

Abus à l'égard de la maniere dont on joue. 576

I. DEssein de ce Chapitre. II. Portrait d'une cotterie de gens qui jouent comme il faut. III. Description générale de la maniére dont on joue ordinairement. IV. De ceux qui forcent quelcun à jouer par leurs importunitez. V. De ceux qui font semblant de ne pas se soucier de jouer, & qui enragent quand on ne les met pas de la partie. VI. De ceux qui, pour satisfaire leur passion, foulent aux pieds les Loix de la Civilité

CHAPITRE IV.

De l'attachement & du tems qu'on donne au Jeu.   589

I. ON s'attache excessivement au Jeu, & l'on y donne trop de tems. II. Preuve du prémier, par l'impatience qu'on témoigne de jouer. III. Et par le soin extrême qu'on prend pour ne pas manquer de compagnons. IV. Peu de prudence & de délicatesse qu'on a dans le choix de ces cotteries. V. Combien on se met au dessus

des

CHAPITRE V.

Réponse à l'objection; Il vaut mieux jouer,
que médire. *Examen de la question, si
le Jeu prévient de plus grands désordres.* 599

CHAPITRE VI.

Que voulez-vous qu'on fasse? *Autre objection réfutée.* 607

CHA-

CHAPITRE VII.

Réponse à la troisiéme & derniére objection ;
Il faut faire comme les autres. 635

I. DEux différens caractéres des Joueurs en général. II. Quels sont les plus inexcusa-
bles. III. En quel sens on peut & l'on ne peut
pas *faire comme les autres.* Mot d'un ancien Philosophe là-dessus. IV. Aveu honteux, quoi que
tacite, de ceux qui font cette objection. V. S'il
y a ici quelque force majeure, ou quelque violence capable d'excuser. VI. Si l'on peut par
complaisance jouer plus qu'on ne devroit faire
sans cela. D'où vient qu'on se trouve exposé à
des sollicitations importunes, ou à l'inconvénient
d'être le seul d'une compagnie qui ne fasse pas
comme les autres. On multiplie ses connoissan-
ces sans discernement & sans bornes. Combien il
y a peu d'union véritable entre les gens qui se
fréquentent. Cotteries mal assorties. Commerce
des personnes sages fui. VII. Réponse à ce qu'on
dit, qu'il se trouve peu de gens qui veuillent jouer
sans excès. VIII. Qui est-ce qui doit commen-
cer à montrer aux autres un bon exemple. IX. Il
est quelquefois nécessaire de ne point jouer du
tout. Il faut s'abstenir des choses les plus innocentes en elles-mêmes, quand on ne peut en user
sans préjudice de son devoir.

FAU-

FAUTES à CORRIGER.

PRef. pag. III. lig. 23. lif. *la Raison & la Religion*. Pag. 6. Not. 1. lig. 3. *de Ponto*: lifez, *de
Ponto, Lib. I.* P. 17. Not. 1. 5. *fanfta*: lif. *Intelligo
fanfta*. P. 27. à la marge, lett. d. *Pfeaum. XIX*.
lif. *Pfeaum. XXIX*. Ib. l. 26. *chacun*: lif. *chacune*. P. 57. à la marge lett. b. V. 34. lif. VI. 24.
P. 58. l. 7. *eût*: lif. *ait*. P. 60. l. 23. *vaguez*. lif.
vagues. Ib. à la marge, lett. e. IV. 19. lif. III. 19.
P. 74. à la marge, lett. c. VI. 44. lif. V. 44. P. 79.
lett. d. à la marge, *Tit. IV.* lif. *Tit. III.* P. 80. l. 9.
direction. lif. *diftraction*. P. 104. à la marge: lifez
Chap. VIII. P. 177. à la marge: 122. lif. 222.
P. 182. à la marge: §. 4. lif. §. 5. P. 195. l. 15.
ois devons: lif. *ou ne devons*. ibid. à la marge:
Ch. XX. lif. *Ch. XXI.* P. 197. Not. 2. l. 4. effa-
céz la virgule après τις. P. 238. Not. 2. l. 4.
Sympof. Quaft. lif. *Sympof. Lib. I. Quaft*. P. 262.
Not. 1. 2. après Αξαιριαν mettez un point. P. 346.
Not. 3. l. 1. *Fulcivlum*. lif. *Fulcinium*. P. 356.
l. 3. *font*. lif. *ont*. P. 368. à la marge, lett. c.
Jean, I. lif. *Jean, II.* P. 421. l. 12. *qui*. lif. *&
qui*. P. 306. lig. 2. ôtez *que*. P. 347. Not. 1. 2.
après *fceleris* ajoutez *voluiffe*. P. 469. à la marge:
lif. *Chap. IV.* P. 486. Not. 1. 2. μοὶ. lif. μὴ. P. 591.
l. 24. effacez *avec lui*.

TRAI-

TRAITÉ DU JEU.

LIVRE PREMIER.

Où l'on fait voir que le Jeu, consideré en lui-même, n'est illicite ni par le Droit Naturel, ni par les Loix de la Religion.

CHAPITRE I.

Que le Jeu en lui-même, & l'abus mis à part, est une chose tout-à-fait indifférente.

§. I. IL EST certain, que l'Homme n'a pas été mis au monde pour passer sa Vie à boire, manger, & se donner du bon tems : tout fait voir au contraire qu'il est destiné par le Créateur à s'occuper, autant qu'il lui est possible, de quel-

A   que

que chofe d'utile & de férieux. L'ufage naturel de toutes nos Facultez tend-là manifeftement. Nous n'avons un Efprit que
pour penfer: nous n'avons des Bras & des
Pieds que pour agir. Cette induftrie, cette adreffe, cette pénétration, tous ces talens merveilleux, capables de produire les
Sciences & les Arts, qui croira qu'ils nous
aient été donnez pour les enfouïr, pour les
laiffer perdre honteufement dans une mol-
le oifiveté, ou dans une fuite perpétuelle
de diffipations & de divertiffemens? La
néceffité même où tous les Hommes font
naturellement, & où la plûpart demeurent
toute leur vie, de pourvoir à leurs befoins,
impofe du moins à ceux-ci une obligation
indifpenfable de travailler (a) d'une maniére ou d'autre: & pour ceux qui ont dequoi
s'en paffer abfolument, cela ne les difpenfe pas d'embraffer quelque Occupation honnête, qui en les mettant (1) à l'abri des
tentations de l'Oifiveté, les rende d'ailleurs
utiles, prémiérement à la Société Humaine
en général, & à la Société Civile enfuite
dont ils font Membres. Cet attachement
volontaire au Travail, eft une des chofes
qui diftinguent l'Homme le plus fenfible-
ment du refte des Animaux. Car les Bêtes,
de

(a) Voiez
Proverb.
XX, 13.
XXI, 25.
Ephef. IV,
28. I. Thef-
fal. IV, 11,
12.II.Theff.
III, 8, 10,
11, 12.

(1) Numquam vacat lafcivire diftrictis: nihilque tam
certum eft, quam Otii vitia Negotio difcuti. SENEC.
Epift. LVI. pag. 195. Ed. Gron. cum Not. Var. 1672.

de quelque espéce qu'elles soient, (a) *ne font rien que par force, ou pour leurs nécessitez naturelles.... Elles se jouent, elles s'égaient, si elles sont jeunes: mais du reste que font-elles toute leur vie? elles mangent, elles boivent, elles se reposent, elles dorment .... elles ne se remuent, ne se peinent, que pour leur ventre..... L'Homme seul travaille volontairement, & pour autre chose que pour les besoins de la Vie. C'est-là un des plus nobles effets de la Raison, qui est son partage, & qui l'éléve infiniment au dessus de toutes les choses du Monde visible. Car s'il n'écoute que la voix de la partie animale qui est en lui, il fuira, comme les Bêtes, toute forte de Fatigue, & n'aimera, comme elles, que le Repos & l'Oisiveté.*

§. II. C'EST ce qu'ont reconnu les Sages du Paganisme. *Ciceron* (b) prouve assez au long, par la nature même de l'Homme, que *nous sommes nez* (1) *pour agir:* & afin qu'on ne croie point qu'il entende par là quelque légére occupation, qui ne serve qu'à faire passer le tems & à dissiper l'ennui d'une oisiveté entiére, voici comment il s'explique ailleurs: (2) *La Nature ne*

(a) *Patru*, Disc. Académ. sur le *Travail*, pag. 277, 278. du Tom. II. de ses Oeuvres, Ed. d'Amst.

(b) *De Finib. Bon. & Mal.* Lib. V. Cap. XX, XXI.

(1) *Ergo hoc quidem adparet, nos ad agendum esse natos.* De Fin. Bonor. & Malor. Cap. XXI. init.
(2) *Neque enim ita generati à Natura sumus, ut ad Ludum & Jocum facti esse videamur: sed ad Severitatem po-*

*ne nous a pas faits d'une telle constitu-
tion, qu'on aît sujet de croire que nous
soyions destinez à jouer & à badiner : elle donne lieu au contraire de penser que
nous sommes nez pour être graves, & pour
nous attacher à quelque chose de plus important & de plus sérieux que ne sont les
Jeux & les Divertissemens.* LE matin,
(1) *quand tu as de la peine à te lever,* (dit
encore un grand Empereur & Philosophe
Paien, dans ces belles Reflexions où il s'entretient avec lui-même) *qu'il te vienne in-
continent dans l'esprit ; Je me léve pour
faire l'ouvrage d'un Homme : suis-je donc
encore fâché d'aller faire une chose pour
laquelle je suis né, & pour laquelle je suis
venu dans le monde? N'ai-je donc été formé que pour me tenir bien chaudement é-
tendu dans mon Lit? Mais cela me fait
plaisir. Tu ès donc né pour te donner du*
plai-

---

potius, & ad quædam studia graviora atque majora. De
Offic. Lib. I. Cap. XXIX. pag. 107, 108. Ed. Grav. major.

(1) Ὄρθρου ὅταν δυσόκνως ἐξεγείρῃ, πρόχειρον ἔστω,
ὅτι ἐπὶ ἀνθρώπου ἔργον ἐγείρομαι· ἔτι οὖν δυσκολαίνω, εἰ
πορεύομαι ἐπὶ τὸ ποιεῖν, ὧν ἕνεκεν γέγονα, καὶ ὧν χάριν προῆγμαι εἰς τὸν κόσμον; ἢ ἐπὶ τοῦτο κατεσκεύασμαι,
ἵνα κατακείμενος τοῖς στρωματίοις ἑαυτὸν θάλπω; Ἀλλὰ τοῦτο ἥδιον. Πρὸς τὸ ἥδεσθαι οὖν γέγονας; ὅλως ἢ ἐ
πρὸς ποιεῖν, ἢ πρὸς ἐνέργειαν; ἢ βλέπεις τὰ φυτάρια,
τὰ στρουθάρια, τὰς μύρμηκας, τὰς ἀράχνας, τὰς με-
λίσσας, ἢ καθ' αὑτὰς συγκοσμούσας κόσμον; σὺ δὲ ἐ
θέλεις τὰ ἀνθρωπικὰ ποιεῖν; ἢ τρέχεις ἐπὶ τὸ κατὰ σὴν
φύσιν; MARC. ANTONIN. Lib. V. §. I.

plaisir, & non pas pour agir & pour travailler, ... (1) *pour faire des actions uti-*
les à la Société? .... *Juge toi-même, si le*
Sens Commun le souffre.... Ne vois-tu pas
les Plantes, les Oiseaux, les (a) Fourmis,
les Araignées, les Abeilles? Elles tra-
vaillent sans relâche à orner & embellir
leur état; & toi tu ne (2) veux pas faire
ce qui convient à l'Homme: tu ne cours
point aux choses auxquelles la Nature t'a
destiné.

(a) Voiez Proverb. VI, 6, & suiv.

§. III. Mais si le Créateur Tout-sage
& Tout-bon nous a faits pour travailler, il
ne nous a pas faits pour travailler incessamment & sans relâche. La même constitution de nôtre Nature qui nous découvre la
nécessité d'agir, montre aussi que nous pou-
vons & que nous devons nous reposer quelquefois. Nos Corps ne sont pas de fer, &
nos Esprits n'ont pas une activité infatigable: ces deux parties de nous-mêmes com-
po-

(1) J'ai inséré ici ce qu'il dit ailleurs: Τὸ προσεχὲς κοινωνικῶς ἀποδιδόναι. Lib. VIII. §. 12. Ἴδε εἰ ἀνέχεται ἡ ἕνωσα. Ibid. §. 19. En tout ceci j'ai suivi la Version de Mr. ou de Madame *Dacier*; à un endroit près, que je marquerai.

(2) Ici Mr. & Madame *Dacier* disent, *tu négliges d'embellir le tien.* Ce changement paroît à la vérité peu de chose: mais à quoi bon s'éloigner de l'Original? Il semble même que par là on en affoiblit un peu la pensée: car l'Empéreur veut dire, que, bien loin de penser à se perfectionner de plus en plus, on ne fait pas même ce que la constitution de la Nature Humaine demande nécessairement.

poſent une Machine qui ſe détraque bien-
tôt, ſi on la tient dans un mouvement perpétuel. Je laiſſe aux Phyſiciens à expliquer
ce Méchaniſme : le fait eſt hors de doute,
& cela ſuffit. La comparaiſon commune
d'un *Arc* qui ſe rompt enfin, s'il demeure toûjours tendu, eſt (a) très-ancienne &
en même tems fort naturelle. On ne tarde
pas long-tems à s'apercevoir, qu'une application trop aſſidue à quelque ouvrage
que ce ſoit (1) affoiblit nos Corps & é-
mouſſe la vigueur de nos Eſprits. Le véritable moien de ſe dégoûter d'une choſe,
c'eſt de s'y attacher ſans diſcontinuation.
Ainſi l'obligation même de travailler demande qu'on interrompe quelquefois le
travail, pour ne pas y ſuccomber, & pour
le reprendre avec plus d'ardeur. *Se diver-*
tir à deſſein de vaquer enſuite à quelque
choſe de ſérieux ; c'étoit la maxime judi-
cieuſe d'un (2) Ancien. *Le Repos* (3) *eſt*
l'aſ-

(a) Voiez
Phædr. Fab.
XIV. Lib.
III. & *Th.*
Gataker. in
Marc. An-
tonin. IV,
26.

---

(1) *Otia Corpus alunt ; Animus quoque paſcitur illis :*
　　　Immodicus contra carpit utrumque Labor.
Ovid, de Ponto, Epiſt. IV, 21, 22. Voiez encore *He-*
roïd. Epiſt. IV, 89, & *ſeqq.* comme auſſi Quintil.
Inſtit. Orat. Lib. I. Cap. III. & un grand paſſage de Senèque, que je citerai plus bas, Liv. III. Chap. IV.
§. 10.
　　(2) *Anacharſis,* apud Aristot. Παίζειν δ᾽ ὅπως
σπυδάζῃ, κατ᾽ Ἀνάχαρσιν, ἰρθῶς ἔχεν δοχᾶ, Ethic.
Nicom. *Lib.* X. *Cap.* VI. *pag.* 137. A. *Ed.* Pariſ. 1629.
　　(3) Ἡ ἀνάπαυσις, ἢ σίνου ἄρτυμά ἐστι, Plutarch.
de *Pueror. inſt. pag.* 9. C. Tom. II. *Ed. Wech.* Voiez
auſſi dans la Vie de *Lycurgue,* Tom. I. p. 55. B.

l'affaisonnement du *Travail* : il faut les mêler (1) & les ménager de telle forte, que
l'on garde entr'eux un jufte tempérament.
(2) *Confultez la Nature*, *elle vous dira*
qu'elle a fait le Jour & la Nuit, pour
marquer les heures & du Travail & du Repos, & pour nous apprendre qu'ils font
l'un & l'autre également néceffaires à la
Vie. Une (3) *Vie qui n'eft entremêlée d'au-*
cune Fête, *eft un long Voiage où l'on mar-*
che inceffamment, *fans entrer jamais dans*
aucune Hôtélerie. Voilà encore le langage
des Philofophes Païens, & les idées de la
Raifon la plus pure.

§. IV. La Révélation ne nous en donne pas d'autres. Dieu, qui a fait la Nuit
pour le repos de toutes les Créatures vi-
vantes & animées, inftitua en partie le
Sabbat (a) pour le foulagement des Efcla-
ves & des Domeftiques, au cas qu'ils euffent à faire à des Maîtres affez durs & affez
inhumains pour n'avoir point d'égard à
　　　　　　　　　　　　　　　l'in-

(a) Voiez
Exod. XX,
10. *Deut.*
V, 14, 15.
& là-deffus
le Comm.
de Mr. *Le*
Clerc.

(1) C'eft à quoi fe réduit toute la Vie Humaine, felon *Plutarque*, dans le *Traité de l'Education des En-*
fans, que je viens de citer. Ἐνθυμηθέντες ὅτι πᾶς ὁ
βίος ἡμῶν εἰς Ἄνεσιν καὶ Σπουδὴν διήρηται. Voiez ce qui
fuit & ce qui précéde.

(2) *Inter fe ifta mifcenda funt* : *& quiefcenti agendum*,
& agenti quiefcendum eft. Cum rerum Natura delibera :
illa dicet tibi, fe & Diem feciffe & Noctem. Senec. E-
pift. III. *in fin.*

(3) Βίος ἀνεόρταςος, μακρὴ ὁδὸς ἀπανδόκευτος.
Democrit. apud Stobæum, Serm. XIV.

A 4

l'infirmité de nôtre Nature. Cette Fête &
toutes les autres marquées dans la Loi, é-
toient autant de tems & de repos, &
de réjouïssance, pour tout le Peuple de
Dieu.

§. V. AINSI, bien loin que la Morale
ou la Religion défendent toute sorte de
Divertissement; on peut dire au contraire
qu'elles nous ordonnent d'en prehdre quelcun d'honnête & de convenable, lors que
cela est nécessaire pour reparer nos forces
épuisées par le travail. Il y auroit du moins
de l'ingratitude à rejetter fiérement ces Plaisirs innocens que la condescendance de
Dieu offre à tous les Hommes; & de l'injustice, à condamner de sa pure autorité
ceux qui n'en usent que sobrement. Personne ne peut se passer de certains intervalles de repos, & il y a peu de gens qui
n'aient besoin de quelque sorte de recréation. La Bonté du Créateur se montre ici
(1) prodigue, pour ainsi dire, envers les
foibles Mortels. Comme il a fait nos Corps
& nos Esprits susceptibles d'une variété infinie d'inclinations, il nous fournit aussi une
infinité (a) d'objets pour nous satisfaire.
On peut abuser, il est vrai, de ces objets:
mais

(1) On peut appliquer ici ce mot de SENÈQUE:
*Unde illa luxuriam quoque instruens copia? Neque enim
necessitatibus tantum modo nostris provisum est: usque in
delicias amamur.* De Benefic. Lib. IV. Cap. V.

mais on peut auffi en faire un ufage très-innocent.

§. VI. Je vois neanmoins des gens qui fuppofant fans raifon qu'on ne fauroit féparer l'abus d'avec l'ufage, ou fe faifant je ne fai quelles idées myftiques de Vertu & de Piété, voudroient nous perfuader que (a) tout Divertiffement eft quelque chofe d'indigne d'une Créature raifonnable, un *bas amufement*, un *plaifir faux & trompeur*, un *effet de la mifére & de la corruption de l'Homme*. Permis à eux d'afpirer à un état de perfection dont la Nature Humaine n'eft peut-être point capable, qui eft du moins au deffus de la portée du commun des Habitans de la Terre: mais ils ne trouveront pas mauvais que ceux qui ne croient pas pouvoir s'élever fi haut, fuivent humblement l'ordre de la Nature, ou plûtôt celui de la Providence, & qu'ils aient là-deffus l'efprit en repos & libre de tout fcrupule, fur un fondement femblable à ce que contiennent les reflexions fuivantes d'un Philofophe Paien: (1) *Si le Plaifir*, dit-il, *étoit mauvais par lui-*

(a) Voiez les *Penfées de Pafcal,* Artic. XXVI. §. 3, & fuiv.

(1) Εἰ φαῦλόν τι χρῆμα Ἡδονὴ, ἐκ ἂν ἦν ξύμφυτον, ἐδ' ἡ ϭαζόντων ἡμᾶς τὸ ϭρεϭβύτατον· τὰ ϭ ὑϭὸ τ̃ Σοφιϭῶν θρυλλέϭμα ἐς αὐτὴν, ἡ Σαρδανάϭαλυ τρύϕη, ϗ ἡ Μήϭικὴ χλιδὴ, ϗ ἡ Ἰονικὴ ἀϭρύϭις, ϗ τρϭπϭζϭι Σικϭλικϭί, ϗ ὀρχήϭϭις Συϭϭριϭικϭί, ϗ ἑϭϭῖρϭι Κορίνϑιϭι, ταῦτα ἀϑϭϭϭ, ϗ ὅϭϭ τϭτϭϭ ϭϭικιϭϭτϭρϭ, ἐκ Ἡδϭνϭς ἔργϭ, ἀϭϭϭ Τέχνϭς ϗ Λϭγϭ, ϭϭρϭρϭμϭνϭϭϭϭϭ

A 5

lui-même, il ne naîtroit pas avec nous, &
il ne feroit pas la plus ancienne des chofes
auxquelles nous devons nôtre confervation.
Pour ce qui eft des objections rebattues des
Sophiftes, le luxe de Sardanapale, les délices des Médes, la molleffe des Ioniens,
les feftins des Siciliens, les danfes des Sy-
barites, les Courtifanes de Corinthe ; tout
cela, dis-je, & mille autres chofes femblables que l'on pourra alléguer, ne font
pas des effets du Plaifir, mais de l'Art &
de l'Efprit Humain ; car avec le tems les
Hommes ont corrompu le Plaifir par une
infinité d'inventions de l'Art. Comme donc,
fous prétexte qu'il y a des gens qui fe fervent de leur Efprit pour faire des chofes
deshonnêtes de leur nature, perfonne ne blâme l'Efprit, comme s'il étoit mauvais de
lui-même : il ne faut pas non plus fe dé-
chaîner contre le Plaifir, mais contre ceux
qui en abufent. Il y a dans l'Ame de l'Homme deux chofes, l'Efprit & le Plaifir. Le
Plai-

ᾧ ἀνθρώπων εἰς Ἡδονὰς δι' εὐπορίαν ἢ Τεχνῶν ὑπὸ τῦ
χρόνε. Ὥσπερ ἓν ἐδεὶς λοιδορεῖται τῷ Λόγῳ ὡς ἐκ ἔςι
καλὸν τῆ φύσει, ἐὰν ἀναληψ τις αὐτῷ ἐπὶ χρείαν ἐπὶ τὸ
μὴ φύσει καλὸν· ἕτως ἐδὲ τῆ Ἡδονῆ λοιδορητέον, ἀλλὰ
τοῖς χρωμένοις Ἡδονῆ κακῶς. Δύο ἢ ὄντων ἐν Ἀνθρώπε
ψυχῆ, Ἡδονῆς καὶ Λόγε, Λόγῳ μὲν Ἡδονὴ κεραθεῖσα,
μηδὲν ἀφελῦσα τῦ ἀναγκαίε, προσέδωκεν αὐτῷ τὸ ἀγω-
γότερον· Λόγῳ ἢ Ἡδοναῖς προσγινόμενος, αὐξήσας αὐτῶν δι' εὐπορίας τὸ μέτριον, ἀφεῖλε τῦ φύσει τερπνῦ τὸ
ἀναγκαῖον. MAXIM. TYR. Differt. XXXIII. pag. 340.
Edit. Cantabr. 1703. Voiez auffi *Charron*, de la Sageffe,
Liv. III. Chap. XXXVIII. §. 3, & fuiv.

Plaisir mêlé avec l'Esprit, n'en diminue pas l'usage nécessaire, & le rend seulement plus agréable. L'Esprit au contraire se joignant au Plaisir, le porte au delà des bornes de la médiocrité par une trop grande abondance qu'il en fait prendre, & bannit en même tems l'usage nécessaire, qui fait partie de l'agrément naturel. Ce que ce Philosophe dit-là du Plaisir en général, disons-le hardiment des Divertissemens modérez que la Nature nous présente, ou que l'on se fait soi-même après avoir travaillé autant qu'on le peut & qu'on le doit.

§. VII. Ceux qui semblent croire qu'il est impossible de se tenir ici dans de justes bornes, & qui à cause de cela voudroient qu'on renonçât absolument aux Recréations les plus honnêtes, avancent-là une chose qui se trouvera contraire à l'expérience, si l'on y fait attention. Quelque corrompu que soit le monde en général, il y a toûjours, plus ou moins selon les tems & les lieux, des gens qui se servent avec modération des présens de la Nature, ou plûtôt de la Libéralité Divine. J'avoue que d'ordinaire le plus grand nombre en abuse: mais, n'y eût-il que deux ou trois personnes dans chaque Païs ou dans chaque Siécle qui en usassent comme il faut, cela me suffit; dès-là je conclus que la chose est possible: & quelque rare qu'elle fût, ce ne se-

seroit pas la seule dont la possibilité est aussi
certaine que les exemples en sont peu fréquens & peu communs. En vain replique-
roit-on, que la difficulté du moins est si
grande, qu'elle approche fort de l'impossi-
bilité. Pour avoir lieu de tirer cette conséquence, il faudroit que ceux qui tombent
dans l'excès au sujet des Plaisirs & des Divertissemens, pûssent nous dire de bonne
foi qu'ils ont pris quelques précautions ou
fait quelques efforts pour se retenir. Mais
j'en appelle à leurs consciences, & je suis
assûré que, s'ils veulent répondre sincére-
ment, ils reconnoîtront qu'ils se sont li-
vrez aveuglément aux impressions des objets, & que ce n'est qu'à force de s'y laisser entraîner sans la moindre résistance
qu'ils se sont mis en état de ne pouvoir
qu'avec beaucoup de peine secouer le joug
de la Volupté, & rentrer sous les Loix de
la Nature & de la Raison.

§. VIII. Tenons donc pour une chose incontestable, qu'il est permis, pour se
donner du relâche, de goûter quelque divertissement où il n'y ait rien d'ailleurs qui
le rende illégitime. Cela étant, si l'on trouve du plaisir à jouer au *Billard*, à la *Paume*, aux *Echecs*, aux *Cartes*, au *Trictrac*
& aux *Dez* même; pourquoi ne pourroit-
on pas s'y divertir, aussi-bien qu'à la *Promenade*, à la *Musique*, à la *Chasse*, à la
Pê-

Pêche, au *Deſſein*, & à mille autres choſes ſemblables ?

Ou l'on ne joue rien, ou l'on joue quelque choſe. Dans le prémier cas, c'eſt une
pure recréation, qui n'a pas la moindre apparence de crime. Dans l'autre, je ne vois
pas non plus qu'il y aît aucun mal, à conſiderer la choſe ſimplement en elle-même.

Si je puis (a) promettre & donner mon
bien à qui il me plaît abſolument & ſans
condition ; pourquoi ne me ſera-t-il pas
permis de promettre & de donner à quelcun certaine ſomme, au cas qu'il ſe trouve plus heureux ou plus habile que moi
par rapport à l'effet de certains mouvemens
dont nous ſommes convenus ? Et pourquoi alors ne pourra-t-il pas ſe prévaloir
légitimement du fruit ou de ſon adreſſe, ou
d'un concours favorable de cauſes accidentelles, à l'effet deſquelles, quoi qu'incon-
nues & hors de ſa direction, j'ai volontairement attaché un certain engagement de
ma part, & un droit qui y répond de la
ſienne. Quand il n'en devroit revenir du
profit qu'à l'une des Parties, il n'y auroit
là rien de contraire à l'Equité, ſi tel avoit
été leur accord mutuel, dûement fait &
conclu. Il eſt libre à chacun de faire dépendre de telle condition & de tel événement que bon lui ſemble, (b) même des
plus fortuits, le droit qu'il donne à autrui
d'exi-

(a) Voiez
le *Traité
des Jeux de
Hazard*,
par Mr. *La
Placette*,
parmi ſes
*Divers
Traitez ſur
des matté-
res de Con-
ſcience* ;
Chap. VI.
P. 226.

(b) Voiez
*Pufendorf,
Droit de la
Nat. & des
Gens*, Liv.
III. Chap.
VIII.

d'exiger de lui telle ou telle chose. (1) A plus forte raison peut-on sans injustice profiter du gain que l'on fait en ce cas-là, après avoir risqué de perdre, aussi bien que de gagner. En un mot, le Jeu est une espéce de Contract : & dans tout Contract, dans toute Convention, le consentement (2) réciproque des Parties est la souveraine loi ; c'est une maxime incontestable du Droit.

§. IX. Aussi ne voit-on pas dans l'Ecri-

(1) Paschasius Justus, dans son Traité de *Alea*, Lib. I. pag. 103. *Ed. Amst.* dit, que jouer aux Jeux de Hazard, n'est autre chose que vouloir dérober, & ravir le bien d'autrui contre le gré de celui à qui il appartient ; de sorte qu'à cause de cette seule intention, il doit passer pour un Péché. Un Jurisconsulte de nos jours, entre les mains duquel la Jurisprudence devient une Science fort dévote, soûtient aussi que le Jeu est non seulement un *vol de tems* (*furtum temporis*) mais encore un véritable *larcin* ; parce, dit-il, qu'encore qu'on ne péche point contre les Loix du Jeu, on convoite toûjours le bien de son Prochain, & on le prend malgré lui ; n'y aiant personne qui soit bien aise de perdre. Voiez Jo. Sam. Stryckii *Tract. Academ. de Jure Liciti sed non Honesti*, Cap. II. num. 104, & *seqq.* J'avoue qu'on ne joue pas à dessein de perdre, & que bien des Joueurs même sont fâchez lors qu'ils ont perdu. Mais que fait cela ici ? Le Contract en est-il moins bon & valide ? Pourquoi s'y engageoit-on ? Et n'a-t-on pas couru risque de gagner, aussi bien que de perdre ? Le désir même de gagner, pourvû qu'il ne soit accompagné ni de fraude, ni d'avarice, n'est pas plus criminel ici que dans les négoces le plus généralement tenus pour legitimes.

(2) *Contractus enim legem ex conventione accipiunt.* Digest. Lib. XVI. Tit. III. *Depositi, vel contra,* Leg. I. §. 6.

criture Sainte la moindre défenfe du Jeu, ni directe, ni indirecte. C'eft par une fraude pieufe qu'un Jéfuite Miffionnaire de l'Orient (1) a fait dire au Pfalmifte dans une Verfion Perfane : *Heureux celui qui ne* (a) *s'eft point affis fur le fiége des Joueurs;* au lieu que l'Original & la Vulgate même portent, *fur le fiége des Moqueurs.* Les anciens *Juifs* femblent (b) avoir abfolument ignoré (2) cette forte de recréation, dont le nom même ne fe trouve nulle part dans tout le Vieux Teftament : & l'on pourroit croire que c'eft à caufe de cela que Dieu ne jugea pas à propos de la défendre. Mais lors que ce Peuple fut difperfé par tout, depuis la (3) Captivité de *Ba-by-*

(a) Pfeaum. I, I.

(b) Voiez *Claude Fleury, Mœurs des Ifraëlites,* Chap. XVII. pag. 110. Ed. de Holl.

(1) Voiez THOM. HYDE, *de Ludis Oriental.* Lib. II. pag. 103. Mr. THIERS, à la fin de fon Livre, trouve quelque chofe de femblable, mais prefque avec auffi peu de fondement, dans un paffage de *Jérémie,* Chap. XV. verf. 17. où, trompé par l'équivoque du terme de la Vulgate, il tourne : *Je ne me fuis point trouvé dans la compagnie des Joueurs.* Le mot de l'Original ne fignifie jamais que *badiner, fe jouer,* ou *danfer.*

(2) C'eft contre toute vraifemblance que les Commentateurs du *Talmud* paraphrafent ainfi la réponfe de *Jacob* à l'Ange, avec qui il avoit lutté, & qui lui difoit : *Laiffe-moi, car l'Aube du jour eft levée,* Genef. XXXII, 26. *Es-tu un Larron ou un Joueur* (קוביוסטוס *Cubiftos*) *que tu craignes l'Aurore?* Tract. *Cholin,* fol. 91. lin. 2. apud TH. HYDE, *de Lud. Orient.* Lib. II. pag. 121.

(3) Il y a un paffage dans le Livre de *Tobie,* où Mr. THIERS trouve le Jeu, mais fans fondement. La Vulgate fait dire là à *Sara,* fille de *Raguel : Numquam cum ludentibus mifcui me :* cela fignifie felon toutes les

bylonc, il apprit des *Grecs* & des *Romains* à jouer; les Cas de Conscience discutez là-dessus par les (a) Rabbins, le supposent: cependant ni JESUS-CHRIST, ni les A-pôtres, dont les Préceptes étoient sans aucun mélange de tolerance pour quelque chose de mauvais, ne disent rien contre le Jeu. Il n'y a qu'un seul endroit dans tout le Nouveau Testament où l'on entrevoie quelque trace d'une idée de Jeu; encore n'est-ce qu'un terme métaphorique tiré des Jeux de Hazard, qui, quoi (1) que pris en mauvaise part, iroit tout au plus à condamner l'abus du Jeu. Si dans quelques Versions communes on a traduit (b) *jouer*, un mot dont *St. Paul* se sert, ce n'est que par une équivoque, ou peut-être même faute d'avoir sû toute l'étendue du terme de l'Original, qui en cet endroit-là signifie *danser*, (2) comme il paroit d'ailleurs par l'en-

(a) Voiez *Selden. de Jure Nat. & Gent. juxta Discipl. Hebr. Lib. VI. Cap. XI. & Hyde, de Lud. Orient. Lib. II. pag. 121. & suiv.*

(b) Il y a dans le Grec *κολευω. I. Corinth. X, 7.* Voiez *J. Georg. Grav. Lection. Hesiod. Cap. XIX.*

les apparences; *Je ne me suis jamais mêlé parmi ceux qui folâtrent, ou qui dansent;* & non pas: *Je n'ai jamais eu de commerce avec les Joueurs.* D'ailleurs ces paroles ne se trouvent pas dans le Grec. Mais les Livres des Rabbins suffisent pour faire voir que les *Juifs* avoient appris à jouer; & il y a apparence que ce fut dans ce tems-là.

(1) C'est dans l'Epître aux *Ephésiens, IV, 14.* où *St. Paul* recommande *de ne pas se laisser emporter à tous les vents des Doctrines, par la tromperie des Hommes, ἐν τῇ ΚΥΒΕΙΑ τῶν ἀνθρώπων.* Voiez là-dessus les Interprétes, & ce que dit *Saumaise* dans une Note rapportée par *Thomas Gataker,* sur *Marc Antonin, Lib. I. §. 8. init.*

(2) Mr. THIERS prétend néanmoins, sur la foi de

(a) l'endroit du Vieux Testament d'où ce passage est tiré. De ce profond silence des Ecrivains Sacrez, joint à tout ce que j'ai dit dans ce Chapitre, on peut, à mon avis, conclurre certainement, *Que le Jeu en lui-même, & l'abus mis à part, est une chose tout-à-fait indifférente.*

(a) *Exod.* XXXII, 6. conf. avec le verf. 19.

de T e r t u l l i e n (Lib. de *Jejunio*, Cap. VI.) que les *Jeux auxquels le Peuple d'Israël se divertit après avoir sacrifié la première fois au Veau d'or, étoient des Jeux d'Impureté, & que c'est pour cela que l'Ecriture Sainte ne les a pas voulu nommer.* Sanctæ Scripturæ verecundiam; lusum nisi impudicum non denotasset. *Traité des Jeux & des Divertissemens* &c. Chap. VIII. pag. 65. C'est ainsi qu'avec les lunettes d'un Père de l'Eglise, on voit dans les Ecrivains Sacrez des choses que toutes les Régles de la Grammaire & de la Critique ne sauroient y faire apercevoir.

CHAPITRE II.

S'il faut faire ici quelque exception au désavantage des Jeux de Hazard?

§. I. I L y a peu de gens assez rebarbatifs pour condamner absolument toute sorte de Jeux. On fait grace à ceux où l'adresse seule décide de la victoire: mais la plûpart des Théologiens & des Casuïstes se sont déchaînez contre les Jeux où il entre du Hazard, comme si ceux-ci étoient toûjours illicites. Les *Rabbins*, qui les tiennent tels, & qui les regardent même com-

B   me

me un larcin de Juif à Juif, difent, que
(a) l'*Homme ne doit jamais, de toute fa*
vie, faire autre chofe que vaquer à l'étude
de la Loi & de la Sageffe, à la pratique
de la Charité, ou à quelque Négoce, quel-
que Métier, ou quelque Ouvrage d'où il
revienne de l'utilité au Public. Si l'on
prend cela au pié de la lettre, c'eft une
décifion manifeftement outrée ; & il n'eft
pas néceffaire de s'arrêter à le faire voir,
après ce que nous venons de dire dans le
Chapitre précedent. Que fi, en expliquant
ces paroles dans un fens raifonnable, on
les reftreint à ceux qui n'ont d'autre occupation que de jouer, cela ne fait rien contre le Jeu confidéré en lui-même & réduit
à fon légitime ufage. Auffi les Docteurs
Juifs reconnoiffent-ils que les défenfes du
Jeu parmi eux font fondées fur les *Régle-*
mens de leurs Ancêtres, c'eft-à-dire, qu'elles ne font ni de Droit Naturel, ni de Droit
Divin Pofitif, mais de Droit purement Civil, établi par ceux qui avoient pouvoir de
faire de nouvelles Conftitutions felon que
le demandoit le Bien de l'Etat. Cela eft fi
vrai qu'ils permettent prefque aux *Juifs*
de jouer aux Jeux de Hazard avec les
Païens: du moins le défendent-ils fort foiblement, puis qu'ils difent qu'en ce cas-là
le Juif ne fe rend coupable que *d'avoir*
emploié fon tems à u.. é chofe frivole. On
voit

(a) Voiez
Selden. de
J. N. &
Gent. Lib.
IV. Cap. V.
pag. 511. &
Lib. VI.
Cap. XI.
p. 761. E-
dit. Argen-
tor.

voit parmi les Oeuvres de St. CYPRIEN une (a) efpece d'Homélie fauſſement (1) attribuée à cet Evêque ; mais qui paroît aſſez ancienne, dans laquelle l'Auteur, quel qu'il ſoit, ſoûtient (2) que les Jeux de Hazard ſont non ſeulement des *piéges du Diable*, & que *le Démon y préſide* ; mais encore que c'eſt cet Eſprit malin (3), ou quelcun de

(a) *De Aleatoribus.*

(1) Elle eſt viſiblement écrite par un Evêque : mais, dit Mr. *Dupin*, dans ſa *Bibliot. Eccleſ.* on ne doit pas conclurre que ce ſoit par un Pape, à cauſe qu'il ſe dit Vicaire de Jéſus-Chriſt ; parce que ce nom eſt donné dans l'Antiquité à tous les Evêques.

(2) *Quod* [Aleæ tabula] *eſt Diaboli venabulum.... ubi Diabolus præſto eſt, ad capiendum ſummiſſus, & quum ceperit de captivo triumphum, perfidia, falſa teſtimonia &c.*

(3) C'eſt ce qui paroît par les paroles ſuivantes, quelque dur qu'en ſoit le Stile, comme dans tout le reſte de l'Homélie, qui d'ailleurs a été fort gâtée par les Copiſtes. *Unde hæc ſacrilega meditatio, unde hoc crimen, auctorum teſtimonio comprobamus. Quum enim quidam ſtudio literarum bene eruditus, multum meditando hoc malum & tam pernicioſum ſtudium adinvenit, INSTINCTU SOLIUS ZABULI, qui eum artibus ſuis repleverat : hanc ergo autem oſtendit, quam & colendam ſculpturis cum ſua imagine fabricavit. Statuit itaque imaginem ſuam cum nominis ſui ſubſcriptione, ſuggerente ſibi amico, qui ut hanc artem excogitaret in pectore ſubjecit. Sic ergo ſe in imagine ſpecioſa demonſtrans, alto quodam loco condidit ; & in ſinu ſuo hanc Aleæ tabulam geſtans, ut quaſi ipſe luſor & adinventor hujus malitiæ appareret, cujus nomen à Dei ſervis nominari non deberet (ſic enim in nomine turpis eſt, quomodo in factis iniquus) & quiſque Dei ſervus Aleæ tabulam amplectitur, auctoris nomine vocaretur. Ille enim quum ſe in ſtatunculis & ſimulacris formaret, aliud crimen adinvenit, quo ſe ab imitatoribus ſuis colendum, & ſibi ſacrificandum inſtituit. ita ut qui vellet ſtudio ejus adhærere, non ante manum in Tabulam porrigeret, niſi auctori huius*

de ſes Suppôts, qui les a inventez; & que qui-

hujus prius ſacrificaſſet. Inde factum eſt, ut olim qui homo fuerat, & facinoris admiſſionis adulter, poſt mortem à profanis & errantibus, ſub fictitii nomine Dei, talis coli meruerit ... ALEÆ TABULA QUI LUDIT, PRIUS AUCTORI EJUS SACRIFICARE DEBET, quod Chriſtianis non licet, dicente Domino : Saçrificans Diis eradicabitur, niſi Deo ſoli &c. Toute cette plaiſante imagination eſt, à mon avis, fondée ſur deux choſes. L'une, qu'il y avoit apparemment quelque peinture ſur le *Tablier* ou *Damier*, dans lequel on jouoit aux *Dez* ou au *Trictrac*. L'autre, que pluſieurs attribuoient l'invention des Jeux de Hazard au *Mercure* des *Egyptiens*, nommé *Theut* ou *Thoùt*, & mis après ſa mort au nombre des *Dieux* ou des *Génies*; d'où vient que PLATON l'appelle Θεὸς & Δαίμων, dans le *Phédre*, pag. 274. C. Tom. III. *Ed. Steph.* A propos dequoi, je remarquerai en paſſant que Mr. DUPIN rapporte mal le paſſage, dont il s'agit, dans ſa *Bibliothéque univerſelle des Hiſtoriens*, pag. 12. *Ed. d'Amſt.* Je ne m'arrête pas à la fauſſe citation du *Phédon*, pour le *Phédre* ; ce n'eſt peut-être qu'une faute d'impreſſion. Mais voici comment il traduit le commencement des paroles ſuivantes : Ἤκουσα τοίνυν, περὶ Ναύκρατιν τῆ Αἰγύπτου γενέσθαι τῷ ἐκεῖ παλαιῶν τινὰ Θεῶν, ὧ καὶ τὸ ὄρνεον τὸ ἱερὸν ὃ δὴ καλοῦσιν Ἴβιν· αὐτῷ δὲ ὄνομα τῷ Δαίμονι εἶναι Θεῦθ. τοῦτον δὲ, πρῶτον ἀριθμόν τε καὶ λογισμὸν εὑρεῖν, καὶ γεωμετρίαν, καὶ ἀστρονομίαν, ἔτι δὲ πεττείας τε καὶ κυβείας, καὶ δὴ καὶ γράμματα &c. J'AI ouï dire à Naucrate *en Egypte, qu'il y avoit un des anciens Dieux* &c. Quand le Grec auroit quelque choſe qui ſemblât demander qu'on traduiſît ainſi, il ne faudroit, pour ſe détromper, que faire reflexion que *Socrate*, qui parle ici, n'étoit jamais ſorti de la *Grèce* ſa patrie. Il le dit lui-même dans le *Criton*, Tom. I. pag. 52. B. Ainſi il falloit traduire : *J'ai ouï dire qu'à Naucratis en Egypte il y avoit un des anciens Dieux* &c. Pour revenir à nôtre ſujet, pluſieurs prenant bonnement le mot de *Démon* dans le ſens qu'il a communément parmi les Chrétiens, ſe ſervent de cette raiſon pour rendre odieux les Jeux de Hazard conſiderez en eux-mêmes. Voiez, par exemple, les *Nouvelles de la Rep. des Lettres*, Octobre 1687. pag. 1058. & Mr. THIERS, *Traité des Jeux & des Divertiſſe-*

quiconque y joue, offre un facrifice à leur
auteur, & commet par conféquent un acte
d'Idolatrie. Je laiſſe à penſer ſi ce ne ſont
pas là des raiſons ou entiérement chiméri-
ques, ou qui, dépouillées de la figure,
prouvent tout au plus que les Jeux de Hazard ſont ſouvent une occaſion de déſordres. Un (a) Miniſtre Flamand, qui publia, vers le milieu du Siécle paſſé, un
Traité hiſtorique ſur cette matiére, ſoûtient
gravement que les Jeux de Hazard ſont
contraires à tous les Commandemens du
Décalogue. On s'imaginera aiſément de
combien de machines il a eu beſoin pour
établir un ſi étrange paradoxe, & que, s'il
dit quelque choſe de plauſible, cela regarde uniquement les abus qui peuvent ſe
gliſſer, plus ou moins, dans toute ſorte
de Jeux.

§. II. D'AUTRES ont crû trouver dans
la nature même des Jeux de Hazard, dequoi faire voir qu'ils ſont eſſentiellement
criminels : & ils ſe ſervent pour cet effet
d'une raiſon, qu'il eſt très-facile de refuter, quoi que ce ſoit ſans contredit la plus
ſpécieuſe dont on aît pû encore s'aviſer.
Arrê-

(a) *Daniel
Souter.* Pa-
lamed. *Lib.*
II. *Cap.* VI.

tiſſemens &c. Chap. XIII. où il dit, que cela *ſuffit
pour en donner de l'averſion aux Chrétiens, à qui l'Apôtre St. Paul défend d'avoir aucun commerce avec les Dé-
mons.* Pag. 136. Au reſte, on traitera dans l'HISTOI-
RE DU JEU, de l'inventeur des Jeux de Hazard.

Arrêtons-nous un peu à en montrer la foiblesse: cela nous dispensera de perdre du tems à examiner (a) les autres.

On dit donc, que Dieu préside sur le Sort, & qu'il le dirige d'une façon particuliére: qu'ainsi, puis que le Sort entre dans tous les Jeux de Hazard, c'est une profanation manifeste que d'obliger la Providence Divine à intervenir dans une chose si peu sérieuse, & sujette d'ordinaire à tant d'inconvéniens.

§. III. Cette conséquence seroit démonstrative, si le principe d'où on la tire étoit vrai. Mais d'où sait-on que les effets du Sort proviennent toûjours d'une volonté particuliére de Dieu? Son opération est-elle sensible, ou se fait-elle entrevoir par quelque indice apparent? Y a-t-il la moindre raison, tirée de sa Bonté ou de sa Sagesse, qui nous donne lieu de le soupçonner? Bien loin de là, ne semble-t-il pas qu'il seroit indigne de cet Etre Souverain, de prêter un concours immédiat à tant de choses d'aussi peu de conséquence que le sont la plûpart de celles dont le Sort décide parmi les Hommes? Ainsi il se trouve que la raison même, dont il s'agit, renferme dequoi en sapper le fondement.

En effet, si Dieu agit par une volonté particuliére dans toutes les affaires qui se réglent par le Sort, & sur tout dans le Jeu,

(a) Voiez, p. e. l'Introduct. à la Vie Dévote, de St. François de Sales, III. Partie, Chap. XXXII. citée par Thiers, Traité des Jeux &c. Chap. XV. pag. 168.

Jeu, il s'enſuivra de là „ qu'il (a) fait des „ Miracles tous les jours en faveur de gens „ qui aſſûrément n'en ſont pas dignes, & „ dans des lieux où perſonne ne ſoupçon„ neroit que Dieu marquât ſa préſence „ d'une façon ſi extraordinaire. Ceux qui „ jouent aux Dez & aux Cartes, engage„ roient Dieu tous les jours à ſe déclarer „ en leur faveur par des Miracles perpé„ tuels ; & dans les Académies de Jeu il „ ſe feroit infiniment plus de Miracles, „ qu'il ne s'en eſt jamais fait dans le Tem„ ple de Dieu, ni en aucun autre lieu, „ quand même on joindroit enſemble tous „ ceux dans leſquels Dieu en a fait ſous „ l'Ancien & ſous le Nouveau Teſtament. „ D'ailleurs, „ quelle (b) apparence que „ lors que deux Laquais ou deux Croche„ teurs ſe mettent à jouer aux Dez ou au „ Landsquenet, la Providence Divine s'ap„ plique d'une façon plus particuliere à „ diriger tous les incidens de ce Jeu, qu'el„ le ne s'applique à décider le deſtin des „ Peuples, le ſuccès des Batailles, les ré„ volutions des Etats, & cent autres ſem„ blables événemens qui paroiſſent de tems „ en tems dans le Monde ? A qui perſua„ dera-t-on de tels Paradoxes ? Il y a mê„ me quelque choſe de ridicule à s'imagi„ ner, que lors que deux hommes jouent „ aux Dames ou au Billard, leur Jeu ne

(a) *Réflexions ſur ce que l'on appelle Bonheur & Malheur en matiére de Loteries, par Mr. Le Clerc, Ch. VIII. pag. 97.*

(b) *La Placette, Des Jeux de Hazard, Chap. II. p. 202.*

B 4   ſoit

„ ſoit l'objet que d'une Providence com-
„ mune & ordinaire ; & que dès que ſe
„ laſſant de ce Jeu ils prennent des Dez
„ ou des Cartes, ce vain amuſement de-
„ vienne tout d'un coup l'objet d'une Pro-
„ vidence particuliére. " Qu'on diſe ce
qu'on voudra, jamais on n'alléguera rien
de plauſible pour nous perſuader, que
quand, après avoir rémué trois Dez dans
un Cornet & les avoir jettez ſur une Table, on améne, par exemple, tous les *As*
ou tous les *Six*, Dieu intervienne en cela
autrement qu'il ne fait dans la chûte d'une
Pierre, qui tombe infailliblement de telle
ou telle maniére, ſelon que la main qui la
ſoûtenoit en l'air la laiſſe échapper.

§. IV. JE ne nie pas que Dieu ne puiſſe préſider & qu'il ne préſide quelquefois
effectivement ſur le Sort. Nous ſavons
qu'il l'a (1) fait, mais rarement, & en des
occaſions graves & importantes, où d'ailleurs il avoit lui-même expreſſément ordonné de s'en rapporter à la déciſion du
Sort ; ſans quoi on ne pourroit pas aſſûrer
qu'il l'eût fait tomber de telle ou telle maniéy-
re par un acte particulier de ſa Providence.

Je

(1) Voiez, par exemple, *Nombres*, XXVI, 55, 56.
(comparé avec *Genéſe*, XLIX. & *Deut.* XXXII.) *Actes*, I, 26. &c. Voiez auſſi le Traité de Mr. *La Placette* ſur les *Jeux de Hazard*, Chap. IV. & les *Reflexions* de Mr. *Le Clerc* ſur le *Bonheur* & le *Malheur* &c,
Chap. VIII. pag. 106, 107.

Je veux bien encore accorder, que dans le Jeu même il peut y avoir quelquefois une direction extraordinaire de Dieu, ou immédiate, ou par le ministére de quelque Intelligence qui conduise le Sort d'une maniére invisible. Je (a) conçois qu'il n'est pas indigne de Dieu, de disposer les choses de telle sorte, qu'un Homme-de-bien, par exemple, qui se trouve dans des circonstances où il est à craindre que la passion du Jeu ne s'empare de son cœur, fasse tout d'un coup quelque grosse perte, pour le dégoûter par là de ce divertissement qui lui seroit pernicieux. Mais il ne faut pas pour cela supposer que Dieu en use ainsi dans toutes les occasions, ni en faveur de toute sorte de gens : & après tout, sans une Révélation, on ne sauroit jamais être assûré qu'il ait actuellement déployé sa Toute-puissance dans des cas si peu sérieux. J'aimerois autant croire sur la foi de l'*éloquent Jésuite* (b) MAPHEE, ce qu'il nous rapporte de St. IGNACE DE LOYOLA, qu'il *joua un jour au Billard avec un Gentilhomme qui l'avoit invité d'y jouer, & qu'il le gagna miraculeusement, quoi qu'il ne sût pas le Jeu.* C'est sans contredit prostituer, si j'ose ainsi dire, les Miracles.

§. V. ON allégue néanmoins un passage des (c) *Proverbes*, par où l'on prétend prou-

(a) Voiez *Simon. Episcop. Oper. Theol. Tom. I. Part. II.* pag. 49. Resp. ad Quæst. XLVIII.

(b) *Vit. Ignat. Lib. III. Cap. V. apud Thiers, Traité des Jeux &c. Chap. I.* pag. 5.

(c) Chap. XVI. vers. 33. & dern.

prouver, que Dieu (1) est l'auteur de toutes les productions du Sort généralement; & que c'étoit-là l'opinion des anciens *Juifs*. Mais on ne se seroit jamais prévalu de ce passage, si depuis long-tems on ne voioit tous les jours des gens qui se mêlent d'expliquer l'Ecriture, sans connoître le génie des Langues Originales, souvent même sans les entendre en aucune sorte; & qui par conséquent ne peuvent que se tromper, en jugeant des idées des *Orientaux* par des expressions qui renduës à la lettre en donnent de tout autres dans les Langues vulgaires de l'*Occident*.

On jette le Sort dans le sein, dit SA-LOMON, c'est-à-dire, dans le creux de quelque Vase, *& tout son jugement* (ou, toute sa décision) *est de l'Eternel*. Cela ne signifie autre chose si ce n'est que les Hommes ne sont pas maîtres des effets du Sort, qui demeurent ainsi une suite des Loix générales établies dans la Nature, quoi que les causes d'où l'événement dépend en cette rencontre nous soient entiérement inconnuës. C'est le stile des *Hébreux* d'attribuer ainsi à la Divinité tout ce à quoi

la

(1) Il semble que l'Empereur LEON fût dans cette pensée, puis qu'il fonde la défense qu'il fait aux Ecclésiastiques de jouer à des Jeux de Hazard, sur ce que le Sort est une chose sacrée. *Ut qui Alea lusu* SACRAM SORTEM *contaminant* &c. Constitut. LXXXVII.

la volonté & la direction des Hommes n'a point de part. „ Ils (a) difent, par exem- „ ple, que *les Arbres* qui croiffent fur les „ Montagnes, ou dans des lieux où les „ Hommes ne les ont ni plantez ni culti- „ vez, *ont été plantez de Dieu.* Ainfi „ *Balaam* difoit, en confiderant la lon- „ gueur des ruës du Camp des *Ifraëli-* „ *tes :* (b) *Vos Tabernacles font étendus* „ *comme des Torrens, & comme des Jar-* „ *dins fur les bords d'une Rivière ; ils* „ *font comme des Coftes* (forte d'Arbre „ aromatique) *que* LE CRÉATEUR A „ PLANTEZ, & *comme des Cédres qui* „ *croiffent auprès de l'eau.* Le Pfalmifte „ dit de même : (c) *Les Arbres du Créa-* „ *teur, les Cédres du Liban,* QU'IL A „ PLANTEZ, *feront raffafiez* (de pluie). „ Il n'y a perfonne qui puiffe conclurre de „ là, que Dieu intervient, d'une façon ex- „ traordinaire, pour faire croître ces Ar- „ bres. C'eft-là véritablement un effet de „ fa Providence, qui au commencement „ du Monde fit naître les Plantes d'une „ manière miraculeufe ; pour fe provigner „ enfuite chacun dans fon efpéce, fans „ qu'il fallût faire aucun nouveau Miracle „ pour la conferver. Les mêmes Peuples ont „ appellé le Tonnerre *la voix de* (d) *Dieu,* „ non pour dire qu'il ne tonne jamais fans „ miracle, mais pour marquer que cet „ épou-

(a) *Réfle-* *xions de* Mr. *Le* *Clerc,* pag. 101, 102, *& fuiv.*

(b) Nombr. XXIV, 6.

(c) Pfeau- me CIV, 16.

(d) Voiez le Pfeaum. XIX. & Job, XXXVII, 2.

„ épouvantable bruit , excité dans un lieu
„ auquel les Hommes ne sauroient attein-
„ dre , ne peut être qu'une suite de la
„ Providence de celui qui a fait toutes cho-
„ ses. Ce n'est pas qu'il n'ait tonné & qu'il
„ ne puisse tonner quelquefois encore au-
„ jourd'hui par un effet d'une volonté par-
„ ticuliére de Dieu : mais communément
„ le Tonnerre s'excite dans l'Air, sans que
„ Dieu y intervienne plus particuliérement,
„ que dans les autres effets de la Natu-
„ re. . . . . . Les *Hébreux* appellent aussi
„ l'Arc-en-ciel (a) l'*Arc de Dieu* , parce
„ qu'il paroît dans l'Air, & à cause de la
„ beauté de ses couleurs ; quoi que tout
„ cela ne soit qu'une suite de la Providen-
„ ce générale. Il ne faut qu'approcher un
„ Prisme de verre de ses yeux , ou regar-
„ der en l'air un Jet d'eau , en sorte que
„ l'on tourne le dos au Soleil ; & l'on se
„ convaincra qu'il ne faut point de Mira-
„ cle, pour former l'Arc-en-ciel dans des
„ gouttes de pluie. . . . . . : Ainsi ceux qui
„ fondent sur le passage de *Salomon* , l'o-
„ pinion où ils sont que Dieu préside sur
„ le Sort d'une façon plus particuliére, que
„ dans les autres choses, se trompent fau-
„ te de savoir cet usage de la Langue Hé-
„ braïque. Et ce n'est pas la seule erreur
qui disparoîtroit , si laissant à quartier les
idées modernes & vulgaires , on se trans-
por-

(a) Genes.
IX, 12.

portoit, pour ainſi dire, dans l'Orient.

§. VI. On ne ſauroit donc condamner abſolument les Jeux de Hazard, ſur un fondement auſſi foible, & du moins auſſi douteux, que cette ſuppoſition d'un acte particulier de la Providence, qui conduiſe & diſtribuë les bons ou les mauvais coups. La vérité eſt, que ce ſont les Joueurs eux-mêmes qui procurent l'événement, quoi que ſans le ſavoir & ſans le diriger par une volonté qui agiſſe avec connoiſſance & en ſuivant certaines Régles. Du moment qu'on a mêlé les Cartes ou remué les Dez d'une certaine maniére, il eſt auſſi néceſſaire & auſſi inévitable qu'il en réſulte une telle combinaiſon de Cartes ou un tel coup de Dé, qu'il eſt impoſſible qu'une Boule ne roule bien ou mal, & d'un tel ſens, ſelon qu'on l'a pouſſée avec plus ou moins de force, & avec un certain tour de bras. Mais avant cela, il n'y a aucune raiſon qui détermine un homme qui joue de bonne foi, à mêler les Cartes ou remuer les Dez de telle ou telle maniére, plûtôt que de toute autre : il ne ſuit que ſon caprice, qui (a) ne ſauroit rien produire de réglé. D'où il paroît néanmoins, qu'il n'y a point d'abſurdité dans une telle Convention, en conféquence de laquelle l'un gagne & l'autre perd ſelon que le Hazard leur eſt favorable, ou non; puis que chacun d'eux eſt

ori-

(a) Voiez les *Réflex.* de Mr. *Le Clerc* ſur le *Bonheur* &c. pag. 51, *& ſuiv.*

originairement l'auteur de ce qui en provient; quoi qu'il ne le produise que par une détermination aveugle & sans aucun choix. Les *Contrasts d'Assurance* seroient incomparablement plus déraisonnables; car aucune des Parties ne sauroit-là contribuer en rien à faire que le Vaisseau arrive à bon port, ou non.

§. VII. IL EST même certain, qu'il n'y a guéres de Jeux d'adresse, où il n'entre quelque sorte de Hazard. (a) Outre les distractions, & l'inégalité de la disposition du Corps ou de l'Esprit, à quoi les plus habiles Joueurs sont quelquefois sujets; lors même qu'ils ont le mieux pris leurs mesures, il survient souvent des cas imprévûs, qui font tourner les choses tout autrement qu'on n'avoit lieu de le croire. Une petite pierre peut gâter le plus beau Coup de Mail ou de Boule, & renverser toutes les espérances du Joueur.

§. VIII. Ainsi je ne vois pas, que les Jeux de Hazard soient par eux-mêmes plus criminels, que ceux d'Adresse, ni qu'il faille faire aucune exception au désavantage des prémiers. Il ne me reste plus qu'à examiner une Objection, qui tombe également sur les uns & sur les autres.

(a) Voiez Pufendorf, Droit de la Nat. & des Gens, Liv. V. Chap. IX. §. 5.

C H A-

CHAPITRE III.

Si le Jeu est contraire à l'esprit de l'Evangile? Juste idée du génie & des principes généraux de la Morale Chrétienne par opposition aux idées outrées de quelques-uns.

§. I. ON dira peut-être, que le Jeu est incompatible avec l'esprit de l'Evangile, qui ne prêche que mortification, que pénitence, que renoncement à soi-même, que détachement du Monde & de ses vanitez. Il est d'autant plus nécessaire de répondre exactement à cette difficulté, qu'il y a des gens qui bâtissent là-dessus de fausses idées; lesquelles tendent naturellement à tourner en ridicule la Morale Evangélique, & à rebutter les Hommes de son observation, comme d'une chose tout-à-fait impraticable. Il ne tient pas à eux qu'on ne se représente un vrai Chrétien comme un parfait Anachorete, qui se sévrant des plaisirs les plus innocens & des commoditez de la Vie les moins capables de jetter dans la mollesse; n'aiant qu'une entière indifférence pour toutes les choses du Monde, ou plûtôt les regardant avec un souverain mépris; se condamne lui-même à de con-

continuelles auftéritez, eft toûjours en prières & en oraifons , ne fonge qu'à traiter
rudement fon Corps, & fait des Biens de
la Vie à venir l'objet perpétuel de tous fes
défirs & de toutes fes penfées.   Dans cette fuppofition , il a échappé au plus grand
(1) Difputeur de nos jours de foûtenir, ou
d'avancer du moins comme une conjecture
difficile à réfuter, que JÉSUS-CHRIST n'a
point propofé fa Religion comme une chofe qui pût convenir à toutes fortes de perfonnes, mais feulement à un petit nombre
de Sages: étrange imagination, où l'on ne
feroit jamais tombé, fi l'on avoit lû le Nouveau Teftament avec tant foit peu d'attention & avec un efprit défintéreffé.   Comme la matiére eft de la derniére importance, on me pardonnera bien de m'y étendre un peu plus qu'on ne s'y attendroit
peut-être dans un Ouvrage de la nature de
celui-ci.

§. II. JE pofe d'abord pour fondement
une maxime qui me paroît inconteftable,
c'eft que *les Principes & les Préceptes de
la Morale de* JÉSUS-CHRIST; *fi l'on en
excepte un petit nombre qui fuppofent la*

gua-

(1) Voiez la CONTINUATION *des Penfées diverfes &c.* de Mr. *Bayle,* où après avoir avancé cela fous
le nom d'un autre, & fait femblant de le defapprou-
ver, il remarque, que fon *Homme docte fe fépara de
lui fans qu'il témoignât être fatisfait des expédiens dont
on lui avoit parlé.* Pag. 603.

qualité de *Chrétien considéré précisément comme tel*, sont au fond les mêmes que ceux de la *Morale Naturelle*, ou des Devoirs que la Raison seule peut apprendre à tous les Hommes. Cela se déduit manifestement de ce que dit (a) l'Apôtre SAINT PAUL, que *les Nations qui n'ont point de Loi* (c'est-à-dire, de Loi écrite ou révélée, comme celle de *Moïse*) *font* NATURELLEMENT *ce que la Loi ordonne: ces gens-là*, ajoûte-t-il, *qui n'ont pas la Loi, se tiennent à eux-mêmes lieu de Loi; puis qu'ils montrent que les Commandemens de la Loi sont* ÉCRITS DANS LEURS CŒURS, *leur Conscience leur rendant témoignage, & leurs pensées s'accusant ou se défendant tour-à-tour.* Il s'agit-là sans contredit des *Préceptes Moraux* de la Loi: & JÉSUS-CHRIST déclare formellement, (b) *qu'il n'est point venu pour dispenser d'obéir à la Loi ou aux Prophétes, mais pour les remplir ou les perfectionner.* Ce degré de *perfection* ou ce *supplément* qu'il y ajoûte, regarde uniquement la lettre, & non pas l'esprit de la Loi , ou l'intention du Législateur. Si Dieu n'avoit pas expressément commandé ou défendu aux *Juifs* certaines choses , il ne s'ensuit point de là qu'elles fussent indifférentes ni en elles-mêmes , ni par rapport à ceux à qui la Loi étoit donnée ; & qu'un Esprit attentif ne

(a) *Romains*, II, 15.

(b) Matth. V, 17.

C   pût

pût pas reconnoître le bien ou le mal des actions sur lesquelles la Loi gardoit le silence, par des conséquences évidemment renfermées dans les Préceptes formels, qui étoient fondez sur les principes de la Raison. *Saint Paul,* dans le Chapitre qui précéde celui que je viens de citer, après avoir fait un ample dénombrement où se trouvent compris presque tous les Vices, dit, (a) que les Paiens *ont connu le droit* ou la juste Loi *de Dieu, par laquelle ceux qui commettent de pareilles choses méritent la mort:* d'où il s'ensuit, que les Paiens doivent aussi avoir été en état de connoître les Vertus opposées à ces Vices. En effet *il n'y a presque* (1) *point de Vertu qui n'ait été louée par quelque Auteur Paien, ni de Vice que quelcun d'entr'eux n'ait blâmé:* preuve incontestable de la conformité des prémiéres & de l'incompatibilité des derniers avec les lumiéres de la Nature. Aussi voions-nous que le même Apôtre, en un autre

(a) *Romains,* I, 32.

(1) C'est la remarque de Mr. LE CLERC sur ce passage. Voiez GROTIUS, *de Jure Belli ac Pacis,* Prolegom. §. 42. & la BIBLIOTHÈQUE UNIVERS. Tom. X. pag. 188, 189. On trouve là-dessus un grand nombre d'exemples dans les Commentateurs de l'Ecriture. Voiez sur tout *Grotius,* & *J. Price,* Anglois: lesquels pourtant comparent quelquefois mal-à-propos certains endroits, sur une simple ressemblance des termes; comme l'a remarqué Mr. *Le Clerc,* dans son ARS CRITICA, Tom. I. pag. 335, 336. *sec. Edit.*

autre endroit, appelle la pratique des Vertus Chrétiennes (a) *un culte raisonnable,*
non seulement par opposition aux Céré-
monies Mosaïques ; mais encore, ce qui
est une suite nécessaire de cette opposition
directe, parce que les Devoirs, que l'E-
vangile prescrit, sont effectivement fondez
sur les maximes invariables de la Raison.
Un peu plus bas (b) il exhorte les *Romains*
à *discerner quelle est la volonté de Dieu,*
ce qui est bon, ce qui lui est agréable, &
ce qui est parfait. Il les croit donc capables
d'un tel examen. Après quoi, pour les y
aider, il leur donne plusieurs Préceptes,
mais la plûpart fort généraux, selon la coû-
tûme des Ecrivains Sacrez, qui font voir
par là manifestement qu'ils ont supposé dans
les Esprits des Hommes certaines idées, lesquelles, quoi qu'imparfaites, ne laissent pas
d'être véritables. En effet, ils ne nous ont
pas laissé un Systême méthodique de la
Science des Mœurs : ils ne définissent pas
exactement toutes les Vertus : ils n'entrent
presque jamais dans aucun détail : ils ne
font que donner, dans les occasions, des
Maximes générales, dont il faut tirer bien
des conséquences pour les appliquer à l'é-
tat de chacun, & aux cas particuliers : en
un mot, on voit clairement, qu'ils ont eu
plus en vûë de suppléer ce qui manquoit
aux idées de Morale reçuës parmi les Hommes,

mes, ou d'en retrancher ce que de mauvaises Coûtumes avoient introduit & autorisé contre les lumiéres même de la Nature, que de proposer une Morale complette. Ils supposent par tout, qu'ils par-
lent à des Hommes, & à des Hommes qui
ont le pouvoir & la volonté de faire usage
de leur Raison ; sans quoi toutes les exhortations du monde sont inutiles. S'il é-
toit nécessaire que la Révélation instruisît
les Hommes de leurs Devoirs, & leur don-
nât là-dessus un certain nombre de Maximes générales , ce n'est pas qu'ils fussent
naturellement incapables de parvenir d'eux-
mêmes à cette connoissance : mais c'est,
d'un côté, parce que la voie longue & pénible de l'expérience & des discussions est
presque impraticable au commun des Hommes, dans l'état où est la Société; de l'autre, parce (a) qu'il falloit une Autorité Divine, pour faire recevoir ces Préceptes de
Morale comme autant de Loix que chacun
est indispensablement tenu d'observer: outre que , comme je l'ai déja dit , les mauvaises mœurs avoient étouffé , à bien des
égards , parmi la plûpart des Peuples , les
lumiéres naturelles. Cela n'empêche pourtant pas qu'on n'ait un besoin indispensable de consulter la Raison, pour expliquer
les Régles générales, pour en tirer les conséquences qu'elles renferment, & pour les
ap-

(a) Voiez
le Livre de
Mr. *Locke*,
intitulé ,
Que la Re-
lig. Chré-
tienne est
très-raison-
nable &c.
Tom. I.
pag. 305,
& suiv.

appliquer convenablement aux diverses circonſtances.   Or c'eſt ce qu'on ne pourroit
pas faire très-ſouvent, ſi les fondemens des
Devoirs de la Morale Chrétienne n'étoient
au fond les mêmes, que ceux de cette Loi
éternelle & immuable qui eſt gravée dans
le cœur de tous les Hommes.

§. III. De la` je conclus, que *ſi une
choſe où la droite Raiſon ne nous fait voir
aucun crime, ne ſe trouve défendue dans
l'Ecriture ni formellement, ni par une conſéquence néceſſaire, on doit dès-lors la tenir pour innocente.* C'eſt en vain que Saint
Ambroise établit un principe directement oppoſé. (1) Il défend abſolument toutes

<hr/>

(1) *Multa præterea de ratione dicendi dant præcepta
Sæculares Viri, quæ nobis hic prætereunda arbitror, ut
de jocandi diſciplina. Nam licèt interdum honeſta Joca
ac ſuavia ſint, tamen ab Eccleſiaſtica abhorrent Regula:
quoniam* QUÆ IN SCRIPTURIS SANCTIS NON
REPERIMUS, EA QUEMADMODUM USUR-
PARE POSSUMUS?... *Non ſolum profuſos, ſed
omnes etiam Jocos declinandos arbitror.* De Offic. Lib. I.
Cap. XXIII. J'ai ſupprimé un paſſage de l'Ecriture,
que ce Pére cite ici, pour faire voir qu'il n'eſt pas permis de railler: *Malheur à vous qui riez, car vous pleu-
rerez,* Luc VI, 25. C'eſt ainſi qu'il applique ordinairement les paſſages qu'il allégue. Au reſte, on voit
bien qu'il a deſſein de contredire les Régles judicieu-
ſes de Ciceron, au ſujet des conditions requiſes
pour rendre la Raillerie digne d'un Honnête Homme,
de Offic. I, 29. D'examiner maintenant, ſi la Raillerie
a quelque choſe d'oppoſé au caractére des Ecléſiaſ-
tiques, cela n'eſt pas de mon ſujet. Je me contente
de remarquer, que je ne vois aucune raiſon plauſible
de la leur interdire abſolument. Tout ce qu'il y a,
c'eſt que, comme la qualité de Miniſtres Publics de

tes sortes de *Railleries*, du moins aux Ec-
cléfiastiques: il veut que les plus innocentes foient toûjours illicites ; & la raison
qu'il en allégue, c'est qu'*on ne fauroit faire légitimement une chofe qui ne fe trouve
pas formellement permife & autorifée par
l'Ecriture.* Cette penfée paroît d'abord fi
vifiblement abfurde, foit qu'on l'étende à
tous les Chrétiens, foit qu'on la reftreigne
aux feuls Eccléfiaftiques, que j'ai de la peine à concevoir comment elle a pû tomber
dans l'efprit d'un Homme qui a feulement
le Sens Commun. Ce que je viens de dire fuffit de refte pour la renverfer de fond
en comble. D'ailleurs, fi elle avoit quelque fondement, & qu'on pût une fois la
perfuader au monde, elle n'iroit pas moins
qu'à détruire la Société ; ce feroit du moins
une fource inépuifable de craintes & de
fcrupules. On n'oferoit faire une infinité
de chofes que tout le monde reconnoît indifférentes, & qui le font en effet: pour
la moindre bagatelle il faudroit avoir en
main

la Religion demande beaucoup de Gravité dans toute leur conduite, ils doivent être incomparablement
plus refervez à railler, & fe permettre beaucoup moins
là-deffus, que les perfonnes féculiéres. Le plus fûr
eft même pour eux ordinairement de s'en abftenir : à
moins qu'ils ne fachent bien avec qui ils ont à faire.
Mr. THIERS, felon fa coûtume, embraffe ici l'opinion de *St. Ambroife,* qui eft auffi celle de quelques
autres Péres ; *Traité des Jeux & des Divertiff.* Chap.
VII.

main quelque paſſage formel, ou qui ren-
fermât du moins manifeſtement une conſéquence en vertu de laquelle on fût auto-
riſé à agir ou ne point agir. Si quelcun a
le courage d'admirer de tels raiſonnemens,
parce qu'ils viennent d'un *Pére de l'Egli-
ſe*, il n'eſt rien de ſi abſurde qu'il ne puiſſe digérer, quand *un Pére l'aura dit*. Aucun Légiſlateur s'eſt-il jamais aviſé d'entrer
dans un détail de ce qu'il permettoit de faire ou de ne pas faire ? Ne ſeroit-ce pas
non ſeulement s'engager dans un travail
infini, mais encore multiplier les choſes
ſans la moindre néceſſité ? Il ſuffit certainement de marquer avec ſoin ce que l'on
défend ou que l'on commande : chacun en
conclut d'abord & voit par là d'un ſeul
coup que tout le reſte eſt permis. Au lieu
que, s'il falloit ſpécifier, je ne dirai pas
tout ce qui eſt indifférent, mais ſeulement
une partie, la vie d'un Homme ſuffiroit à
peine pour lire un ſi vaſte Code : du moins
aucune mémoire ne ſeroit aſſez bonne pour
retenir tant de Loix.

N'allons donc pas nous faire de vains
ſcrupules. L'Ecriture Sainte exige de nous
clairement aſſez de devoirs & de ſacrifices
incommodes à la chair, ſans que nous cherchions dequoi nous gêner nous-mêmes dans
ſon ſilence. St. PAUL donne à entend ,
qu'il y a bien des choſes indifférentes, qui

ne font pourtant pas expreffément laiffées en nôtre liberté ; car c'eft de celles-là qu'il parle, lors qu'il dit : (a) *Tout m'eft permis, mais tout ne m'eft pas avantageux.* Dieu nous a donné une Raifon pour difcerner les cas où ce qui eft d'ailleurs très-innocent peut devenir illicite ; auffi bien que pour connoître fi une chofe eft mauvaife en elle-même. Les *Paiens*, aidez des feules lumiéres de la Nature, font allez bien loin dans cette recherche : que ne devons-nous pas être en état de faire avec le fecours des lumiéres infiniment plus diftinctes, plus fûres, plus étenduës, d'une double Révélation, de la Loi & de l'Evangile ? Réüniffons tout cela, & en nous fervant des derniéres comme d'une pierre de touche, ne négligeons point les autres. Un (b) Théologien Anglois traite d'*infenfez* deux hommes de fon tems & de fa Nation, dont l'un ne lifoit & croioit qu'on ne devoit lire autre chofe que l'Ecriture Sainte : l'autre, dans la même prévention, s'enferma chez lui, & ne fe refervant que la Bible, brûla tous fes Livres, qui faifoient une Bibliothéque affez confidérable pour un Particulier. Peu de gens font capables d'en venir à cet excès d'extravagance : plufieurs même donnant dans une autre extrémité, font paroître un refpect aveugle pour l'Antiquité Paienne, ou du moins

---

(a) I. Corinth. VI, 12, X, 23. Voiez auffi VII, 8, & fuiv.

(b) *Th. Gataker, Praloqu. in Marc. Antonin.* fol. * * * 4. verfo, Edit. Cantabrig. 1652. Voiez ce qui fuit, où il traite de l'utilité de la Morale des Paiens.

un défir trop ardent de raprocher les idées des *Paiens* de celles des *Chrétiens*, lors même qu'elles font le plus éloignées. Mais il eft certain auffi que bien des gens ou ne connoiffent pas affez l'utilité qu'on peut tirer de la Morale des Philofophes Paiens, ou ne favent pas profiter de ce qu'il y a de raifonnable & même d'excellent, faute de fe faire de bons principes, & de ramener la Science des Mœurs à fes véritables fources, que le Chriftianifme découvre fi fûrement & avec tant d'évidence. L'Ecriture & la Raifon, pourvû qu'on les joigne enfemble, font deux Guides infaillibles de toute nôtre conduite. Tant qu'on les fuivra, on ne s'égarera point. Avec leur fecours on *éprouvera* (a) *tout, & on retiendra ce qui eft bon :* on pourra être affûré, que fi, après les avoir confultez comme il faut, ils ne nous montrent rien de vicieux dans une chofe, elle doit paffer pour indifférente.

(a) I. Theff.
V, 21.

Le Jeu confideré en lui-même, eft de ce nombre. J'ai fait voir ci-deffus, qu'il n'a rien de contraire au Droit Naturel ; & qu'on ne fauroit non plus alléguer aucun paffage de l'Ecriture qui tende ni directement, ni indirectement, à le condamner. Pour prouver maintenant qu'il n'eft point incompatible avec l'efprit de l'Evangile, & pour diffiper en même tems les fauffes idées qu'on a voulu infinuer fur d'autres fujets plus importans, parcourons en peu de mots les principaux points de Morale qui font répandus & dans les Evangiles, & dans les Ecrits des Apôtres.

§. IV. UN de ces Difciples de JESUS-CHRIST nous donne lui-même un court Abrégé, à quoi fe réduit toute la Morale de l'Evangile. *La* (a) *Grace falutaire de Dieu, qui s'eft manifeftée à tous les Hommes, nous a appris,* dit-il, *qu'après avoir renoncé à l'impiété & aux cupiditez du Monde,* IL FAUT QUE NOUS VIVIONS DANS LE PRÉSENT SIÈCLE AVEC TEMPÉRANCE, AVEC JUSTICE, ET AVEC PIÉTÉ. Voilà en effet tout ce qui eft néceffaire pour former un vrai Chrétien. Il doit renoncer non (b) abfolument au Monde & à tout ce qui eft dans le Monde, mais (1) à ce que le Monde a de mauvais, aux Superftitions & à l'Idolatrie, aux Paffions (c) criminelles qui régnent parmi les gens du monde. Sans cela il ne pourroit point s'aquitter des Devoirs que renferment la *Tempérance,* la *Juftice,* & la *Piété.* La prémiére comprend tou-

(a) Epître à Tite, II, 11, 12.

(b) Voiez I. Corinth. V, 10.

(c) Voiez Jaques, I, 27.

(1) C'eft ainfi qu'il faut entendre l'exhortation de St. JEAN: *N'aimez point le Monde, ni ce qui eft dans le Monde* &c. I. Epître, II, 15. Et ce que dit St. JAQUES: *Ne favez-vous pas, que l'amour du Monde eft une inimitié contre Dieu?* IV, 4.

toutes les Vertus qui nous regardent nous-
mêmes : la feconde, celles qui fe rapportent aux autres Hommes : & la dernière,
celles qui ont pour objet la Divinité. Cette divifion eft fort naturelle, & on la trouve dans plus d'un (a) Auteur Paien.

§. V. 1. LA TEMPÉRANCE confifte
à régler fes Défirs, à les contenir dans les
bornes de la droite Raifon, & à empêcher
qu'ils ne dégénèrent en Paffions vicieufes
ou immodérées. C'eft ce qu'emporte le
(b) terme de l'Original, & un autre fyno-
nyme (c) qui eft emploié ailleurs, tous
deux très-communs chez les Philofophes
(1) Paiens, où ils n'ont jamais fignifié, bannir abfolument tout défir & toute recherche des plaifirs & des douceurs de la Vie.
Rien n'engage non plus à leur donner un
fens fi auftère dans les Ecrivains Sacrez.
Dieu a fait les Hommes de telle forte,
qu'ils font invinciblement portez à fouhait-
ter certaines chofes, & à en trouver la
poffeffion agréable : il fe contrediroit lui-
même groffiérement, fi fans changer leur
Nature il les obligeoit à dépouiller entiérement ces fortes inclinations qu'il a mifes
dans leurs cœurs. Auffi voit-on que, bien
loin d'exiger d'eux rien de tel, il ne fit pas
difficulté d'engager les *Ifraëlites* à fon fervice

(a) Voiez fur le Droit de la Nat. & des G. de Pufendorf, Liv. II. Chap. III. §. 24. Note 1.
(b) Σωφροσύνη.
(c) Ἐγκράτεια. Voiez *Actes* XXIV, 25. *Galat.* V, 22.

(1) Voiez *Henrici Stephani Schediafm.* II, 11.

vice par l'espérance des bénédictions temporelles, dont il promettoit de les combler, s'ils lui demeuroient fidèles. Quelque différence qu'il y ait à cet égard entre la *Loi* & l'*Evangile*, JESUS-CHRIST suppose toûjours que c'est à des Hommes qu'il propose ses Préceptes; & il est fort éloigné de nous représenter Dieu son Pere sous l'idée affreuse d'un Maître dur & cruel, qui nous tende incessamment des piéges inévitables, en nous environnant d'une infinité d'objets qui flattent nos Sens, & nous défendant néanmoins d'y donner la moindre partie de nos désirs & de nôtre attachement. Il veut seulement que (a) *nous cherchions* AVANT TOUTES CHOSES *le Régne de Dieu & sa Justice :* & que nous (b) *l'aimions* (1) PLUS QUE *Pére, Mére, Frére, Fils, Fille,* en un mot que toutes les choses de ce Monde. St. PAUL parlant d'un tems de persécution, qu'il prévoioit s'approcher, dit, entr'autres choses, que (c) *ceux qui joüissent de ce Monde, seroient alors comme ceux qui* N'EN ABUSENT POINT: cela suppose manifestement, que comme on peut abuser des choses du Monde, on peut aussi en user innocemment. Si le même Apôtre défend ailleurs de (d) *rechercher*

(a) *Matth.* VI, 33.

(b) *Ibid.* X, 37.

(c) I. *Corinth.* VII, 31.

(d) *Philipp.* IV, 19. & *Coloss.* III, 2. Voiez les vers. 5, & *suiv.* où il explique en détail ce qu'il entend.

(1) C'est ce que *St. Luc* exprime par HAÏR *son Pére, sa Mére,* (XIV, 26.) selon le stile des Hébreux. Voiez ce que je dirai ci-dessous, §. 13.

cher les choses qui sont sur la Terre, ce n'est qu'entant que cela peut être contraire à la *recherche des choses qui sont en haut*, ou que l'on pense uniquement aux premiéres, en négligeant les autres à cause d'elles. En un mot, l'amour & le désir des Biens purement spirituels est un amour & un désir de *préférence*, (1) qui, bien loin d'exclurre tout amour & tout désir des Biens de la Vie présente, en suppose nécessairement un certain degré permis, mais subordonné. Il faut absolument renoncer aux choses les plus innocentes & dont l'usage est le plus legitime, lors que pour en conserver la jouïssance on seroit réduit à violer quelcune des Maximes évidentes de l'Evangile. Mais tant qu'on peut se satisfaire sans préjudice de son devoir, rien n'empêche qu'on ne profite, (a) *avec action de graces*, de ce qui nous vient par un effet de la Libéralité Divine. Cela pourroit suffire pour empêcher qu'on n'étende la Tempérance Chrétienne au delà de ses justes bornes : disons néanmoins quelque chose de plus particulier, afin de mettre la chose dans une pleine évidence.

§. VI. Nos *Désirs* en général ont pour objet trois sortes de (b) choses, les Hon-

(a) Voiez I. *Timoth.* IV, 4.

(b) Voiez I. *Jean*, II. 16.

(1) Voiez le beau *Discours sur l'Amour Divin*, traduit de l'Anglois par Mr. Coste, & imprimé à Amsterd, en 1705. pag. 92, & suiv.

Honneurs, les *Richesses*, & les *Plaisirs*.

Le désir de l'ESTIME est un désir naturel: l'Evangile ne nous défend pas absolument d'y être sensibles. Bien loin de là: St. PAUL nous exhorte à la rechercher à certains égards, & la fait aller de pair avec la Vertu. (a) *Au reste, mes Frères*, dit-il, *que tout ce qui est véritable, tout ce qui est honnête, tout ce qui est juste, tout ce qui est pur, tout ce qui est aimable, tout ce qui est* APPROUVÉ; *s'il y a quelque chose de vertueux, s'il y a quelque chose de* (1) LOUABLE; *que cela fasse le sujet de vos pensées*, ou de vos recherches. JÉSUS-CHRIST blâme seulement ceux qui, fort empressez à courir après la *gloire qui vient des Hommes*, (b) *ne recherchent point celle qui vient de Dieu seul*; & qui (c) AIMENT MIEUX *la gloire des Hommes, que la gloire de Dieu*, c'est-à-dire, qui veulent à quelque prix que ce soit aquérir ou conserver l'estime où ils sont & le rang honorable qu'ils tiennent parmi les Hommes, au préjudice même de l'approbation de Dieu. Lors que des gens qui étoient dans quelque poste considérable, se sont convertis au Christianisme, aucun d'eux n'a

(a) *Philipp.* IV, 8.

(b) *Jean*, VII, 44.
(c) *Ibid.* XII, 43.

(1) Il y a mot-à-mot dans l'Original, *s'il y a quelque* LOUANGE, εἴ τις ἔπαινος. Voiez l'*Essai* de Mr. LOCKE *sur l'Entendement Humain*, Liv. II. Chap. XXVIII. §. 11.

n'a reçû ordre de se dépouiller de son Emploi. Tel étoit, par exemple, l'EUNU-
QUE *Ethiopien*, (a) Officier de la Reine
Candace ; *Sergius Paulus*, (b) *Proconsul*
ou Gouverneur Romain de l'Ile de *Cypre* ;
& *Corneille*, le Centenier. Celui-ci de son
pur mouvement déclare à (c) *St. Pierre*
que lui, ses *Parens*, & ses *Amis*, sont là
assemblez devant Dieu, *pour écouter tout
ce qu'il lui a commandé de leur dire.* L'A-
pôtre répond là-dessus par un petit discours,
que *St. Luc* nous a conservé : mais bien
loin de rien dire au Centenier qui tende
le moins du monde à lui faire abandonner
cette Charge, il le loue assez clairement,
quoi que d'une maniére indirecte, de ce
que (d) par le passé il *craignoit Dieu* & il
vivoit *conformément à la Justice.* De même, lors que quelques Soldats demandé-
rent à *St. Jean* qui les bâtisoit, ce qu'ils
devoient faire, il ne leur dit pas de ne plus
servir : il se contenta de leur représenter
leur devoir dans les paroles suivantes :
(e) *Ne commettez point de violence, n'u-
sez point de fraude, mais contentez-vous
de vos gages.* Cette leçon regarde sans
doute les hauts Officiers & les Généraux,
aussi bien que le simple Soldat : & comme
elle suppose que la Guerre en elle-même
n'est pas incompatible avec la qualité de
Chrétien, elle permet aussi tacitement d'as-
pirer

(a) *Act.*
VIII, 27.
& suiv.
(b) *Ibid.*
XIII, 7, &
suiv.
(c) *Ibid.* X,
22.

(d) *Actes,*
X, 35.

(e) *Luc,*
III, 14.

pirer aux Charges militaires, & aux plus hautes Dignitez qui font néceſſaires dans une Armée. *St. Paul* ſalue (a) *les Saints qui ſont de la maiſon de l'Empereur*, c'eſt-à-dire, de *Néron* : & parmi ceux dont il fait mention ailleurs, on trouve auſſi (b) un *Receveur de la Ville de Corinthe*, nommé *Eraſte*, qui exerçoit cet emploi en demeurant bon Chrétien. L'amour de l'Eſtime & la recherche des Honneurs, eſt donc en ſoi une choſe indifférente, & elle ne deviendra jamais mauvaiſe, tant qu'on obſervera avec ſoin les Régles ſuivantes, que la droite Raiſon preſcrit manifeſtement : *De ne s'attribuer aucun avantage dont on eſt deſtitué : de donner à chaque choſe ſon juſte prix ; de n'aſpirer qu'à ce dont on eſt capable : de ne rechercher l'Eſtime & les Honneurs que par des voies légitimes : de les rapporter à une bonne fin, & d'en faire un bon uſage : de ne s'enorgueillir point, quelque prérogative qu'on ait par deſſus les autres : de ne mépriſer point ſes inférieurs : de ne s'abandonner jamais aux excès d'une ambition qui ſacrifie tout pour ſe ſatisfaire.* Voilà, ce me ſemble, tout ce qu'emporte l'HUMILITÉ, qui a été connuë des Philoſophes Paiens non ſeulement ſous le nom de *Modeſtie*, mais encore ſous celui dont ſe ſervent les Ecrivains Sacrez ; car il ſe trouve du moins

dans

(a) *Philipp.* IV, 22.

(b) *Rom.* XVI, 23.

dans un (1) endroit de *Platon*. S'il n'est
pas permis de choquer la Vérité & l'Equité naturelle dans le jugement qu'on porte
d'autrui, pourquoi devroit-on y contrevenir dans l'opinion qu'on a de soi-même?
Faut-il méconnoître ou nier entiérement
ses propres avantages, lors même qu'ils
sont d'une telle évidence qu'on ne sauroit
les

(1) Mr. D A C I E R l'a remarqué dans sa *Vie de Pla-*
ton, pag. 97. Ed. de Paris. 1699. Voici les paroles du
Philosophe, autrement traduites que ne fait son Interprète François dans l'endroit que je viens de citer.
Τῷ [Θεῷ] δ' ἀεὶ ξυνέπεται Δίκη, ἡ ἀπολειπομένων τῦ
θείε Νόμε τιμωρός· ἧς ὁ μὲν εὐδαιμονήσειν μέλλων, ἐχό-
μενος ξυνέπεται ΤΑΠΕΙΝΩΣ (c'est ainsi que je
lis, selon la conjecture d'*Henri Etienne*, au lieu de τα-
πεινὸς) κεκοσμημένος· ὁ δὲ τις ἐξαρθεὶς ὑπὸ μεγαλαυ-
χίας, ἢ χρήμασιν ἐπαιρόμενος, ἢ τιμαῖς ἢ καὶ σώμα-
τος εὐμορφία, ἅμα νεότητι καὶ ἀνοία, φλεγόμενος τὴν
ψυχὴν μεθ' ὕβρεως, ὡς οὔτε ἄρχοντος, οὔτε τινὸς ἡγε-
μόνος δεόμενος, ἀλλὰ καὶ ἄλλοις ἱκανὸς ὢν ἡγεῖσθαι, κα-
ταλείπεται ἔρημος Θεῦ &c. „ L E Dieu [Souverain]
„ est toûjours suivi de la Justice, qui punit ceux qui
„ s'éloignent de la Loi Divine : & quiconque veut
„ être heureux s'attache invariablement à cette Jus-
„ tice & la suit H U M B L E M E N T. Mais celui qui
„ s'élève par orgueil, étant fier de ses richesses, ou
„ s'enflant insolemment à cause de ses honneurs ou
„ de sa beauté, ce qui est un effet de folie aussi bien
„ que de jeunesse; celui, dis-je, qui est dans cette
„ disposition comme s'il n'avoit besoin ni de chef ni
„ de conducteur, & qu'il fût lui-même capable de
„ conduire les autres, est abandonné de Dieu. *De Le-*
gibus, Lib. IV. pag. 716. A. B. *Ed. H. Steph.* Tom. II.
On voit par là, que, selon nôtre Philosophe, l'*Hu-*
milité est opposée à une sotte présomtion, fondée ou
sur des avantages frivoles que l'on trouve véritablement en soi, ou sur des avantages solides, mais dont
on est destitué, & que l'on s'attribuë mal à propos.

les ignorer fans fe crever les yeux volontairement ? Il n'eſt que trop vrai qu'on
peut ſe faire là-deſſus d'étranges illuſions:
mais je ſoupçonne fort que la plûpart de
ceux qui paroiſſent avoir une ſi haute idée
d'eux-mêmes , ne s'eſtiment pas au fond
autant qu'on le pourroit croire. Si on étudie un peu leurs mouvemens & leur Conduite , on trouvera peut-être que pleins
d'un ſecret & confus ſentiment de leur peu
de mérite , ils cherchent dans des démonſ-
trations mendiées , & ordinairement ſein-
tes , de l'opinion avantageuſe d'autrui, dequoi former un vain fantôme dont ils ſe
repaiſſent avidement au défaut des qualitez réelles qu'ils ont bien de la peine à découvrir en eux-mêmes , quelque diſpoſez
qu'ils ſoient à s'en faire accroire. Ceux qui
ſont bien convaincus de leur propre mérite , s'imaginent aiſément qu'il ne ſauroit
guéres demeurer inconnu, lors qu'ils voudront le montrer par des effets ; & dans
cette penſée ils ſe repoſent volontiers ſur
les autres du ſoin de le démêler. Quoi qu'il
en ſoit, ſi la Raiſon & l'Evangile concourent à nous (a) *avertir , de ne pas conce-*
voir de nous-mêmes des (b) *ſentimens trop*
relevez , mais d'avoir chacun des ſenti-
mens modeſtes ſelon la meſure des dons de
Dieu ; rien n'empêche qu'on ne ſe con-
noiſſe ſoi-même , & qu'on ne ſe rende
juſ-

(a) Ro-
mains, XII,
3. Voiez le
verſ. 16.
(b) Voiez
Luc,XVIII,
11, & ſuiv.
Apocal.III,
17.

justice (1) modestement, comme on la rend
à autrui. Tout ce qu'il y a, c'est que, pour
être en garde contre les moindres séduc-
tions de la *vaine Gloire* & de l'Amour Propre, le Christianisme, en cela aussi parfaitement d'accord avec le Bon-Sens, veut
que (a) *par humilité chacun se croie infé-*
rieur aux autres; c'est-à-dire, que l'on
soit toûjours porté à prononcer en faveur
des autres, & à leur céder l'avantage, à
moins qu'il ne soit manifestement de nôtre
côté; & en ce cas-là même une personne
humble souffre sans chagrin de se voir rab-
baissée beaucoup au dessous de ce que demande l'Equité : contente de l'éclat solide
de son mérite, elle voit tranquillement s'é-
lever les nuages de l'Envie qui tâchent de
l'obscurcir. D'ailleurs, pour peu qu'on re-
monte jusqu'à la prémiere source des plus
rares qualitez, on est forcé de reconnoître,

(a) Philipp.
II, 3. Voiez
aussi Rom.
XII, 16.

<hr>

(1) *Je ne veux pas, que de peur de faillir de ce costé-*
là [c. d. de se représenter à soi-même autre qu'on
n'est] *un homme se mesconnoisse pourtant, ni qu'il pen-*
se estre moins que ce qu'il est : le Jugement doit par tout
maintenir son droict. C'est raison qu'il voye en ce subject,
comme ailleurs, ce que la vérité luy présente. Si c'est
César, qu'il se trouve hardiment le plus grand Capitai-
ne du monde. MONTAGNE, Essais, Liv. II. Chap.
XVII. au commencement. Voici ce qu'il dit encore
ailleurs: *De dire moins de soy qu'il n'y en a, c'est sot-*
tise, non modestie : se payer de moins qu'on ne vaut, c'est
lascheté & pusillanimité, selon Aristote. Nulle Vertu
ne s'ayde de la fausseté : & la Vérité n'est jamais matie-
re d'erreur. Liv. II. Chap. VI. vers la fin,

(a) I. Co-
rinth. IV, 7.
Voiez Ja-
ques, I, 17.

tre, que (a) *tout ce que l'on a, on le tient de Dieu,* & qu'ainfi on ne doit point *s'en glorifier, comme fi on ne l'avoit pas reçû.* C'eſt un excellent préfervatif contre toutes les tentations de l'Orgueil, & une raiſon bien forte pour empêcher qu'on ne méprife qui que ce ſoit, pas même ceux qui ſont le plus au deſſous de nous; puis que l'avantage qu'on a ſur eux eſt un pur effet de la Libéralité Divine. Cela doit encore engager à (b) *avoir de la déférence les uns pour les autres,* & à ſe (c) *prévenir mutuellement par des honnêtetez :* Emulation louable, noble ambition, qui bien loin d'être incompatible avec l'Humilité Chrétienne, en fait une des principales parties. Avec ces diſpoſitions, où l'on devroit être par un pur principe de Généroſité & de Grandeur d'Ame, on peut être (1) humble dans les plus hautes fortunes, d'une maniére également conforme & à (2) l'Evangile,

(b) I. Pier-
re, V, 5.
(c) Rom.
XII, 10.

(1) L'Empereur MARC ANTONIN rend graces aux Dieux de lui avoir donné pour Pére un Prince qui ſeul étoit capable de le guérir de toute ſorte d'Orgueil, & de lui faire voir qu'on peut vivre à la Cour ſans ſe ſoucier ni de Gardes, ni d'Habits ſomptueux, ni de Flambeaux ſoûtenus par des ſtatuës, ni de toute autre choſe qui ſente le faſte. Τῷ ἄρχοντι καὶ πατρὶ ὑποταχθῆναι, ὃς ἔμελλεν πάντα τὸν τυφόν ἀφαιρήσειν με, καὶ εἰς ἔννοιαν ἄξειν τοῦ, ὅτι δυνατόν ἐςι ἐν αὐλῇ βιοῦντα, μήτε δορυφορήσεων χρήζειν, μήτε ἐσθήτων σημειωτῶν, μήτε λαμπάδων καὶ ἀνδριάντων τοιῶν δέ τινων, καὶ τῷ ὁμοίῳ κόμπῳ. Lib. I. §. 17. Voiez auſſi *Lib.* V. §. 16.

(2) Quoi que TERTULLIEN ſemble ſoûtenir, qu'on

gile, & à la Raison.

VII. Le défir des RICHESSES, confidéré en lui-même, est auſſi une chofe indifférente. Comme il eſt naturel d'aimer les commoditez de la vie, il n'y a point de mal (1) à ſouhaitter & à rechercher les moiens légitimes de ſe les procurer : & c'eſt à quoi ſervent les Richeſſes. Que ſi l'on en amaſſe au delà de ce dont on a beſoin pour ſoi-même ou pour les ſiens, on peut en faire mille uſages non ſeulement très-innocens, mais encore très-utiles au Genre Humain & à la Société. Juſques-là il n'y a rien d'incompatible ni avec les maximes de la (2) Loi Naturelle, ni avec les régles de l'Evangile. JE´SUS-CHRIST ni ſes Apôtres ne condamnent nulle part une innocente induſtrie, qui n'a d'autre but que celui

qu'on ne ſauroit être Empereur & Chrétien en même tems. *Les Empereurs même*, dit-il, *auroient crû en* JÉSUS-CHRIST, *s'ils n'étoient pas néceſſaires au Monde, ou s'ils pouvoient être Empereurs & Chrétiens, SED & Caſares credidiſſent ſuper Chriſto, ſi aut Caſares non eſſent ſeculo neceſſarii, aut ſi & Chriſtiani potuiſſent eſſe Caſares.* Apologet. Cap. XXI. Voiez là-deſſus la note de *Rigaut.*

(1) Les Loix les plus rigoureuſes de l'Evangile n'ont rien de contraire à cette maxime de CICERON : *Nec vero rei familiaris amplificatio, nemini nocens, vituperanda : ſed fugienda ſemper injuria eſt.* De Offic. Lib. I. Cap. VIII.

(2) Voiez ce que dit très-bien le Philoſophe SENEQUE, pour faire voir que les grandes Richeſſes ne ſont nullement incompatibles avec la Vertu, & que le caractére même de Philoſophe n'engage pas à s'en dépouiller ; De Vita Beata, Cap. XXIII. XXIV. XXV.

D 3

lui dont j'ai parlé : ils n'exigent pas qu'on se réduiſe à une Pauvreté volontaire, & qu'on ſe dépouille des Biens légitimement aquis, ſoit qu'ils nous viennent d'autrui, ou par un effet de nos propres ſoins. Si Nôtre Seigneur dit au Jeune Homme de l'Evangile, que pour atteindre à la *perfection* que demande le Chriſtianiſme, & pour s'aſſûrer *un Tréſor dans le Ciel*, il faut qu'il (a) *vende ce qui lui appartient, & qu'il le donne aux Pauvres*; c'eſt un exemple particulier, qui ne tire point à conſéquence pour tous les Chrétiens ſans exception. Quand on aura un ordre poſitif comme celui là, ou qu'on ſe trouvera dans des circonſtances qui ne nous permettent pas de conſerver nos biens ſans nous mettre hors d'état de *ſuivre* J E'S U S-CHRIST, ſans violer quelque Précepte évident de l'Evangile ; quand la miſére des Néceſſiteux ſera ſi grande, que nos revenus ne ſuffiront pas pour y ſubvenir, & qu'il faudra (b) *vendre* nos Terres & nos Maiſons : alors ſans contredit on doit ſe défaire de ce qu'on a de plus cher, l'obligation eſt claire & indiſpenſable. Mais hors de là J E'-S U S-CHRIST n'ordonne nullement à tous ſes Diſciples, en quelque état qu'ils ſe trouvent, de vendre leurs fonds, pour en diſtribuer l'argent aux Pauvres. Si cela étoit, ,, il (c) faudroit qu'ils devinſſent tous Ou-

,, vriers,

(a) *Matth.* XIX, 21.

(b) *Luc,* XII, 33.

(c) Je me ſers des paroles de Mr. *Le Clerc*, ſur le paſſage de *St. Luc* que je viens de citer.

„ vriers, qu'ils vécussent du jour à la jour-
„ née, & qu'il n'y eût que des Infidéles,
„ ou de mauvais Chrétiens, qui possédas-
„ sent les Maisons & les Terres : de sorte
„ que jamais les Chrétiens ne pourroient
„ former une Société de quelque durée,
„ sans violer l'Evangile; ce qui est absurde.
Il n'est pas moins ridicule de prétendre,
que tout Commerce au delà de ce qui regarde les choses (1) absolument nécessaires
à la Vie, soit essentiellement criminel, selon les maximes de l'Evangile. St. J A-
QUES ne fait pas cette distinction, lors
(a) qu'il suppose manifestement qu'on peut
aller de côté & d'autre *pour négocier &*
gagner. Si le commerce des Marchands n'é-
toit par lui-même innocent & légitime, ce
saint Apôtre ne se seroit pas contenté de
les

(a) IV, 13. 14.

(1) Mr. BAYLE, dans sa *Réponse aux Quest. d'un*
Provincial, prétend qu'*il n'y a point de négoce qui mé-*
rite mieux d'être interdit aux Chrétiens, qu'un commerce comme celui de *Lydie,* parce qu'il s'agit-là de choses qui ne servent qu'à la Vanité, & qui ne sont que des
instrumens du Luxe. Mais elles ne sont telles que par
accident, & à cause de l'abus qu'on en fait. Quand
même un Marchand seroit assûré, que celui à qui il
vend, par exemple, de l'*Ecarlate* ou des *Rubans,* ne
l'achéte que pour nourrir sa vanité, il ne serviroit de
rien de refuser de lui en vendre ; à moins que tous les
Marchands ne se donnassent le mot de ne plus trafiquer de ces sortes de Marchandises. D'ailleurs, n'a-
buse-t on pas aussi quelquefois des choses les plus nécessaires à la Vie ? Faudra-t-il donc pour cela s'abstenir d'en négocier ? C'est à quoi méne le principe outré de Mr. *Bayle.*

les blâmer de ce qu'ils comptent trop sur un avenir incertain, & qu'ils n'envisagent pas assez la Providence Divine, qui peut ou bénir ou faire échouer tous leurs projets. Lors que *Lydie*, (a) *Marchande de pourpre, Femme qui craignoit Dieu*, c'est-à-dire, Prosélyte Juive, se convertit à l'ouïe de la Prédication de *St. Paul*; l'Histoire Sainte ne dit pas la moindre chose d'où l'on puisse conjecturer que l'Apôtre ait engagé cette Femme à interrompre son négoce, ou qu'elle s'y soit portée d'elle-même en conséquence des instructions qu'il lui donnoit. C'est en vain qu'on (b) a répondu, que ce silence ne prouve rien. Quand même j'accorderois qu'une telle circonstance n'étoit pas assez considérable pour la rapporter ici ; peut-on s'imaginer que par tout ailleurs les Ecrivains Sacrez eussent gardé là-dessus un profond silence, si le trafic des Marchands qui roule sur de pareilles choses, & qui tend à faire un gain honnête, étoit par lui-même incompatible avec la qualité de véritable Chrétien ? Y a-t-il la moindre apparence qu'ils crussent, que sans une déclaration bien expresse les Hommes se persuaderoient qu'il y a quelque crime dans une chose si généralement tenuë pour innocente ? Mais, dit-on, *on s'expose à l'illusion, si l'on préfére cet argument négatif à tant de Textes formels*

(a) *Actes* XVI, 14.

(b) *Réponse aux Questions d'un Provincial*, Tom. IV. pag. 409.

mels de l'Ecriture, qui condamnent l'application aux Biens Terrestres. Cela seroit bon, si l'on ne supposoit de la pure autorité que ces *Textes formels* dont on parle signifient ce qu'on en prétend inférer. Mais qu'on les examine bien, selon les régles incontestables du Bon-Sens & de la Critique, & avec un esprit d'Equité ; l'on trouvera, je m'assûre, qu'ils tendent uniquement à combattre (a) l'*Avarice*, c'est-à-dire, un désir insatiable qui ne dit jamais, *C'est assez*; qui va jusqu'à faire des Richesses son (b) *idole*; & qui est regardé comme *la* (c) *racine de tous les Maux*, parce que, quand on s'y abandonne, il est d'ordinaire si violent, qu'on ne fait scrupule de rien, pourvû que l'on s'enrichisse. Dans la Parabole de l'*Homme opulent*, qui, après une recolte extraordinaire, formoit de grands projets, pour ne penser désormais qu'à se donner du bon tems, JESUS-CHRIST insinue clairement, qu'il ne défend pas tout soin d'amasser du bien, puis qu'il blâme seulement la disposition de ceux qui (d) *travaillant à entasser ce qu'ils regardent comme des Trésors, ne sont pas riches par rapport à Dieu*, c'est-à-dire, ne se mettent point en peine des Richesses Spirituelles, ou des Vertus qui peuvent les rendre agréables à Dieu, & leur procurer les Biens éternels. Il est vrai qu'ailleurs il nous fait

D 5   re-

(a) Hébreux, XIII, 5.

(b) Matth. V, 24. Ephes. V, 5.

(c) I. Timoth. VI, 9, 10. Voiez Ménage, sur Diog. Laërce, VI, 50. Ed. Amst.

(d) Luc, XII, 21.

regarder comme une chose (1) *bien* (a) *difficile* d'être fort riche, & de ne pas se laiffer aller néanmoins à cet amour immodéré
des Biens de la Terre qui exclut du *Roiaume du Ciel.* Mais qu'il ne foit nullement
impossible d'être bon Chrétien, quoi que
l'on eût de grands biens, l'Apôtre St. P A U L
le fuppofe évidemment, lors qu'il prefcrit
des devoirs aux Riches, demeurans tels :
(b) *Recommandez à ceux qui font riches
dans ce Monde,* dit-il à fon Difciple *Ti-
mothée, de ne point* (c) *s'enorgueillir, &
de ne pas mettre leur efpérance dans les Richeffes incertaines, mais dans le Dieu vivant, qui* NOUS DONNE ABONDAM-
MENT TOUTES CHOSES POUR EN
JOUÏR ; *de faire du bien à autrui, d'être
riches en bonnes actions, d'être* (d) *libéraux & difpofez à faire part de leurs biens ;
& de s'amaffer ainfi un bon fondement pour
l'avenir, afin d'obtenir la Vie Eternelle.*
Voilà des conditions moiennant quoi l'on
peut innocemment rechercher & poffeder
des Richeffes aquifes par des voies légitimes. Un Riche ainfi difpofé fe réfoudra
aifément à quitter tous fes biens, quand il
y fera appellé, & quand la néceffité d'obéïr
à quelque Précepte de l'Evangile ne lui
per-

(b) I. Ti-
moth. VI,
17, 18, 19.
(c) Voiez
Jaques, I,
10.

(1) On voit manifeftement, que c'est tout ce qu'emporte le terme d'*impoffible*, dont il fe fert dans la
fuite.

permettra plus de les conferver : il (a) *fe
verra avec joie enlever fes biens , fachant*
*qu'il a dans le Ciel des Richeffes plus excel-
lentes & dont on ne court pas rifque d'être
dépouillé.* Un véritable Chrétien, à l'exemple de St. Paul, (b) *fait être dans l'abondance & dans la difette:* en quelque état
qu'il fe trouve , il vit (c) *content de fon
fort :* il ne fe livre point à des (d) *inquiétudes rongeantes pour l'avenir :* s'il trouve
occafion de fe mettre à fon aife par des
voies honnêtes , il ne la néglige pas, & il
ufe avec modération des biens que lui offre la Providence Divine : mais lors qu'a-
près avoir emploié tous les foins innocens
d'une fage prévoiance, il fe voit encore réduit à un état d'indigence , ou du moins
peu accommodé, il (e) *fe contente d'avoir
de quoi fe nourrir & fe couvrir ,* c'eft-à-
dire, de ce qui eft abfolument néceffaire;
du refte il fe repofe fur la Bonté & la Sageffe de celui qui dit à tous les Fidéles:
(f) *Je ne vous laifferai point , je ne vous
abandonnerai point.* C'eft-là tout ce que
l'Evangile demande.

§. VIII. Si l'on confidére le Plaisir
en lui-même, il n'eft pas plus contraire à
l'efprit du Chriftianifme, que l'Eftime &
les Richeffes. Dieu a attaché un fentiment
agréable aux fonctions que la confervation
de nôtre être demande néceffairement , &

cela

(a) Hé-
breux, X,
34.

(b) Philipp.
IV, 12.

(c) Ibid.
verf. 11.
(d) Voiez
Matth. VI,
25. & fuiv.

(e) I. Ti-
moth. VI,8.

(f) Hé-
breux,
XIII, 5.

cela en sorte que, plus le besoin est grand, & plus on trouve du plaisir à le satisfaire. Les Chrétiens, du moins à cet égard, sont sans contredit faits comme les autres Hommes : & ce seroit en vain qu'on exigeroit d'eux qu'ils renonçassent à leur Nature. Il y a d'ailleurs mille Plaisirs ou purement naturels, ou que l'on se fait soi-même, dont chacun peut jouïr innocemment & sans scrupule, comme étant, aussi-bien que ceux dont on ne sauroit se passer, des effets sensibles de la Bonté Divine, qui (a) *nous donne abondamment toutes choses pour en jouïr.* Les Loix de l'Evangile ne condamnent ici que l'abus & les excès : & si elles défendent absolument certains Plaisirs, ce sont des Plaisirs dangereux, qui ont des suites très-nuisibles à la Société Humaine, & qui d'ailleurs entraînent d'ordinaire après eux le repentir. La droite Raison, si l'on l'écoute bien, n'approuvera jamais les *Péchez* (b) *contre nature* ; les *conjonctions vagues* ; l'*Adultére* ; (1) l'*Impureté* (c), & tout ce qui y est un achéminement ; l'*Yvrognerie* (d) *& les repas de dissolution*; en un mot, un si grand attachement au Plaisir, que l'on (e) *fasse un Dieu de son Ventre*, & que, comme les Bêtes brutes, on ne suive que les impressions des Sens &

les

(a) I. Timoth. VI, 17.

(b) Rom. I, 26, 27.
(c) Rom. XIII, 13. Ephes. V, 3. 4, 5. I. Pierre, IV, 3. Matth. V, 28. &c.
(d) Rom. XIII, 13. I. Pierre, IV, 3.
(e) Philipp. IV, 19.

(1) Voiez sur tout ceci P U F E N D O R F, *Droit de la N. & des Gens*, Liv. VI. Chap. I. avec les Notes.

les défirs de la Chair. C'eſt auſſi à quoi ſe réduiſent les Loix les plus ſévéres de la *Chaſteté* & de la *Sobriété*, que l'Evangile preſcrit. St. PAUL, dans une deſcription prophétique qu'il fait des mœurs des Siécles ſuivans, dit entr'autres choſes que les gens de ces tems-là ſeront (a) *amateurs des Plaiſirs* PLUS QUE *de Dieu:* par où il donne à entendre clairement, que l'amour du Plaiſir n'eſt illégitime qu'entant qu'il eſt oppoſé à l'amour de Dieu, ou à la pratique de quelcune de ſes Loix. Le même Apôtre nous ordonne de *nous* (b) *réjouïr avec ceux qui ſont dans la joie:* cela à la vérité marque directement l'obligation où l'on eſt de prendre part au bien qui arrive à autrui ; mais il ne laiſſe pas de ſuppoſer qu'on peut & qu'on doit même quelquefois ſe réjouïr enſemble, pour entretenir la Société. Autrement il n'y auroit pas moien de vivre dans le Monde : il faudroit que chacun allât ſe confiner dans quelque Déſert ; & c'eſt ce que *St. Paul* nous fait regarder ailleurs comme un deſſein qui (c) n'eſt pas praticable dans l'état où ſont les choſes. Après tout, nous ferons-nous quelque ſcrupule de ſuivre ici l'exemple même de JE'-SUS-CHRIST? Ce Divin Sauveur, le parfait modéle de Sainteté, eſt venu au Monde (d) *mangeant & buvant*, vivant comme les autres, ne fuiant pas les Feſtins

lors

(a) II. Timoth. III, 4.

(b) Rom. XII, 15.

(c) I. Corinth. V, 10.

(d) Matth. XI, 19.

lors qu'il y étoit invité: Bien plus: il donne (a) des leçons fur ce que doivent obferver & ceux qui font un Feſtin, & ceux
qui y font priez: & dans une Nôce où il
fe trouva avec fes Difciples (b) il ne fit pas
difficulté de donner occafion à boire un
peu largement en multipliant le Vin, par
un effet miraculeux de la Puiffance Divine
dont il étoit revêtu. En voilà affez, par
rapport à mon but, pour ce qui regarde la
Tempérance.

§. IX. 2. LA feconde fource de tous
nos Devoirs, c'eft la JUSTICE, qui renferme deux chofes en général: l'une, *de
rendre à chacun ce qui lui eſt dû de plein
droit*, à quel titre & de quelque maniére
que ce foit: l'autre, *de faire en faveur
d'autrui ce que perfonne ne peut exiger à la
rigueur*, d'aimer tous les Hommes fans exception, & de leur (c) faire tout le bien
dont on eft capable. Les Devoirs de la prémiére claffe ne font pas auffi fouvent (d) recommandez ni fi fort preffez dans le Nouveau Teſtament, que ceux qui fe rapportent à la feconde; & la raifon en eſt claire.
Car, outre que les prémiers font en grande partie une ample matiére des Loix Humaines, les autres étoient beaucoup moins
connus, & beaucoup plus négligez par conféquent. Les *Grecs*, accoûtumez à traiter
de *Barbares* toutes les autres Nations, ne
fe

(a) *Luc*,
XIV, 7. &
fuiv.

(b) *Jean* II.

(c) *Galates*,
VI, 10.

(d) Voiez
la *Preface
des Devoirs
de l'Homme
& du Ci-
toien* &c.
par Mr. de
Pufendorf,
§. 7. de la
Traduction
Françoife,
imprimée
à *Amſterd.*
en 1707.

se croioient obligez d'observer ni envers elles, ni à l'égard des Particuliers qui en é-
toient Membres, presque aucun Devoir de
l'Equité Naturelle ou de l'Humanité même : & leurs Philosophes ne (1) paroissoient
guéres désabusez là-dessus des préjugez du
Vulgaire. Les *Romains*, qui succedérent à
l'Empire des *Grecs*, les imitérent (2) aussi
dans ces prétensions superbes & inhumai-
nes. Les *Juifs* même, quoi qu'éclairez des
lumiéres d'une Révélation Divine, regar-
doient tout le reste des Hommes comme
autant d'Ennemis, à qui ils ne vouloient
pas rendre le moindre (a) service d'Humanité, ni les Devoirs de la (b) Civilité la
plus commune : & qui plus est, ils pré-
tendoient trouver dequoi autoriser cette
maniére d'agir sauvage & cruelle dans la
Révélation même, mal entenduë. C'est
pour cela que JÉSUS-CHRIST & ses A-
pôtres exhortent si fortement & si fréquem-
ment à *aimer tous les Hommes*, sans en
excepter nos plus grands *Ennemis*. Ce n'est
pas qu'on doive avoir les mêmes sentimens
& agir de la même maniére envers toute

sor-

(a) Voiez la Parabole du Samaritain, *Luc*, X, 30, & suiv. comme aussi *Juvenal*, Satyr. XIV, 103, 104. & *Tacit.* Hist. V, 5. (b) Voiez *Matth.* V, 47.

(1) Voiez, par exemple, ce que j'ai remarqué au sujet de PLATON & d'ARISTOTE, dans ma *Preface* sur le *Droit de la Nat. & des Gens* de PUFENDORF, §. 20. sur la fin, & §. 23. pag. 61.
(2) Voiez le *Parrhasiana*, Tom. I. pag. 202, 203. & l'*Ars Critica* de Mr. LE CLERC, Tom. I. Part. II. Sect. I. Cap. VI. §. 2, & seqq. comme aussi les *Notes* sur *Pedo Albinovanus*, Eleg. 1, 280, 281.

forte de gens, connus ou inconnus, bien ou mal intentionnez à nôtre égard: ce seroit souvent se trahir soi-même, ou les siens; & le Christianisme ne nous engage nullement à dépouiller tout soin de nôtre propre conservation & de nos interêts, lors qu'on peut y pourvoir sans violer d'ailleurs aucune de ses Maximes. La Loi & l'Evangile prescrivent également d'*aimer le Prochain* (a) COMME SOI-MEME, mais non pas plus que soi-même. JESUS-CHRIST nous donne pour Régle fondamentale de la maniére dont chacun doit être disposé envers les autres & se conduire à leur égard, (b) D'EN USER AVEC EUX COMME L'ON VOUDROIT QU'ILS AGISSENT PAR RAPPORT A' NOUS, si l'on étoit en leur place & qu'ils fussent en la nôtre. Il défend les (c) Jugemens témeraires : il veut qu'autant qu'il est possible on donne un tour favorable aux actions du Prochain, (d) & qu'on ne condamne personne légérement. Mais il ne nous oblige nullement à douter des véritez évidentes & des faits incontestables ; ni même à ne pas suivre la plus grande vraisemblance. Comme le Christianisme ne tend pas à dépouiller les Hommes de l'usage de leur Raison, il n'a garde d'exiger d'eux un sacrifice de leurs lumiéres en matiére de choses où ils n'ont d'autre Régle pour con-

duire

(a) *Matth.* XXII, 39.

(b) *Matth.* VII, 12.

(c) *Matth.* VII, 1.

(d) Voiez I. *Corinth.* XIII, 5, 7.

duire leur Esprit : tout ce qu'il demande, c'est que, comme on n'a que trop de panchant à mal juger d'autrui, l'on soit fort retenu à prononcer en soi-même, & plus encore devant les autres, sur ce qui n'est pas de la dernière évidence. Feu Mr. BAYLE a néanmoins prétendu qu'*il* (a) *y a ici une grande différence entre les Loix de la Raison, & celles de la Charité.* Voici sur quoi il se fonde. *Cette proposition,* dit-il, L'HOMME EST INCOMPARABLEMENT PLUS PORTÉ AU MAL, QU'AU BIEN, ET IL SE FAIT DANS LE MONDE INCOMPARABLEMENT PLUS DE MAUVAISES ACTIONS, QUE DE BONNES, *est aussi certaine qu'aucun principe de Métaphysique. Il est donc incomparablement plus probable que les secrets ressorts qui l'ont produite sont corrompus, qu'il n'est probable qu'ils sont honnêtes.* (*Il s'agit d'une action qui n'est point mauvaise extérieurement.*) *Donc la Raison veut, que si nous connoissons simplement qu'une action a été faite par un homme, c'est-à-dire, si nous ne connoissons pas le cœur de la personne qui l'a faite, nous jugions qu'il est incomparablement plus probable que cette action a eu de méchans motifs, qu'il n'est probable qu'elle ait eu de bons motifs. Et cependant les Loix de la Charité veulent, qu'à moins d'avoir une connoissance très-*

pro-

(a) *Nouvelles Lettres à l'occasion de la Critique générale de l'Hist. du Calvinisme de Maimbourg, Lett. XII. §. 12. pag. 393, & suiv.*

probable de la méchanceté d'une action,
nous jugions plûtôt qu'elle est bonne, que de
juger qu'elle est mauvaise. Donc la Charité nous porte à faire tout le contraire de ce
que la Raison veut. Ce n'est pas, ajoûte-
t-on, le seul sacrifice que la Religion nous
ordonne de faire de nôtre Raison. On voit
par là, comme par plusieurs autres endroits du même Ouvrage, que dès l'année MDCLXXXV. Mr. *Bayle* jettoit les
semences de l'opinion favorite qu'il a depuis soûtenue avec tant de chaleur, sur
l'opposition presque perpétuelle qu'il trouvoit entre les lumiéres de la Foi, & celles
de la Raison. Mais ce n'est pas dequoi il
s'agit: voions si le raisonnement qu'il fait
ici est solide. Le principe en est certain:
mais, à mon avis, on peut le reconnoître,
sans tomber d'accord de la conséquence.
Les Hommes généralement parlant sont sans
contredit plus portez au Mal, qu'au Bien,
& il se fait dans le monde beaucoup plus
de mauvaises actions, que de bonnes: ainsi,
à considerer les Actions Humaines en général, les motifs en peuvent être & sont effectivement plus souvent mauvais, que bons.
Mais il ne s'ensuit point de là, que lors que
laissant à part cette vûë Métaphysique (1) on
en-

---

(1). Mr. le Duc de L A R O C H E F O U C A U T dit très-
bien, qu'il est plus aisé de connoître l'Homme en général, que de connoître un Homme en particulier. Maxime
DIII.

envifage telle ou telle action en particulier,
on doive être plus porté à la croire mauvaife, qu'à la tenir pour bonne, tant qu'on
n'a aucune preuve fuffifante d'un principe
vicieux d'où elle parte vraifemblablement.
Tout ce que la Raifon veut, c'eft que l'on
fufpende fon jugement, qu'on prononce
fur l'action en elle-même, fans pénetrer
dans le cœur, & que l'on ne forme pas
des foupçons injurieux fur une fimple poffibilité, à laquelle on peut oppofer une autre poffibilité, beaucoup moindre fi l'on
veut, mais toûjours auffi réelle que la prémiére, & qui fuffit pour tenir le Jugement
en balance. Il peut fe faire que le motif
d'une Action extérieurement louable ou indifférente foit très-mauvais, mais il peut fe
faire auffi qu'il foit bon, ou du moins fort
innocent : jufques-là rien ne m'engage à
pancher de ce côté-là, plûtôt que de celui-
ci, quelque grande que foit la corruption
des Hommes en général. Les plus méchans
n'agiffent pas toûjours par un mauvais principe, on fe trompe quelquefois en jugeant
de leur intention fecréte par les refforts qui
les font agir ordinairement : à plus forte
raifon court-on rifque de fe tromper en
foupçonnant de déréglement les motifs cachez d'une perfonne en qui l'on ne découvre pas d'ailleurs un fond de méchanceté.
Que fi au contraire l'auteur de l'action

montre dans toute sa conduite le caractére
d'un véritable Homme-de-bien, c'est une
témérité insigne, pour ne rien dire de pis,
que d'être porté à croire son action mauvaise, plûtôt que de la réputer bonne, lors
qu'elle ne renferme rien de vicieux en elle-
même, & qu'on n'a d'ailleurs aucun indice probable d'un motif déreglé qui l'aît produite. Il faut d'ailleurs, ce me semble, bien
distinguer ici entre la *possibilité abstraite*,
& le *fait* ou l'événement réel. Si Mr. *Bayle* y eût pris garde, il auroit vû peut-être
que le dernier n'est pas une suite nécessaire de la prémiére, en sorte qu'on aît lieu
de juger de l'un par l'autre. La comparaison même dont il se sert ensuite, tirée des
Loteries, fera comprendre ma pensée, &
fournira en même tems dequoi renverser
l'argument que j'examine. Quand on raisonne sur la simple *possibilité*, il est à la vérité *plus probable qu'un Particulier perdra
dans les Loteries, qu'il n'est probable qu'il
y gagnera.* Mais quand on demande: *Un
tel gagnera-t-il, ou perdra-t-il?* on ne doit
pas pour cela être porté à croire qu'il perdra, plûtôt qu'à croire qu'il gagnera. Car
il est certain que quelcun doit gagner, &
que chacun peut être cet heureux à qui é-
cherra le Lot: cependant, à l'égard même
de celui qui gagnera effectivement, il est
vrai de dire, aussi bien que de tout autre,
qu'il

qu'il est plus possible qu'il perde, qu'il n'est possible qu'il gagne. Ainsi le plus grand degré de possibilité n'est nullement la régle du jugement sur le fait ou l'événement même. Comme tout ce qui est possible n'arrive pas; tout ce qui est plus possible, n'arrive pas plûtôt que ce qui l'est moins. En général même tout ce qui est plus vraisemblable, ne se vérifie pas par l'événement plûtôt que ce qui est moins vraisemblable : bien loin de là, on a (1) remarqué il y a long-tems qu'il arrive dans le monde plusieurs choses qui ne sont pas vraisemblables ; & Mr. *Bayle* adopte ailleurs (a) cette pensée. Ainsi par cela seul qu'une chose arrive d'ordinaire plus souvent, on n'a pas lieu de croire, en telle ou telle occasion, qu'elle arrivera ou qu'elle est effectivement arrivée, plûtôt qu'une autre qui n'arrive pas si communément : il faut qu'il y ait outre cela quelque raison tirée ou de la disposition particuliére de l'Agent, ou de certains indices pressans, ou de quelque autre circonstance, qui nous fasse pancher de ce côté-là. Tant qu'on ne voit point de pareille raison, le moins qu'on doive faire c'est de se tenir dans l'équilibre, soit qu'il s'agisse

(a) Dans son *Diction. Hist. & Crit.* Tom. I. pag. 94. 2. *Edit.*

(1) Τάχ' ἂν τις εἰκὸς αὐτὸ τῦτ' εἶναι λέγοι,
Βροτοῖσι πολλὰ τυγχάνειν ἐκ εἰκότα.
Agathon, apud A R I S T O T. Rhetor. Lib. II. Cap. XXIV. pag. 581. B. *Edit. Paris.* 1629.

s'agiſſe d'une choſe paſſée, ou d'une choſe
à venir. Si avant que j'aie appris le ſort de
chacun de ceux qui ont tiré à une Loterie, on me demande: *Un tel a-t-il gagné,
ou perdu ?* je ne puis pas dire raiſonnablement, qu'il y aît plus d'apparence au dernier, qu'au prémier; quoi qu'avant qu'on
eût tiré, l'un ſans contredit fût plus poſſible que l'autre. Le ſeul parti que j'ai à prendre alors, auſſi bien qu'auparavant, c'eſt
de dire: *Je n'en ſai rien.* Voilà préciſément
le cas dont il eſt queſtion. *Un tel a-t-il agi
par un bon ou un mauvais motif ?* C'eſt un
fait, & non pas une ſimple poſſibilité, ni
un événement encore à venir. Qu'il aît été
tant qu'il vous plaira plus poſſible que cette action ſe fît par un mauvais motif, qu'il
n'étoit poſſible qu'elle ſe fît par un bon motif; rien ne m'oblige à incliner du côté
déſavantageux, plûtôt que du côté favorable à l'Agent, tant qu'il n'y a point de raiſon particuliére qui faſſe pancher la balance
de ce côté-là. Le Bon-Sens veut donc que
je demeure indéterminé: entre ces deux
Propoſitions contradictoires, juſques à ce
que j'aie des lumiéres qui me portent à former quelque Jugement ou déciſif, ou douteux &, pour ainſi dire, proviſionnel. Or
je défie qui que ce ſoit de prouver, que
les Loix de la Charité Evangélique demandent quelque choſe de plus, dans le cas
dont

dont il s'agit, qu'une simple présomtion, qui à proprement parler n'emporte aucun jugement sur le fait, & par laquelle on décide seulement qu'il ne faut entrer dans aucun soupçon desavantageux, puis qu'il n'y en a pas lieu, sans déterminer positivement que l'intention cachée soit droite & pure, plûtot que vicieuse ou déreglée. St. PAUL donne à entendre assez clairement, que cette suspension de Jugement est ce à quoi se réduit la maxime de l'Evangile & la Loi de la Charité à cet égard: (a) *Ne jugez point, nous dit-il,* AVANT LE TEMS, *jusqu'à ce que le Seigneur soit venu, qui découvrira ce qui est caché dans l'obscurité, & qui fera connoître les desseins des cœurs; & alors chacun recevra de Dieu la louange qui lui sera düe.* Cela suffit aussi pour le but du Précepte, qui est d'arrêter le cours des condamnations témeraires, & de prévenir les mauvais effets des Jugemens extérieurs, plûtôt que d'empêcher les Jugemens intérieurs faits avec mûre délibération & proportionnez aux degrez de Vraisemblance. La maxime est d'autant plus sage, qu'il n'est peut-être jamais nécessaire d'aller fouiller dans les intentions cachées; de sorte qu'il n'y a guéres que la Malignité, ou du moins une Curiosité indiscréte, qui portent à s'ingerer de juger des motifs d'une action d'autrui: or quand on les re-

(a) I. Corinth. IV, 5.

E 4 cher-

cherche dans cet efprit-là, on court grand
rifque de fe laiffer aller à quelque Jugement témeraire. Après tout, pour me fervir ici de la penfée de Mr. *de* LA BRUYE-
RE, la (a) *Régle de* DESCARTES, *qui
ne veut pas qu'on décide fur les moindres
Véritez avant qu'elles foient connuës clairement & diftinctement, eft affez belle &
affez jufte, pour devoir s'étendre au jugement que l'on fait des perfonnes.*

§. X. JE me fuis un peu étendu fur ce
fujet, pour faire voir qu'il n'eft pas fort
difficile, quand on examine attentivement
les chofes, de diffiper les vaines fubtilitez
par lefquelles on tâche de mettre en oppofition avec la Raifon la plûpart des Véritez & des Maximes les plus importantes de
l'Evangile. Si l'on apporte ici un efprit libre de Préjugez & de Prévention, on trouvera, je m'affûre, que ces deux Lumiéres
font parfaitement d'accord dans les autres
points de Morale, & que l'étenduë que
JESUS-CHRIST donne à la *Bénéficence*,
auffi bien que l'*amour des Ennemis*, n'a
rien que de très-conforme aux Loix de la
Raifon la plus pure. Un Chrétien doit être
promt à rendre fervice & à faire l'aumône
à tous ceux qu'il croit en avoir befoin : mais
ce n'eft pas jufqu'à fe réduire lui-même à
la mendicité, ou à fe caufer un préjudice
confidérable. Il fuffit qu'il s'aquitte de ce
de-

devoir à proportion de ses forces & de ses facultez, selon (a) *ce qu'il a, & non selon ce qu'il n'a pas.* Le but de la Charité n'est pas que *les* (b) *uns soient foulez*, afin que *les autres en reçoivent du soulagement*, mais que chacun *supplée de son abondance* (ou de son superflu) *aux besoins d'autrui*, afin que ceux à qui il rend service en usent de même *à leur tour*, quand il se trouvera dans le même cas: en un mot, *qu'il y ait,* autant qu'il se peut, *de l'égalité,* c'est-à-dire, qu'on ne voie pas trop d'inégalité entre les Chrétiens à cet égard; que l'un (c) *ne meure pas de faim, pendant que l'autre fait bonne chère;* & qu'encore qu'il y en ait de plus accommodez que les autres, les Riches fassent en sorte, par l'effusion de leurs libéralitez, que les Pauvres aient sujet de se trouver à peu près aussi bien partagez qu'eux à l'égard de ce qui est nécessaire à la Vie: de même que celui (d) *qui avoit beaucoup recueilli de Manne* dans le Désert, *n'en avoit pas plus qu'il ne lui en falloit, & celui qui en avoit recueilli moins n'en avoit pas trop peu.* Pour ce qui est des *Ennemis,* demeurant tels, on ne sauroit certainement avoir ni confiance ni amitié proprement ainsi nommée pour des gens qui témoignent nous vouloir du mal, ou être disposez à nous en faire; sur tout lors qu'il paroît manifestement que c'est sans

(a) II. Co- rinth. VIII, 12.
(b) *Ibid.* vers. 13, 14.

(c) I. Co- rinth. XI, 21.

(d) II. Co- rinth. VIII, 15.

au..

aucun sujet, & par un pur effet de malignité. Mais on peut s'empêcher d'avoir du
reſſentiment, & de concevoir contr'eux
une animoſité implacable qui nous porte à
leur rendre la pareille, ou à (a) nous venger de quelque maniére que ce ſoit : on
peut faire reflexion, que, nonobſtant leur
mauvaiſe diſpoſition & leurs mauvais deſ-
ſeins, ils ſont Hommes auſſi bien que nous,
déplorer le triſte état où ils ſont, prier
Dieu qu'il (b) leur pardonne ce Péché é-
norme, & qu'il leur fourniſſe les moiens
de revenir à eux-mêmes & de prendre envers nous des ſentimens plus humains : on
peut même aller juſqu'à leur faire du bien
généreuſement, quand l'occaſion s'en préſente. C'eſt tout ce qu'emporte l'obligation que l'Evangile nous impoſe, d'aimer *(c) nos Ennemis, de bénir ceux qui
nous maudiſſent, de faire du bien à ceux
qui nous haïſſent, de prier pour ceux qui
nous traitent injurieuſement & qui nous
perſécutent.* Du reſte, il n'eſt nullement
défendu à un Chrétien d'avoir ſoin de ſa
propre conſervation, & de maintenir ſes
droits par les voies légitimes ou de la Force, ou de la Juſtice. Lors que quelcun
vient demander en grace à Nôtre Seigneur,
*qu'il ordonne (d) à ſon Frére de partager
avec lui leur Héritage commun,* il ne l'exhorte pas à ſe laiſſer enlever ſon bien ſans
dire

(a) Voiez *Rom.* XII, 19. *I. Pierre,* II, 23. III, 9.

(b) Voiez *Luc,* XXIII, 34.

(c) *Matth.* VI, 44. Voiez *Romains,* XII, 20.

(d) *Luc,* XII, 13.

dire mot; il le renvoie tacitement aux Tribunaux Civils établis pour connoître de ces
fortes de démêlez. Il est vrai qu'en même
tems il prend occasion de là de combattre
(a) l'*Avarice*: mais c'est plûtôt pour condamner celui qui avoit tort dans cette affaire, que pour détourner l'autre de faire
valoir son droit, du moins jusques à un certain point. St. PAUL exhortant les *Ro-*
mains, & en leur personne tous les *Chré-*
tiens, à (b) *vivre en paix avec tout le*
monde, ajoûte cette restriction, S'IL EST
POSSIBLE, ET AUTANT QUE CELA
DÉPEND DE VOUS: or rien ne seroit
plus facile que d'avoir la paix avec tout le
monde, si l'on se laissoit toûjours insulter
impunément, & s'il falloit prendre à la lettre ces expressions proverbiales de JESUS-
CHRIST; (c) *Quand quelcun vous don-*
nera un soufflet sur la joüe droite, tournez-
lui (d) *encore l'autre. Lors que quelcun*
vous intentera un procès, pour vous enle-
ver vôtre tunique, laissez-lui prendre aussi
le manteau. Tout ce que l'on peut inférer
de là, c'est que, pour le bien de la paix,
& nullement par respect pour l'Offenseur,
on ne doit se porter à user des voies les
plus légitimes de la Force ou de la Justice, que quand il s'agit de quelque chose
de conséquence: & que, plûtôt que de se
venger ou de s'engager facilement dans un

pro-

(a) *Vers.* 14,
& *suiv.*

(b) *Rom.*
XII, 18.

(c) *Matth.*
V, 39.

(d) Voiez
Lament. de
Jérémie,
III, 30.

procès, source ordinaire d'animositez & de divisions, il vaut mieux, en certaines occasions, souffrir patiemment un leger outrage ou une petite perte, quand on devroit par là s'attirer quelque autre insulte. En un mot, il faut *quelquefois*, & non pas toûjours, céder un peu de son droit; & c'est ce que les Païens (1) eux-mêmes ont reconnu. Que si l'Evangile n'exige pas des Particuliers une patience sans bornes, à plus forte raison cela n'a-t-il pas lieu de Société à Société. Ici, comme par tout ailleurs, la bonne Politique (a) est parfaitement d'accord avec l'Evangile; quelques efforts qu'on aît

(a) Voiez *Sam. Pufendorf. Diff. de concordia vera Politica cum Relig. Christiana*, parmi ses *Diffort. Academica selectiores*, & ce que Mr. *Bernard* a dit contre Mr. *Bayle*, Mars, 1705. pag. 289. Juillet 1707. pag. 69. Août, pag. 168 Septemb. P. 286. des *Nouv. de la Rép. des Lettres.*

(1) *Conveniet autem, cum in dando munificum esse, tum in exigendo non acerbum, in omnique re contrahenda, vendendo, emendo, conducendo, locando, vicinitatibus & confiniis, aequum & facilem;* MULTA MULTIS DE JURE SUO CEDENTEM: *à litibus vero, quantum liceat, & nescio an paullo plus etiam quam liceat, abhorrentem. Est enim non modo liberale,* PAULLUM NONNUNQUAM DE JURE SUO DECEDERE, *sed interdum etiam fructuosum.* ,, Il faut non seu- ,, lement être généreux, quand il s'agit de donner, ,, mais encore n'exiger pas avec trop de rigueur ce qui ,, nous est dû: se montrer accommodant & équitable ,, dans tous les marchez que l'on fait ensemble, dans ,, les Ventes ou les Achats, dans les Contracts de ,, Louage, dans les affaires que l'on a au sujet des ,, Maisons qui se touchent, ou des Limites d'un ,, Champ: RELACHER PLUSIEURS CHOSES ,, DE SON DROIT EN FAVEUR DE PLUSIEURS: ,, s'abstenir des Procès autant qu'il est raisonnablement ,, possible, & peut-être même un peu au delà. Car il est ,, non seulement d'un Honnête Homme, mais quelquefois ,, aussi il est avantageux, de céder quelque chose de son *droit.* CICER. de Offic. *Lib.* II. Cap. XVIII.

aît fait depuis peu pour les mettre aux prises en donnant de l'une & de l'autre des
idées affreuses, qui n'ont d'autre fondement que quelques Paſſages mal entendus,
& la pratique des Princes ambitieux ou des
Tyrans même les plus inſignes.

§. XI. 3. La Piété enfin n'eſt pas
auſſi ſombre & auſſi farouche, que ſe la
repréſentent ceux qui ſemblent croire que
la Religion n'a d'autre but que de gêner
inutilement les Hommes, & d'en faire autant d'*Hermites* ou de *Chartreux*. Elle renferme des *ſentimens intérieurs*, & des *actes
extérieurs*. Les prémiers ſont, une haute
idée de Dieu & de ſes perfections, autant
que le permet le peu d'étenduë de nos lumiéres & la foibleſſe de nôtre compréhen-
ſion : un profond reſpect pour cette Ma-
jeſté Souveraine : un amour ſincere, tel
qu'on peut l'avoir pour un Etre ſi fort élevé au deſſus des Sens & de l'Imagination :
un déſir ardent de ne rien faire qui lui dé-
plaiſe, & d'obéïr inviolablement à ſes Loix,
autant qu'elles nous ſont connuës : une parfaite confiance qui nous faſſe recourir à ſa
Bonté, & nous porte à attendre de lui tout
ce qui eſt néceſſaire pour nôtre bien : une
vive reconnoiſſance de ſes bienfaits : en un
mot toutes les autres diſpoſitions qui doivent naturellement répondre à ſes Vertus,
& à la maniére dont il agit envers nous.
Le

Le cœur d'un vrai Chrétien est tellement
pénetré de ces sentimens, qu'ils paroissent
dans tous ses mouvemens & dans toute sa
conduite. Il *fait* (a) *tout à la gloire de
Dieu :* non qu'il pense toûjours actuellement à Dieu , & que , tout ce qu'il fait ,
il le rapporte directement & formellement
à sa Gloire (il y a (1) mille choses indifférentes ou trop peu considérables pour y
avoir un rapport immédiat) mais c'est que
dans les moindres choses, comme dans les
plus grandes, il est toûjours sur ses gardes,
pour ne rien faire qui puisse blesser en aucune maniére le respect qu'il doit à cet Etre
Souverain. Pour ce qui est des *actes extérieurs*, que l'on comprend d'ordinaire sous
le

(a) I. Co-
rinth. X, 31.
Coloss. III,
17.

(1) Un Prêtre, nommé *Lazare André* B O C Q U I L-
L O T, qui a fait une *Homélie ou Instruction familiére*
(de 52. pages *in* 12.) *sur les Jeux défendus* , Ouvrage
que je ne connois que par le Journal de *Trevoux* , (Février 1704. Art. XII. Ed. de Holl.) cet Auteur, dis-je,
pose pour prémiére Régle des Jeux innocens, qu'on
doit *les rapporter à Dieu* , *selon l'avertissement de* St.
P A U L; *autrement c'est agir en Païen*. Mais , à moins
que d'entendre cela dans le sens que je donne au Passage de *St. Paul*; on peut dire au contraire que c'est
en quelque maniére profaner le nom de Dieu , que de
rapporter directement à sa Gloire des bagatelles comme celles-là. Disons plûtôt avec un Philosophe Païen,
qu'en faisant de telles choses on plaît à Dieu (ce qui
est les faire à sa gloire) lors que, par exemple, on
mange sobrement , paisiblement , & de son propre
bien, non de celui d'autrui. Πυθοιμην τινος, πῶς ἐστι
ἰσθιειν ἀρεσῶς Θεοῖς ; Εἰ δικαιως ἐστιν, ἐαν, καὶ εὐγνω-
μόνως , καὶ ἰσως , καὶ ἐγκρατῶς, καὶ κοσμιως, ἐκ ἐσι
καὶ ἀρεσῶς τοῖς Θεοῖς ; A R R I A N. Diss. Epictet. Lib. I.
Cap. XIII. Ed. Colon.

le nom de *Dévotion*, ils ne font pas, à beaucoup près, d'une fi abfoluë & fi perpétuelle néceffité. Dieu déclare lui-même (a) formellement, qu'il confent qu'on s'en difpenfe, lors qu'en les pratiquant à la rigueur on manqueroit l'occafion de pourvoir aux befoins preffans de la Vie, ou de faire du bien à quelcun : *il aime* (b) *mieux*, dit-il, *la Miféricorde, que tous les Sacrifices du monde.* Il eft vrai que *St. Paul* (c) exhorte les Chrétiens à *prier Dieu fans* (1) *ceffe :* mais on voit bien qu'il ne faut pas prendre cela au pié de la lettre, & que l'Apôtre veut dire feulement qu'on doit vaquer, autant qu'il eft poffible, aux Exercices de Piété. Si l'on devoit être toûjours en priéres & en oraifons, ou donner feulement à cela la plus grande partie de fon tems, il n'y auroit plus moien d'exercer les Emplois & les Profeffions de la Vie Civile, chacun devroit renoncer à fa Vocation. Or cela eft manifeftement oppofé au but de l'Evangile, qui fuppofe & recommande expreffément (d) le contraire. D'ailleurs
JE'-

(a) Voiez *Matth.* XI°. 1, & *fuiv.*

(b) *Ibid.* verf. 7. & *Hofée*, VI, 6.

(c) I. *Theffal.* V, 17.

(d) Voiez, p. e. I. *Corinth.* VII, 21. I. *Timoth.* VI, 2. II. *Theff.* III, 8, 9, 10, 11. *Tit.* IV, 14.

(1) Rien n'eft plus commun dans le ftile ordinaire de toutes les Langues, que ces fortes d'expreffions hyperboliques. Il y a précifément le même terme (ἀδιαλείπτως) dans cet autre paffage de St. PAUL : *J'ai une grande triffeffe & une douleur* CONTINUELLE *en mon cœur :* Rom. IX, 2. Il s'agit-là du chagrin que lui caufoit l'obftination des *Juifs* incrédules : & l'on voit bien qu'il ne fentoit cette douleur, que quand il venoit à y penfer.

(a) *Matth.*
VI, 7.

JÉSUS-CHRIST condamne (a) les *redites inutiles*, qui ne peuvent que se glisser dans une longue Priére ; & le Formulaire qu'il donna à ses Apôtres, est, comme chacun sait, d'une grande briéveté. La *Vie Monastique*, de l'aveu même de ceux qui l'embrassent, n'a aucun fondement dans les Loix de l'Evangile ; & la Retraite qui est nécessaire pour servir Dieu sans direction, & pour se garantir des Vices du Monde, quiconque a son devoir à cœur , peut la trouver au milieu du Monde même. Il n'est nullement nécessaire de renoncer pour cela à tout commerce avec les Hommes, & de vivre au fond d'un Bois ou dans un vaste Désert. Enfin, cet *Amour divin* dont tant de gens ont parlé, les uns en Métaphysiciens , les autres en Fanatiques , tous du moins d'une maniére trop spéculative, n'est pas assûrément celui que les Ecrivains Sacrez ont voulu nous inspirer. Leur stile & leurs idées ne permettent pas seulement de le soupçonner ; non plus que le but de la Religion, qui est faite pour les plus simples, aussi bien que pour les génies les plus sublimes & les plus méditatifs. Ce n'est pas par des mouvemens extatiques que l'on doit juger si l'on aime Dieu , mais par la disposition où l'on est quand il s'agit de lui obéïr.

Vou-

(a) Voulez - vous donc favoir fi la Foi dans
   vôtre Ame

Allume les ardeurs d'une fincére flâme?

Confultez-vous vous-même. A fes régles foû-
   mis

Pardonnez-vous fans peine à tous vos Ennemis?

Combattez - vous vos féns ? domtez-vous vos
   foiblefles?

Dieu dans le Pauvre eft-il l'objet de vos lar-
   gefles ?

Enfin dans tous fes points pratiquez - vous fa
   Loi?

Oui, dites-vous. Allez, vous l'aimez, croiez-
   moi.

QUI FAIT EXACTEMENT CE QUE MA
   LOI COMMANDE,

A POUR MOI, (b) dit ce Dieu, l'AMOUR
   que je demande.

(a) Def-
preaux, E-
pître XII.
pag. 150,
151. Ed.
d'Amft.
1702.

(b) Voiez
toute la
I. Epître
de St. Jean.

§. XII. VOILA', ce me femble, dequoi faire voir fuffifamment quel eft le vrai
génie de la Morale Chrétienne, & à quoi
fe réduifent en général fes Préceptes. Je
crois n'avoir rien avancé qui ne foit conte-
nu dans l'Ecriture, ou en termes formels,
ou par des conféquences d'une évidence
inconteftable. Cela étant, fi l'on trouve
quelquefois des expreffions qui femblent
demander quelque chofe au delà, toutes
les Régles du Bon-Sens & de l'Equité veulent qu'on les adouciffe, & qu'on les explique d'une maniére conforme à ces prin-
                  cipes

cipes certains. On est d'autant plus indispensablement obligé d'en user ainsi, qu'on ne sauroit nier, sans une grande ignorance ou une mauvaise foi insigne, que le stile des *Orientaux* ne soit infiniment plus figuré que le nôtre, & que leur imagination beaucoup plus guindée ne leur suggére des expressions excessivement hyperboliques, qui renduës trop à la lettre dans nos Langues Modernes nous paroissent fort étranges. Je ne saurois m'empêcher de rapporter ici ce que Mr. BASNAGE a dit là-dessus il n'y a pas fort long-tems. Dans le plan qu'il donne de son *Histoire des Juifs*, (a) il remarque, que, *pour l'intelligence d'un grand nombre de Passages de l'Ecriture*, il est *nécessaire* de faire connoître *le stile & le génie des Docteurs Orientaux. Ceux qui nous disputent*, ajoûte-t-il, *le sens métaphorique des paroles de* JESUS-CHRIST *sur l'Eucharistie, seront bien surpris de voir tant de Métaphores semées à chaque pas, entassées les unes sur les autres, & les Figures les plus violentes mises en usage, sans y préparer les Lecteurs. On parle & on écrit en Occident avec une simplicité, qui, toute naturelle qu'elle est, choque les Orientaux, autant que nous sommes choquez de leurs Métaphores perpétuelles, & de leur stile hyperbolique.* Il est beau de voir un tel aveu dans la bouche d'un Théologien, &

(a) *Préface,* §. IV.

il

il seroit à souhaitter que tous ceux de cet
Ordre en parussent bien convaincus ; sur
tout depuis qu'ils ont vû qu'on s'est servi,
soit imprudemment ou à dessein, du moins
à toute outrance, de quelques explications
de l'Ecriture fondées sur l'ignorance des
Langues Originales & des Loix de la Critique, pour défendre des opinions qui vont
à sapper les fondemens de toute la Religion. On trouve, en matiére de choses
moins importantes ou sur des sujets tout-
à-fait indifférens, mille Hébraïsmes & mille Hyperboles Orientales, que personne
ne s'avise de contester : pourquoi n'en re-
connoîtroit-on pas de semblables, quand il
s'agit d'établir , autant que le peut ici-bas
un Entendement borné, des principes qui
mettent la Bonté , la Justice , & la Sainteté de Dieu , à couvert des traits malins
d'une Incrédulité fiére & insultante ? Pourquoi n'en useroit-on pas de même à l'égard
des Passages qui regardent la Morale, dont
les Préceptes, bien loin de gagner le Cœur,
ne feront que révolter la Raison, tant qu'on
les représentera si disproportionnez à l'état
& aux forces des Hommes dans cette Vie ?
Le stile des Orientaux n'est pas moins figuré en matiére de Morale, que quand il
s'agit de toute autre chose ; & il approche
même quelquefois du Poëtique. Les PRO-
VERBES DE SALOMON, qui ne sont

F 2   qu'un

qu'un Recueil de Sentences & de Maximes, le prouvent vifiblement. Parmi les
Grecs même les plus anciens Moraliftes ont
mis en vers leurs Préceptes. On a remarqué auffi, que c'eft l'ufage des Philofophes,
foit qu'ils écrivent en vers, ou en profe,
de s'exprimer quelquefois d'une telle maniére, qu'ils femblent outrer les chofes,
pour obtenir plus facilement le jufte milieu.
Je produirai là-deffus un beau paffage de
SENÈQUE, qui a été (a) déja allégué à
l'occafion de ceux qui condamnent abfolument le *Prêt à ufure*, par un Jurifconfulte également habile & judicieux. ,, On
,, (1) fe trompe (dit le Philofophe) fi l'on
,, s'ima-

(a) Voiez
le Traité
de Mr.
*Noodt, De
Fœnore &
Ufuris*, Lib.
I. Cap. XI.
pag. 78, 79.

(1) *Errat tamen, fi quis exiftimat, cùm dicimus, eum
qui Beneficium dedit oblivifci oportere, excutere nos illi
memoriam rei præfertim honeftiffima. Quædam præcipi-
mus ultra modum, ut ad verum & fuum redeant. Cùm
dicimus, Meminiffe non debet: hoc volumus intelligi,
prædicare non debet; nec jactare, nec gravis effe. Quidam enim Beneficium quod dederunt, omnibus circulis nar-
rant. hoc fobrii loquuntur, hoc ebrii non continent: hoc
ignotis ingerunt, hoc amicis committunt. Ut hæc nimia
& exprobratrix memoria fubfideret, oblivifci eum qui
dedit, juffimus, & plus imperando, quam præftari poterat, filentium fuafimus. Quoties parum fiducia eft in his
quibus imperas, amplius eft exigendum, quam fatis eft,
ut præftetur quantum fatis eft. In hoc omnis Hyperbole
extenditur, ut ad verum mendacio veniat. itaque qui
dixit:*
Qui candore nives anteirent, curfibus auras:
*quod non poterat fieri, dixit, ut crederetur quantum plu-
rimum poffit. Et qui dixit,*
His immobilior fcopulis, violentior amne:
*ne hoc quidem fe perfuaferam putavit, aliquem tam im-
mobilem effe, quam fcopulum. Numquam tantum fperat*
Hy-

„ s'imagine que, quand nous difons que
„ celui qui a rendu un fervice doit (a) l'o u-
O „ BLIER, nous prétendions bannir entié-
„ rement de fon efprit le fouvenir de ce
„ qu'il a fait, fur tout d'une chofe auffi
„ honnête que celle-là. Nous établiffons
„ quelques Maximes outrées en apparen-
„ ce, afin qu'on les réduife à ce qu'il y a
„ de vrai & de convenable. Quand nous
„ difons, que l'auteur du Bienfait ne doit
„ pas s'en fouvenir, nous ne voulons don-
„ ner à entendre autre chofe par là, fi ce
„ n'eft qu'il ne doit pas le publier, ni s'en
„ vanter, ni le reprocher. Car il y a des
„ gens qui prônent dans toutes les com-
„ pagnies le bien qu'ils ont fait à quelcun:
„ ils ne peuvent s'empêcher d'en parler,
„ foit qu'ils aient bû ou qu'ils foient à
„ jeun: ils le difent également & à leurs
„ Amis, & aux Inconnus, Pour arrêter
„ ce fouvenir exceffif & importun, nous
„ avons prefcrit à l'auteur du Bienfait de
„ l'ou-

(a) Voiez
une fem-
blable ex-
preffion
dans St.
Matth. VI,
3. & Marc.
Antonin.
V, 6. ibique
Gataker.

Hyperbole, quantum audet; fed incredibilia affirmat,
ut ad credibilia perveniat. Cùm dicimus, qui Beneficium
dedit, oblivifcatur: hoc dicimus, fimilis fit oblito: memoria ejus non appareat, nec incurrat. Cùm dicimus, Beneficium repeti non oportere, non ex toto repetitionem tol-
limus: fæpe enim opus eft Malis exactore, etiam Bonis
admonitore. Quid ergo? occafionem ignoranti non often-
dam? neceffitates illi meas non detegam, quare nefciffe
fe aut mentiatur aut doleat? Interveniat aliquando ad-
monitio, fed verecunda, qua non pofcat, nec in jus vo-
cet. De Benefic. Lib. VII. Cap. XXII. XXIII.

F 3

„ l'oublier, & ainſi en exigeant de lui plus
„ qu'il ne lui eſt poſſible, nous nous ſom-
„ mes propoſez de l'engager ſeulement au
„ ſilence là-deſſus. Toutes les fois qu'on
„ n'eſt pas aſſûré de trouver des Eſprits
„ diſpoſez à obéir, il eſt bon d'ordonner
„ plus qu'on ne demande, pour obtenir
„ ce qu'il faut. Toute Hyperbole tend à la
„ Vérité par ce qu'elle a de faux & d'ex-
„ aggéré. Quand un Poëte dit :

Ils ſont plus blancs que la Neige éclattante,
Et vont plus vîte que le Vent :

„ il exprime une choſe impoſſible, pour
„ donner la plus haute idée que l'on puiſ-
„ ſe concevoir d'une Blancheur & d'une
„ Viteſſe extraordinaire. Lors qu'un autre
„ dit :

Plus ferme que ce Roc, plus rapide qu'un
     Fleuve :

„ il n'a eu garde de s'imaginer qu'on crût
„ là-deſſus qu'une perſonne fût auſſi im-
„ mobile qu'un Rocher. En un mot, l'Hy-
„ perbole ne prétend jamais perſuader tout
„ ce qu'elle hazarde de mettre dans l'ex-
„ preſſion : mais elle affirme quelque cho-
„ ſe d'incroiable, pour mener à ce qui eſt
„ croiable. Ainſi quand nous diſons, que
„ l'auteur du Bienfait doit l'oublier, nous
„ entendons ſeulement qu'il doit faire com-
„ me s'il étoit entiérement effacé de ſa mé-
„ moire :

„ moire : qu'il faut qu'on ne s'apperçoive
„ pas qu'il s'en souvienne , & que le sou-
„ venir qu'il en a ne se présente pas trop
„ souvent à son esprit.   Lors encore que
„ nous disons, qu'on ne doit point exiger
„ de reconnoissance , nous ne le défen-
„ dons pas pour cela absolument : car sou-
„ vent on est forcé de l'arracher aux Mé-
„ chans ; & les Honnêtes-gens même ont
„ quelquefois besoin qu'on leur en rappel-
„ le le souvenir. Car quoi ? ne ferai-je pas
„ remarquer à celui qui ne le sait pas l'oc-
„ casion qu'il a de me rendre la pareille ?
„ ne lui découvrirai-je pas mes besoins, afin
„ qu'il soit fâché de les avoir ignorez , ou
„ qu'il le témoigne du moins en apparen-
„ ce ? On peut donc quelquefois repré-
„ senter à celui qui nous a de l'obligation
„ ce que l'on a fait pour lui , mais que ce
„ soit d'une maniére modeste , non pas
„ comme si l'on exigeoit de plein droit les
„ effets de la Reconnoissance , & qu'on
„ intentât procès pour se faire rendre la
„ pareille, comme une chose qui nous est
„ duë à la rigueur.   Voilà des reflexions
également vives, & pleines de bon-sens &
de vérité.

§. XIII. AINSI ceux qui donnent dans
les explications outrées , que je combats,
ne rendent pas aux Ecrivains Sacrez la justice qu'ils auroient honte de refuser à un

Auteur Profane. Il y a dans les Ecrits des Philosophes Païens quantité d'expressions, qui prises à la lettre seroient pour le moins aussi étranges, que celles de l'Ecriture sur lesquelles on fonde une Morale excessivement rigide. On appuie beaucoup, par exemple, sur le commandement de (a) *renoncer à soi-même*, & de (b) *se haïr* (1). Mr. DACIER (c) a crû, ce me semble, sans une raison suffisante, voir dans (2) un des plus grands Philosophes de l'Antiquité

(a) *Matth.* XVI, 24.
(b) *Luc*, XIV, 26.
(c) *Discours sur Platon*, pag. 4. & dans la Version du *Phédon*, pag. 228. Edit. de Paris, 1699. Tom. II.

(1) Il y a dans le Grec, *haïr sa propre ame*; ce qui est un Hébraïsme fort commun. Et que par *haïr* il faille entendre simplement *aimer moins*, c'est-à-dire, renoncer à tous ses Désirs, quand on ne pourroit les satisfaire sans violer quelque Précepte de l'Evangile; cela paroît manifestement par la manière dont St. Matthieu exprime la même chose, X, 37.

(2) Ἀλλὰ τύτων ἕνεκα... οἱ ὀρθῶς φιλόσοφοι ἀπέχονται τὸ κ τὸ σῶμα ἐπιθυμιῶν ἁπασῶν, καὶ καρτερῦσι, καὶ ὁ παραδιδόασιν αὐταῖς αὑτὰς ὕτε εἰκερθορίαν τε καὶ πενίαν φοβέμενοι, ὥσπερ οἱ πολλοὶ καὶ φιλοχρήματοι· ὐδὲ αὖ ἀτιμίαν τε καὶ ἀδοξίαν μοχθηρίας δεδιότες, ὥσπερ οἱ φίλαρχοι τε καὶ φιλότιμοι, ἔπειτα ἀπέχονται αὐτῶν. Phædon. Tom. I. pag. 82. C. Ed. H. Steph. „ Pour cette raison les véritables Philosophes renon- „ cent à tous les Désirs du Corps, ils se retiennent & „ ne s'y livrent pas pieds & poings liez: ils ne crai- „ gnent ni la ruine de leurs Maisons ni la Pauvreté, „ comme font le Peuple & ceux qui sont avides de „ Richesses: ils ne s'empêchent pas non plus de sui- „ vre ces Désirs déréglez, par la crainte de l'Ignomi- „ nie & de l'Opprobre, comme font ceux qui aiment „ passionnément les Honneurs & les Dignitez. Voilà tout ce que dit *Platon*, fidélement traduit. Si Mr. Dacier a trouvé autre chose dans les derniéres paroles du Grec, ce n'est que pour avoir lû, ou sans y penser, ou autrement (car il n'en avertit point) ἀπέχονται ἑαυτῶν ou αὐτῶν; & pour n'avoir pas pris garde à une élé-

tiquité la prémiére de ces façons de parler : mais pour l'autre, j'en trouve certainement une fort approchante dans le même Dialogue où le Traducteur François prête ses pensées à l'Auteur Grec. Voici ce que dit PLATON : *Un véritable* (1) *Philosophe travaille incessamment à séparer & détacher son Ame de son Corps, & à empêcher,* (2) *autant qu'il lui est possible, qu'elle n'ait avec lui aucun commerce : il méprise* (3) *tous les Plaisirs des Corps, à moins qu'une grande nécessité ne le force de les goûs-*

élégance Attique qu'il y a dans cette particule ainsi mise à la fin par une espéce de Pléonasme, ἔπειτα ἀπέχονται αὐτῶν, c. d. ὀμθυμιῶν, comme il a dit un peu plus haut. D'ailleurs, il seroit à souhaiter qu'on apportât quelque exemple de cette façon de parler, ἀπέχεϑ᾽ ἑαυτῶ, pour dire, *renoncer à soi-même.* Je connois quelcun, qui, quoi qu'il estime beaucoup Mr. *Dacier,* & qu'il regarde sa Version de *Platon* comme la meilleure qui ait encore paru, y a remarqué, en la confrontant soigneusement avec l'Original, un assez grand nombre d'autres fautes, omissions, négligences, additions de son chef &c. Peut-être aura-t-on quelque jour occasion de les marquer.

(1) Λύειν ᲮꞋ γε αὐτὴν [Ψυχὴν]... προθυμῦνται ἀεὶ μάλιϛα καὶ μόνοι οἱ φιλοσοφῦντες ὀρϑῶς. καὶ τὸ μελέτημα αὐτὸ τῦτό ἐϛι ᲮꞋ φιλοσόφων, λύσις καὶ χωρισμὸς Ψυχῆς ἀπὸ τῦ Σώματ☉. Phædon. pag. 67. D.

(2) Ἀπολύων ὅτι μάλιϛα τὴν Ψυχὴν ἀπὸ ᲮꞋ τῦ Σώματ☉ κοινωνίας.... ὅσα χαίρειν τὸ Σῶμα, καὶ καϑ᾽ ὅτι δύναται μὴ κοινωνῦσα αὐτῷ μήϑ᾽ ἀπλομϑίη &c. Ibid. pag. 65. A. C.

(3) Τὰς Ἡδονὰς καλευϑίας τὰς τοιάσδε, οἷον σιτίων τε καὶ ποτῶν... τὰς ᲮꞋ ἀφροδισίων... τὰς ἄλλας τὰς πϵρὶ τὸ Σῶμα ϑεραπείας.... ἀτιμάζει, καϑόσον μὴ πολλὴ ἀνάγκη μετέχειν αὐτῶν. Pag. 64. D.

F 5

goûter : il (1) *va même jusques à* HAIR
SON CORPS, *il a pour lui de l'aversion*
EN TOUT ET PAR TOUT. Si l'on alloit
inférer de là , que *Platon* condamne tout
soin du Corps, toute recréation, toute sensibilité au Plaisir & à la Joie, on se trompe-
roit fort , & on donneroit lieu de croire
qu'on ne connoît guéres ce Philosophe.
Pour ne rien dire de sa conduite, qui pourroit n'être pas bien d'accord avec ses principes, voici un trait de l'Eloge qu'il fait
faire à *Alcibiade* de *Socrate* son Maître,
qu'il regardoit sans contredit comme un
véritable Philosophe : (2) *Dans les Festins,*
dit-il , *il étoit le seul qui sût goûter le plai-*
sir. Du reste, quoi qu'il n'aimât pas à boi-
re & qu'il s'en défendît ; lors qu'on l'y con-
traignoit, personne ne pouvoit lui tenir tê-
te : & ce qu'il y a de plus surprenant, ja-
mais on ne le vit yvre. Cela est remarqué
à l'occasion d'un Festin, où l'on avoit établi pour Loi dès l'entrée (a) *qu'on ne for-*
ceroit personne , & que chacun boiroit seu-
lement jusques à une gaieté agréable : la
plû-

(a) Pag.
176. E.
Tom. III.
Edit. Ser-
rani.

(1) Εἰ γὸ [οἱ ὀρθῶς φιλοσοφοῦντες] ΔΙ ΑΒΕΒΛΗΝ-
ΤΑΙ μὰ ΠΑΝΤΑΧΗ ΤΩ ΣΩΜΑΤΙ &c. Pag.
67. E. Voiez aussi pag. 68. A.

(2) Ἔν τ' αὖ ταῖς εὐωχίαις μόνο ἀπολαύειν οἶο τ'
ἦν τά τ' ἄλλα, καὶ πίνειν ὃ ἐθέλων, ὁπότε ἀναγκα-
σθείη, πάντας ἐκράτει καὶ ὃ πάντων θαυμασότατον,
Σωκράτη μεθύοντα οὐδεὶς πώποτε ἑώρακεν ἀνθρώπων,
Conviv. Tom. III. pag. 220. A. Voiez aussi pag. 176.
C. & AUL. GELL. Noct. Attic. XV. 2.

plûpart des Conviez s'étant endormis ou
retirez, on introduit *Socrate* qui refte, avec
deux autres, (a) *à caufer & à boire à la*
ronde dans une grande Coupe. Platon parlant en (1) un autre endroit de l'origine
des Fêtes , dit, que les Dieux aiant pitié
du Genre Humain, qui étoit condamné au
Travail par fa condition naturelle, établirent ces Jours folennels, afin que les Hommes fe repofaffent de leurs travaux & fe ré-
jouïffent alors; & qu'ils voulurent même
que quelques-uns d'entr'eux y préfidaffent,
& fuffent comme compagnons du divertiffement.   On rapporte   (b) qu'*Alcibiade*
trouva un jour *Socrate* jouant à de petits
jeux avec fon Fils *Lamproclès*, encore enfant: croit-on que *Platon* eût fait de cela
un crime à fon Maître, comme d'une chofe contraire à la qualité de Philofophe; ou
que *Socrate* lui-même aît jamais prétendu
que fes maximes s'étendiffent jufques à défendre de pareils amufemens? Cependant
le paffage, que j'ai cité, contient des expreffions qui ne font pas moins fortes qu'au-
                                    cune

(a) *Ibid.*
pag. 223.
in fin. Con-
vivii.

(b) *Ælian.*
Var. Hift.
XII, 15.
Voiez là-
deffus les
Interpré-
tes.

---

(1) Θεοὶ ἢ οἰκτείραντες τὸ τ̄ Ἀνθρώπων ἐπίπονον
πεφυκὸς γένος, ἀναπαύλας τε αὐτοῖς τ̄ πόνων ἐτάξαν-
το, τὰς τ̄ Ἑορτῶν ἀμοιβὰς τοῖς Θεοῖς, καὶ Μούσας,
Ἀπόλλωνά τε μουσηγέτην, καὶ Διόνυσον, ξυνεορταςὰς
ἔδοσαν, ἵν' ἐπανορθῶνται τὰς γινομένας τροφὰς ἐν ταῖς
ἑορταῖς μετὰ Θεῶν. De Legib. Lib. II. *Tom.* II. *pag.* 653.
D. Voiez un paffage de *Seneque*, qui fera cité ci-deffous, Liv. III. Chap. IV. §. 10. & la *Bibliothéque Uni-*
verf. Tom. VI. pag. 60. & 94.

cune qui fe trouve dans le Nouveau Teſtament. Car y a-t-il beaucoup de différence entre, *Haïr ſon Corps*, &, *Se haïr ſoi-*
même, qui eſt ce que les Ecrivains Sacrez
expriment par, *Haïr ſon Ame?* Il eſt vrai

(a) Dans le I. *Alcibia-*
de. Voiez *Ciceron*, Tuſcul. Quæſt. *Lib. I. Cap.* XXII.

que *Platon* (a) prouve ailleurs, que l'*Ame*
ſeule eſt l'*Homme*, & que le *Corps* n'eſt
pas proprement ce que l'on doit appeller
Nous: mais il veut donner à entendre par
là ſeulement, que l'Ame (1) eſt la principale partie de nous-mêmes, & celle dont
nous (2) devons avoir le plus de ſoin, comme étant de ſa nature deſtinée à commander au Corps, qui n'en eſt que l'inſtru-
ment. Pour ce qui eſt de l'expreſſion de
JÉSUS-CHRIST dans les Evangiles, *St.*
Paul ne l'a nullement entenduë dans le
ſens qu'y veulent trouver les Moraliſtes ri-

(b) *Epheſ.* V, 29.

gides: car il dit formellement, que (b) PER-
SONNE N'A JAMAIS HAÏ SA PROPRE
CHAIR, c'eſt-à-dire, ne s'eſt haï ſoi-même, comme il paroît par le verſet précédent, où il avoit dit, que *celui qui aime*

ſa

(1) Ὅτι ἐπειδὰν ἐν τῷ αὐτῷ ὦσι Ψυχὴ καὶ Σῶμα, τῷ μὲν δελεύειν καὶ ἀρχεσθαι ἡ φύσις προστάτίει, τῇ δ᾽ ἄρχειν καὶ δεσπόζειν. Phædon, *pag.* 79, 80. Tom. I. Voiez auſſi le I. *Alcibiade,* Tom. II. *pag.* 130. A.

(2) C'eſt ce qu'il fait dire formellement à *Socrate:* Πείθων ὑμῶν καὶ νεωτέρες καὶ πρεσβυτέρες μήτε Σωμάτων ὀπιμελεῖδ᾽, μήτε χρημάτων ΠΡΟΤΕΡΟΝ, μήτε ἄλλε τινὸς ΟΥΤΩ ΣΦΟΔΡΑ, ὡς τ᾽ Ψυχῆς, ὅπως ὡς ἀρίϛη ἔσαι. Apolog. Socrat. *pag.* 30. A. B. Tom. I.

ſa Femme, s'aime lui-même. Ainſi & cette haine de ſoi-même, *& le renoncement à ſoi-même,* bien entendus, conformément aux principes de l'Evangile, au génie des Langues Originales, & à la méthode de tous les Anciens qui ont traité la Morale; ne ſont nullement incompatibles avec les Jeux honnêtes & modérez, ni avec mille autres choſes ſemblables auxquelles on s'amuſe agréablement & ſans préjudice de ſon devoir.

§. XIV. D O N N O N S en encore un exemple, ne fût-ce que pour avoir occaſion de placer ici un bel endroit de l'excellente Préface ſur les Oeuvres de S A R A- Z I N. Quoi que le paſſage ſoit un peu long, je ſuis aſſûré que l'on ſera ravi de relire ici les reflexions également ſolides & ingénieuſes qui le compoſent. Mr. P E L I S S O N, occupé à défendre les Ecrits de ſon Ami, ſe fait une objection de la part de ceux *qui voulant faire paſſer leur chagrin pour ſolidité & pour vertu, & ſachant que l'Auteur a été principalement célébre pour les Ouvrages purement divertiſſans, rebuteront ſes Ecrits, même ſans les lire, & l'accuſeront de s'être amuſé à des choſes inutiles.* „ Ces Juges ſévéres, *(leur répond-il)* „ P L U S   S A G E S   Q U E   D I E U   E T   Q U E „ L A   N A T U R E, qui ont fait une infinité „ de choſes pour le ſeul plaiſir des Hom- „ mes

„ mes, voudroient que l'on travaillât fans
„ ceffe fur la *Jurifprudence*, fur la *Mé-*
„ *decine*, & fur la *Théologie*, & nous di-
„ ront que rien ne mérite d'être eftimé,
„ s'il ne tend à l'Utilité Publique. En ce
„ dernier point je fuis à peu près de leur
„ avis, mais je ne puis croire qu'on tra-
„ vaille inutilement quand on travaille a-
„ gréablement pour la plus grande partie
„ du Monde, & que fans corrompre les
„ Efprits on vient à bout de les divertir &
„ de leur plaire. Appellons-nous inutiles
„ des Ouvrages où le Pére de Famille fe
„ délaffe des foucis domeftiques; le Prin-
„ ce & le Miniftre, des foins de l'Etat; le
„ Magiftrat du tumulte & de l'embarras du
„ Palais; le Soldat, de fes fatigues; l'Ar-
„ tifan même, de fon travail : qui feront
„ oublier pour un tems, à l'un fa pauvre-
„ té, à l'autre fes maladies, à un troifié-
„ me fes cruelles paffions, à tous généra-
„ lement leurs infortunes? Ceux qui en
„ jugent ainfi, fe trompent groffiérement,
„ comme il eft aifé de le montrer, & pren-
„ nent les Moiens pour la Fin, faute d'al-
„ ler affez avant, & de pénétrer jufqu'aux
„ fondemens des chofes. Ouvrons les yeux,
„ & ne nous imaginons pas que ni cette
„ Place deftinée au Commerce, ni ces E-
„ côles où l'on enfeigne, & où l'on dif-
„ pute fans ceffe, ni ce Barreau où l'on
„ plai-

„ plaide les Caufes des Particuliers, ni ces
„ Confeils où l'on délibére des Affaires Pu-
„ bliques, ni ces Armées, ces Machines,
„ & ces Canons, ni en un mot ce grand
„ nombre de refforts qui font mouvoir le
„ vafte Corps d'un Etat, foient des cho-
„ fes faites pour elles-mêmes, ou n'aient
„ chacune qu'un but particulier. Elles ont
„ toutes un but général, qui eft que les
„ Citoiens puiffent vivre enfemble *vertueu-*
„ *fement, paifiblement, agréablement*. Ces
„ trois chofes ont été, ou ont dû être en
„ même tems dans l'intention des Légifla-
„ teurs, & de ceux qui ont fondé les Ré-
„ publiques. Tout ce qui contribuë à la
„ derniére, fans nuire aux deux autres,
„ bien loin de s'écarter, comme il le fem-
„ ble, de l'Utilité Publique, y va quel-
„ quefois par un chemin plus droit & plus
„ court. Par exemple, les Ecrits d'un cé-
„ lébre Jurifconfulte font utiles, qui le
„ peut nier? ils inftruifent l'Avocat pour
„ bien défendre fa Caufe, l'Avocat bien
„ inftruit fait que le Juge prononce jufte-
„ ment, le Juge en rendant juftice met
„ les Citoiens en repos. Mais on voit
„ fouvent que les différentes mains de
„ tant de divers Artifans détournent
„ l'Art de fon intention naturelle; & il
„ en arrive comme de ces Machines, bel-
„ les & bien inventées en apparence, qui
„ pour

„ pour être (1) compofées de trop de pié-
„ ces, dont quelcune vient toûjours à
„ manquer, s'arrêtent à toute heure, &
„ renverfent quelquefois ce qu'elles de-
„ voient porter. Au contraire ces autres
„ Ecrits qu'on traite communément de ba-
„ gatelles, quand ils ne ferviroient pas à
„ régler les Mœurs, ou à éclairer l'Efprit,
„ comme ils le peuvent, comme ils le doi-
„ vent, comme ils le font d'ordinaire di-
„ rectement ou indirectement ; pour le
„ moins fans avoir befoin que d'eux-mê-
„ mes, ils plaifent, ils divertiffent, ils fé-
„ ment & ils répandent par tout la Joie,
„ qui eft après la Vertu le plus grand de
„ tous les Biens. Qui ne fait d'ailleurs que
„ des raifons très-folides nous attachent
„ quelquefois à des Ouvrages qui fem-
„ blent ne l'être pas, & qu'un Devoir ca-
„ ché & obfcur l'emporte fouvent fans in-
„ juftice fur cet autre Devoir public & é-
„ clattant ? Cet homme, que vous blâ-
„ mez, a trouvé peut-être que pour réta-
„ blir fa fanté qui eft ruinée, pour fe dé-
„ fendre de la mauvaife fortune, pour le
„ bien d'une Famille dont il eft l'appui, il
„ lui

(1) Ces mots, *qui pour être compofées*, ne fe trouvent pas dans l'Edition de *Hollande*, dont je me fers;
& je n'ai pas en main celle de *Paris*, pour la conful-
ter. Mais je fuis fûr que Mr. *Peliffon* a écrit quelque
chofe de femblable. Le Lecteur attentif en tombera
aifément d'accord.

„ lui eſt plus utile de travailler à des Chan-
„ ſons, qu'à des Traitez de Morale & de
„ Politique. Si cela eſt, je le dirai hardi-
„ ment, la Morale & la Politique elles-
„ mêmes lui ordonnent de faire des Chan-
„ ſons. Ajoûtons encore de jolis Vers de
LA FONTAINE, qui ne ſont pas moins
judicieux, & dont je ſuis bien aiſe d'orner
auſſi ce Chapitre:

Rien (a) ne m'engage à faire un Livre,
    Mais la Raiſon m'oblige à vivre
En ſage Citoien de ce vaſte Univers;
Citoien qui voiant un Monde ſi divers;
    Rend à ſon Auteur les hommages
    Que méritent de tels Ouvrages.
Ce Devoir aquitté, les beaux Vers, les Chan-
    ſons,
    Il eſt vrai, ſont peu néceſſaires;
    Mais qui dira qu'ils ſoient contraires
      À ces éternelles leçons?
On peut goûter la Joie en diverſes façons;
Au ſein de ſes Amis répandre mille choſes,
Et recherchant de tout les effets & les cauſes,
A table, au bord d'un Bois, le long d'un
    clair Ruiſſeau,
Raiſonner avec eux ſur le Bon, ſur le Beau;
Pourvû que ce dernier ſe traite à la légére,
    Et que la Nymphe ou la Bergére
N'occupe nôtre eſprit & nos yeux qu'en paſſant;
    Le chemin du Cœur eſt gliſſant.

(a) Lettre
à Mr. de St.
Evremond,
parmi les
Oeuvres de
ce dernier,
Tom. V.
pag. 53, 54.
Ed d'Amſt.
1706.

G   J'ai

J'ai crû pouvoir, fans aucun inconvenient, rapporter ici ces Vers d'un Auteur, qui quoi que peu grave & un peu trop libre même dans certains Ouvrages, dont la lecture demande à caufe de cela de grandes précautions, donne par tout ailleurs des leçons admirables, & d'autant plus utiles qu'elles font affaifonnées de tous les agrémens qui peuvent les infinuer & les graver profondément dans l'efprit. D'ailleurs, comme tout ce que j'ai dit tend à diffiper les vains fcrupules des Efprits foibles & à détruire les principes outrez des Moraliftes rigides, il eft bon de montrer par des exemples qu'on fait ufage de tout.

§. XV. ON pourroit entrer dans le détail, refuter toutes les raifons & répondre à toutes les difficultez des Moraliftes rigides. Mais cela demanderoit un Volume entier, ou plûtôt il faudroit prefque donner une Morale complette ; car il n'y a guéres d'article fur lequel on n'aît outré les chofes d'une maniére ou d'autre. D'ailleurs ce que nous avons dit dans tout ce Chapitre, eft, à mon avis, plus que fuffifant pour fournir des principes capables de diffiper tous les vains fcrupules qu'on jette dans les Efprits. Je craindrois plûtôt que ceux qui aiment trop le Jeu ne diffent que je pouvois m'épargner la peine de leur prouver une chofe fur quoi ils n'ont aucun doute,

&

& qu'il n'étoit nullement néceſſaire de s'é-
tendre ſi fort à leur faire voir que le Jeu,
conſidéré en lui-même, ne renferme rien
d'illicite ni par le Droit Naturel, ni ſelon
les Régles de l'Evangile. Mais outre que
le but & le plan de cet Ouvrage demandoit néceſſairement que je commençaſſe
par là; l'occaſion s'étant préſentée de montrer un peu au long la fauſſeté des portraits affreux qu'on a voulu donner de la
Morale Chrétienne, j'ai crû qu'il étoit à
propos d'en profiter. Je trouve d'ailleurs
ici dequoi me juſtifier en renvoiant les
Chrétiens à l'écôle des Philoſophes Paiens,
où ils apprendront, *Qu'il* (1) *ne faut rien
faire, autant que l'on peut, ſans ſavoir
pourquoi, même dans les moindres choſes.*
Or je poſe en fait que, de cent perſonnes qui jouent tous les jours, il n'y en a
peut-être pas une qui ſe ſoit jamais deman-
dée à elle-même, pourquoi & comment
il lui eſt permis d'uſer de ce divertiſſement. Ainſi on ne doit pas s'étonner que
bien des gens faſſent d'une choſe par elle-
même

(1) *Omnis autem Actio vacare debet temeritate & ne-
gligentia:* NEC VERO AGERE QUIDQUAM, CU-
JUS NON POSSIT CAUSAM PROBABILEM
REDDERE. CICER. *de Offic.* I, 29. *init.* Voiez auſſi
MARC ANTONIN, *Lib.* VIII. *Cap.* II. & X, 37.
ibique Gataker. Ajoûtons ce beau mot de SENE'QUE:
Hac [Ratione] *duce, per totam vitam eundum eſt.* MI-
NIMA MAXIMAQUE *ex hujus conſilio gerenda ſunt.*
De Benefic. *Lib.* II. *Cap.* XVIII.

même très-innocente une occasion de désordres, ou s'en servent du moins à nourrir leur attachement excessif au Plaisir, leur Fainéantise, ou leur Avarice. C'est ce qui paroîtra par l'examen où nous allons entrer des conditions nécessaires pour jouer sans qu'il y ait rien à dire.

Fin du Premier Livre.

TRAITÉ
DU JEU.

~~~~~~~~~~~~~~~~~~~~~~~~~~~~~~~~~~

LIVRE SECOND.

Où l'on examine ce qui regarde le fond ou l'essence du Jeu.

CHAPITRE I.

De la nature des Jeu, de ses différentes sortes, & de la liberté qu'il doit y avoir dans l'engagement.

IL Y A deux choses à considerer dans le Jeu, par rapport à mon dessein : ce qui fait le *fond* ou l'*essence* de ce divertissement ; & les *circonstances extérieures* qui l'accompagnent.

§. I. LE JEU, dont il s'agit est *une espéce* (1) *de combat recréatif, dans lequel deux*

(1) ARISTOTE l'appelle Παιδιὰ μαχετικὴ, dans

sa

deux ou plusieurs personnes, après être convenuës de certaines loix, font à qui sera plus adroit ou plus heureux par rapport à certains mouvemens dont l'effet ou ne dépend point du tout de leur direction, ou en dépend, du moins en partie. De là il résulte trois sortes de Jeux, les *Jeux de pure adresse*, ceux *de pur hazard*, & ceux qu'on peut nommer *mixtes*, qui tiennent des deux prémiers.

§. II. J'ENTENS par JEUX DE PURE ADRESSE, que j'appellerai aussi JEUX D'ADRESSE simplement, non seulement ceux qui demandent de *l'adresse* proprement ainsi nommée, c'est-à-dire, la dextérité de la Main ou la souplesse du Corps; mais encore ceux où il faut quelque esprit & quelque pénétration, & ceux même où il est besoin d'une grande force, parce que pour réüssir cette force doit toûjours être tempérée & réglée par l'adresse. Tels sont la *Paume*, le *Billard*, le *Mail*, la *courte Boule*, le *Palet*, les *Dames*, les *Echecs* &c.

Les

---

sa *Rhétorique*, où il explique la maxime qu'il a posée, que tous les Hommes aiment à vaincre & à surpasser leur compagnon en quoi que ce soit. Ἐπεὶ δ τὸ νικᾶν ἡδύ, ἀνάγκη καὶ τὰς Παιδιὰς ἡδείας εἶναι τὰς μαχητικὰς.... καὶ Ἀστραγαλίσους, καὶ Σφαιρίσους, καὶ Κυβείας, καὶ Πεττείας. Lib. I. Cap. XI. pag. 337. B. Edit. Parif. 1629. Il donne-là pour exemple le Jeu des *Osselets*, celui de la *Paume*, celui des *Dez* ou du *Trictrac*, & celui des *Dames*; comme je le ferai voir dans l'HISTOIRE DU JEU.

LES JEUX DE PUR HAZARD font
ceux où l'événement, quoi que procuré
par un mouvement dont nous fommes
nous-mêmes les auteurs, eft abfolument
hors de nôtre (1) direction; en forte que
nous n'agiffons-là que comme caufes aveugles & fans aucune délibération. Tels font
le Jeu des *Dez*, & quelques (2) Jeux de
Cartes, comme la *Baffette*, le *Brelan*, le
Lanfquenet; le Jeu de *l'Oie*, le *Pha-
raon* &c.

Enfin, les JEUX MELEZ DE HA-
ZARD ET D'ADRESSE, font ceux où,
quoi que le Hazard domine & décide fouverainement de la victoire; d'où vient
qu'on les appelle quelquefois fimplement
JEUX DE HAZARD: on peut cependant
prendre quelques mefures & faire attention à certaines chofes qui fervent à prévenir ou à corriger les mauvais effets du
Sort,

(1) *Quid enim Sors eft? Idem propemodum, quod mi-
care, quod talos jacere, quod tefferas, quibus in rebus
temeritas & cafus, non ratio nec confilium valent.* CI-
CER. de Divin. II, 41.

(B) Mr. THIERS n'eft pas affez exact, lors qu'il
met les *Cartes* en général au rang des Jeux *qui dépendent uniquement du Hazard*, TRAITÉ *des Jeux & des
Divertiffemens* &c. Chap. XIII. pag. 134. Il rapporte
auffi (pag. 355.) une hiftoriette d'où il paroît que le
Cardinal *Pierre de Damien* mettoit mal-à-propos les
Echecs au nombre des Jeux de hazard défendus par
les Conciles, fous le nom d'*Alea*. Lui-même bron-
che encore en rapportant aux Jeux mêlez de hazard
& d'adreffe, le Jeu de *l'Oie*, qui, comme chacun
fait, eft un Jeu de pur hazard. Pag. 134.

Sort, ou à faire tourner favorablement quelques coups douteux. Tels font, comme chacun fait, le *Trictrac*, grand ou petit, les Jeux de *Cartes* les plus communs &c.

§. III. LE *prix* de ces combats divertiffans peut être de deux fortes, ou purement & fimplement l'honneur de gagner; ou bien quelque avantage ou profit proprement ainfi nommé qui doive revenir au Vainqueur de la part du Vaincu. Les *E-checs* & les *Dames* font prefque les feuls Jeux auxquels on joue uniquement pour la gloire : peu de gens même, du moins en (a) Païs de Chrétienté, s'y divertiffent ordinairement fans autre intérêt; & ce motif d'ailleurs ne peut guéres avoir lieu, du moins raifonnablement, à l'égard des Jeux de pur hazard : car fur quoi fondé fe féliciteroit-on beaucoup d'une chofe qui n'a dépendu de nous ni en tout, ni en partie ? Il fuffit donc de parler des Jeux où l'on joue quelque chofe.

(a) Voiez ci-deffous, Liv. III. Chap. IX. §. 7.

§. IV. SUR ce pié-là, le Jeu eft une Convention, & une *Convention* (1) *intéreffée de part & d'autre.* Or ce qui fait le *fond* ou l'*effence* de toute Convention où chacune des Parties cherche fon propre avantage, c'eft la *liberté* dans l'engagement;

(1) C'eft ce que GROTIUS & PUFENDORF appellent un *Contract Onéreux.* Voiez le dernier Auteur, *Droit de la Nat. & des Gens,* Liv. V. Chap. III.

ment; *l'égalité* dans les conditions; & la *fidélité* dans l'exécution. A quoi il faut ajoûter les *qualitez* requises dans la *chose* même sur quoi roule le Traité, c'est-à-dire ici, dans ce que l'on joue.

§. V. UN accord bon & valable suppose nécessairement que l'on agisse avec une pleine & entiére LIBERTÉ, (a) c'est-à-dire, que l'on soit en état de donner un vrai & raisonnable *consentement*, que l'on sâche ce qu'on fait, & qu'il n'y aît aucune *violence* ni aucun *artifice* de la part de celui à qui l'on s'engage. Si cela a lieu dans tous les Engagemens où l'on entre au sujet même de ce qui sert aux besoins ou aux commoditez de la Vie ; à plus forte raison ne sauroit-on s'en dispenser, quand il s'agit d'une chose aussi peu nécessaire & aussi peu sérieuse, que l'est le Jeu. Et la liberté doit être ici d'autant plus grande, que chacun trouve ordinairement son compte (b) dans les autres sortes de Conventions, si du moins elles sont faites selon les Régles inviolables de la Justice: au lieu qu'en matiére de Jeu, quelque égalité qu'il y aît dans le Contract, il peut arriver très-facilement que l'une des Parties s'enrichisse aux dépens de l'autre, sur tout aux Jeux où le Hazard peut le plus. Cela arrive aussi très-souvent, & c'est même à quoi tend le Jeu en lui-même & l'intention des

(a) Voiez *Pufendorf, Droit de la Nat. & des Gens,* Liv. III. Chap. VI.

(b) Voiez ce que je dirai ci-dessous, Liv. III. Chap. I. §. 10.

G 5 Joueurs,

Joueurs, quoi que plus ou moins selon la somme qu'on joue.

§. VI. DE LA il s'enfuit, que toutes les fois que celui avec qui l'on a à faire n'a pas l'ufage libre de la Raifon, le Jeu eft également invalide & illicite. Quand il ne feroit pas d'ailleurs très-honteux à une perfonne faite, de jouer tout-de-bon avec un Enfant, il y auroit-là toûjours une inégalité & par conféquent une injuftice manifefte. Un *Enfant* n'a ni affez de lumiéres pour favoir ce qu'il fait & pour prévoir dans une jufte-étenduë les fuites d'un tel engagement, ni affez de conduite pour bien ménager fes coups & pour profiter de fes avantages; quelque inftruit qu'il puiffe être d'ailleurs des Régles du Jeu. Lors même qu'il eft forti de page & qu'il commence à fe déterminer avec connoiffance, il eft ordinairement étourdi, facile à fe flatter de l'efpérance du Gain, fort fujet à mal prendre fes mefures par l'impétuofité du défir auquel il fe laiffe emporter. Ainfi, mis à part une autre raifon dont nous parlerons (a) plus bas, comme un Hommefait doit s'abftenir, autant qu'il eft poffible, de jouer avec un Jeune-Homme; l'un & l'autre ne peut jamais jouer de bonne foi avec un Enfant.

(a) Chap. IV, de ce II. Livre, §. 4, & fuiv.

§. VII. PAR la même raifon, le Contract du Jeu eft auffi nul & illégitime,

lors

lors qu'on joue non seulement avec *quel-cun qui est en démence*, hors les intervalles lucides qu'il peut avoir ; mais encore avec une *personne yvre*. Quand je parle d'*Yvres*, je n'entens pas ceux qui aiant bû plus qu'à l'ordinaire, ne vont pas au delà d'une gaieté innocente, qui leur laisse assez de liberté d'esprit pour penser à ce qu'ils font ; mais ceux qui ont pris du vin à un tel point, que l'usage de leur Raison en est troublé ou offusqué. En cet état-là, quelque éloignement qu'on aît d'ailleurs pour le Jeu, on peut s'y laisser entraîner facilement, ou y solliciter même les autres : & quoi qu'on aime le Jeu, cela ne rend pas valide un engagement où l'on entre lors qu'on n'est pas capable de s'y porter avec délibération & de ménager sagement ses intérêts. Au contraire, plus on est passionné pour le Jeu & avide de Gain, & plus il y a lieu de présumer qu'on ne seroit pas bien aise de risquer son argent si mal à propos. Si celui avec qui l'on joue alors est de sens rassis, cela lui donne certainement un avantage considérable, qui fait que les choses ne sont point égales, comme je prouverai dans le Chapitre suivant qu'elles doivent l'être. Que si les deux Joueurs sont également yvres, il y a ainsi de part & d'autre une même raison qui les rend incapables de traiter validement sur quoi que ce

soit,

soit, ni entr'eux, ni avec toute autre personne.

Il est vrai néanmoins que si venant à se
souvenir de ce qu'ils ont fait ou en étant
avertis après que les fumées du vin se sont
dissipées, ils laissent les choses en l'état qu'elles se trouvent, ou par une confirmation
positive, ou par un silence qui tient lieu
d'approbation, le Contract est alors bon &
valide : mais c'est à cause de la ratification
qu'on en fait de sens rassis, & non en vertu des signes extérieurs de consentement
qu'on avoit donnez pendant le Jeu. Il n'en
est pas de même, lors que l'un des Joueurs
avoit l'usage de la Raison entiérement libre ; car en ce cas-là, il y a de la mauvaise foi de sa part, & ainsi il ne sauroit en
conscience profiter de ce qu'elle lui a aquis.
Si celui de l'état duquel on s'est prévalu,
ne redemande pas l'argent qu'on lui a gagné, on doit présumer ou qu'il ne s'en
souvient point ; ou que, s'il le fait, il aime
mieux sacrifier son argent, que de s'exposer, en faisant valoir son droit, à la honte
d'un aveu mortifiant, ou à quelque démê-
lé qui pourroit avoir de fâcheuses suites. Il
n'y a personne qui veuille être duppé de
gaieté de cœur, comme l'est sans contredit
celui contre qui l'on joue pendant qu'il est
enséveli dans le vin. Ainsi son silence après
cela ne sauroit passer pour un vrai consen-

tement

tement tacite donné après coup, & qui aît un effet rétroactif; parce qu'il eſt ou fondé ſur une ſimple ignorance, ou forcé (a) en quelque ſorte.

§. VIII. A PLUS forte raiſon une *violence* proprement ainſi nommée, ſoit directe ou indirecte, médiate ou immédiate, tant de la part de celui avec qui l'on joue, que de quelque autre avec qui il s'entend, ou de l'injuſtice duquel il profite ſans colluſion le ſachant & le voiant ; tout cela, dis-je, à plus forte raiſon rend le Contract non ſeulement nul & de nul effet, mais donne droit encore de reſiſter à l'auteur de la contrainte par toutes les voies légitimes de la Force ou de la Juſtice. Dans le Droit Romain, celui qui avoit forcé (1) quelcun à jouer, étoit condamné ou à une amende, ou à la priſon, ou aux carriéres, ſelon que le Juge le trouvoit à propos. Et certainement rien n'eſt plus injuſte & en même tems plus abſurde, que d'uſer de la moindre violence à l'égard d'une choſe comme le Jeu, où une liberté entiére n'eſt pas moins eſſentielle que le plaiſir & le diver-

(a) Voiez ce que j'ai dit ſur le *Droit de la Nat. & des Gens*, de *Tuſendorf*, Liv. III. Chap. VI. §. 10. Note 5.

(1) IN EUM, *inquit* [Prætor], QUI ALEÆ LUDENDÆ CAUSA VIM INTULERIT, UTI QUÆQUE RES ERIT, ANIMADVERTAM. *Hæc clauſula pertinet ad animadverſionem ejus, qui compulit lucere, ut aut multa muletur, aut in lautumias, vel in vincula publica ducatur.* DIGEST. *Lib.* XI. *Tit.* V. *De Aleatoribus,* Leg. I. §. *ult.*

vertiſſement, qui ne ſauroient ſubſiſter avec la contrainte.

§. IX. IL Y A diverſes maniéres de contraindre au Jeu, qui toutes produiſent le même effet. Telles ſont les *menaces*, ſur tout lors qu'elles ſont faites par des gens qui ont un pouvoir prochain de les exécuter, & qui témoignent y être tout diſpoſez. Et il n'eſt pas néceſſaire que ces menaces tendent à nous cauſer un grand mal, ou à nous priver de quelque bien fort conſidérable. (a) Il ſuffit qu'elles ſoient telles, que, pour en éviter l'effet, on doive ſagement ſe réſoudre à céder, comme au moindre de deux inconvéniens.

§. X. ENCORE même qu'on ſe ſoit d'abord déterminé à jouer avec un plein conſentement, cela ne met pas l'autre Joueur en droit de nous contraindre à (1) continuer. S'il eſt libre de jouer, ou non, il doit l'être auſſi de quitter quand on veut; à moins qu'on n'eût par avance fixé un certain tems, avant lequel aucun des Joueurs ne pourroit ſe retirer ſans la permiſſion des autres : & en ce cas-là, on en feroit quitte pour ſubir la peine impoſée d'un commun accord à quiconque ſe laſſeroit du Jeu avant le terme preſcrit. Mais hors

(a) Voiez la *Note* que j'ai citée un peu plus haut.

(1) *Solent enim quidam & cogere ad luſum, vel ab initio, vel victi, dum retinent.* DIGEST. ubi ſupra, *Leg.* II.

hors de là il faut se laisser réciproquement
une pleine & entiére liberté de ne jouer
qu'aussi long-tems qu'on le veut. Comme
chacun a ou doit avoir d'autres occupations plus importantes, personne ne peut
être censé avoir eu la moindre pensée de
s'engager à continuer le Jeu à leur préjudice même: & la plûpart des Hommes aiment assez les Divertissemens pour donner
lieu de croire que, quand ils se retirent
bien-tôt, il y a quelque chose de considérable qui les rappelle. Ce seroit sans contredit une étrange recréation que celle en
vertu de quoi on auroit le privilége de forcer ceux avec qui on la prend, à négliger
en sa faveur le soin des affaires un peu sérieuses. On voit même peu de gens assez
sages pour se retirer lors qu'ils ont fait en
peu de tems quelque gain considérable. La
plûpart des Joueurs sont beaucoup plus sujets à se laisser tenter par l'espérance d'une
continuation de bonheur. Ainsi il y a pour
l'ordinaire tout lieu de presumer, que ce
n'est qu'à regret qu'ils laissent passer cette
occasion de pousser leur fortune, pour
vaquer à quelque autre chose de pressant
ou d'indispensable.

Mais, direz-vous, on m'a gagné mon
argent, & l'on ne me donne pas le tems
qu'il faut pour se raquitter selon le cours
& les vicissitudes ordinaires du Jeu. Si l'on

vous

vous avoit promis de jouer tant qu'il vous plairroit, ou que vous euffiez pû l'exiger raifonnablement, je trouverois vôtre plainte bien fondée. D'ailleurs n'auriez-vous pas eu en pareil cas la même liberté de profiter du gain que vous auroit apporté quelque moment favorable? Après tout, celui qui ne vous tient pas jeu fera coupable au pis aller d'un fimple manque de civilité, qui ne fuffit pas pour vous donner droit de le gêner le moins du monde.

C'eft auffi une efpéce de contrainte, lorfque celui qui a perdu refufe de paier, ou menace de ne pas le faire, à moins qu'on ne joue encore quelque tems. Car en ce cas-là, fi l'on fe réfout à continuer, il eft vifible qu'on le fait malgré foi, pour ne pas perdre ce qui nous eft déja aquis, ou pour ne pas s'expofer à une quérelle en voulant maintenir fon droit à toute rigueur.

§. XI. LES *artifices* dont on fe fert pour engager adroitement au Jeu une perfonne qui ne s'y feroit pas portée fans cela, ne font guéres moins contraires à la liberté de l'engagement, & rendent du moins le Contract également nul, au préjudice de leur auteur. Je dis, *au préjudice de leur auteur :* car c'eft, à mon avis, ce qu'il y a de particulier dans tous les Contracts faits par force ou par erreur, en un mot qui ne font pas bien volontaires de la part de l'un

des

des Contractans. Il est permis à celui-ci,
lors qu'il y trouve son compte, d'en profiter autant que bon lui semble : mais l'autre n'a nul droit de se faire relever du
désavantage qui peut lui en être revenu
contre son intention. Il est juste qu'il porte la peine de sa violence ou de sa fraude :
& ce seroit une plaisante prétension, que
de demander la rescision d'un Contract
sous prétexte d'une contrainte ou d'une
ignorance dont on a été soi-même l'auteur.

§. XII. AU RESTE; tout ce que nous
venons de dire regarde principalement les
parties de Jeu où il s'agit de quelque chose d'un peu considérable. On ne pense
guéres à faire jouer une personne bon gré
mal gré qu'elle en aît, lors qu'on ne veut
jouer qu'une bagatelle, & plus pour se divertir, que par interêt. Que si à force de
sollicitations, ou par quelque stratagême,
on engageoit à une partie où il ne s'agit
que de peu de chose quelcun qui sans cela
ne s'y seroit pas porté, il y auroit lieu de
présumer que celui-ci céde sans beaucoup
de peine à la violence ou à l'artifice, & qu'il
ne se soucie guéres de ce qu'il peut perdre
en conséquence d'une contrainte qui quoi
qu'elle puisse apporter quelque profit à son
auteur, ne sauroit coûter cher à celui qui
y succombe. Mais du moment qu'il est

H   ques-

queſtion d'une ſomme tant ſoit peu conſidérable, comme perſonne n'eſt cenſé la
perdre ſans quelque regret, nul ne ſauroit
non plus être cenſé conſentir qu'on la retienne, lors qu'on la lui a gagnée en vertu d'un Contract auquel il a été forcé en
quelque maniére. En un mot, il faut ici
avant toutes choſes une pleine & entiére
liberté dans l'engagement ; ſans quoi les
autres qualitez eſſentielles au Contract ſont
abſolument inutiles, & n'empêchent pas
qu'il ne ſoit également nul & illégitime par
rapport à celui qui a injuſtement gêné la
liberté de ſon compagnon.

CHAPITRE II.

De l'égalité requiſe dans la partie.

§. I. APRE'S avoir fait la partie volontairement des deux côtez, on doit
la rendre égale autant qu'il ſe peut. C'eſt
de cette E'GALITE' que nous avons à traiter préſentement.

§. II. POUR déterminer juſqu'où elle
eſt néceſſaire ici, afin que le Contract ſoit
exactement conforme aux Régles de la
Juſtice, il faut, à mon avis, faire une diſtinction, qui me paroſt abſolument néceſſaire, & qui nous ſervira dans la ſuite à
dé-

décider facilement plufieurs cas. Ou l'on joue gros jeu, ou l'on joue petit jeu. Si l'on joue petit jeu, c'eft un pur amufement. Si l'on joue gros jeu, c'eft un commerce plûtôt qu'une véritable recréation. De là naît, ce me femble, une différence confidérable. Car comme dans le dernier cas on eft tenu d'obferver à la rigueur l'égalité inféparable de tout Contract intéreffé; dans l'autre, on peut fans crime fe difpenfer de la fuivre avec tant d'exactitude. On tombera aifément d'accord de la vérité de mon opinion, lors qu'on faura ce que j'appelle *jouer gros jeu*, ou *petit jeu*.

Il n'eft prefque pas befoin d'avertir, que quand je parle de jouer *petit jeu*, cela doit s'entendre à proportion des facultez de chacun; car dans l'inégalité infinie du partage des Biens entre les Hommes, on voit bien que ce qui paroît peu de chofe à l'un, eft beaucoup pour l'autre. Mais pour déterminer ce *peu de chofe* par rapport à chacun, voici, à mon avis, une Régle également générale & aifée à appliquer. Il ne faut que voir *fi ce que l'on joue eft* (1) *tel, que, fuppofé*

(1) L'Empereur Justinien fuit affez bien ce principe, lors que défendant les Jeux de hazard, il permet certains Jeux d'adreffe, mais à condition que les plus riches n'y pourront jouer tout au plus qu'environ deux Ecus de nôtre monnoie, non chaque coup ou chaque partie, mais pendant tout le tems qu'ils jouent, ou chaque féance : & les autres beaucoup moins. *Et liceat quidem ditioribus ad fingulas commiffiones,*

posé qu'on le perdît dans une autre occasion où de quelque autre manière, la perte n'en fût point du tout sensible, ou du moins ne dût pas l'être, eu égard aux moiens que l'on a, & à la disposition où les Hommes sont ordinairement. Qu'un homme, par exemple, qui a mille Ecus de revenu, laisse tomber sans y penser, cinq sols de sa poche, comme c'est pour lui une bagatelle, il n'y a nulle apparence qu'un accident si peu considérable lui cause quelque chagrin. Il peut y avoir à cet égard du plus ou du moins selon les différens caractéres des Hommes: mais cela n'empêche pas qu'il ne soit facile d'établir, sur un tel principe ce qui est ou doit être peu de chose pour chacun; car le dernier suffit dans les cas où il s'agit de ce que l'on doit observer par raport à ceux avec qui l'on joue.

Cela posé, je dis que quand ce qu'on joue est peu de chose pour chacun des Joueurs, on a tout lieu de présumer qu'ils ne jouent que pour passer le tems, & qu'ils ne se soucient pas beaucoup ni de gagner, ni de perdre. Si l'on excepte quelques a-
mes

siones, seu ad sin, los congressus, aut vices, UNUM ASSEM, seu NUMISMA, seu SOLIDUM deponere & ludere: ceteris autem longe minori pecunia. COD. Lib. III. Tit. XLIII. De Aleatoribus, & Alearum lusu, Leg. I. Ut si quem vinci contigerit, casum gravem non sustineat. Ibid. Leg. III.

mes de boüe, dont l'avarice fordide va jufqu'à souffrir impatiemment la perte d'une
épingle ou d'un fêtu, il n'y a personne qui
s'empreffe fort à gagner une chofe qui eft
pour lui une bagatelle, ou qui aît du regret de l'avoir perduë. Et de la maniére
dont les Hommes font faits communément,
âpres au Gain, fujets à fe laiffer tenter par
l'efpérance d'être plus adroits ou plus heureux que leur compagnon, on peut dire,
à coup fûr, que lors que pouvant jouer
gros jeu, ils ne hazardent que peu de chofe, l'Avarice n'entre pour rien là-dedans,
& qu'ils ne cherchent guéres qu'à fe divertir ou à fe défennuier. Le prix affigné à
celui qui gagnera, n'eft alors qu'un accef-
foire du Jeu, qui fert feulement à le rendre plus agréable, en animant les Joueurs
par l'efpérance de le remporter, plûtôt
comme une marque honorable de leur
adreffe, ou comme l'effet d'un (1) favorable hazard, qui flatte un peu agréablement
la plûpart des gens, quoi qu'on n'y aît aucune part; que comme un profit réel.
Ainfi il y a toutes les apparences du monde qu'aucun des Joueurs ne veut, en ce
cas-là, affujettir l'autre aux Loix rigoureu-
fes qui s'obfervent d'ailleurs & doivent être
obfervées dans ces fortes de Contraĉts où
l'on

(1) Voiez l'endroit d'ARISTOTE, que j'ai cité
dans une Note fur le §. 1. du Chap. précédent.

H 3

l'on ne donne rien que pour en avoir autant.

§. III. MAIS il n'en est pas de même, lors que l'on joue gros jeu. On ne sauroit présumer qu'il soit à peu près indifférent à un Joueur de gagner ou de perdre une somme dont la perte lui seroit sensible en quelque autre cas ; sur tout si elle est telle , qu'il en puisse être véritablement incommodé. Je l'ai déja dit, c'est un commerce ; & pour peu qu'on observe les mouvemens des Joueurs, on reconnoîtra bientôt qu'ils le regardent sur ce pié-là. Un Docteur Juif, dans un Dialogue sur ce sujet, où il introduit deux Interlocuteurs qui soûtiennent le pour & le contre , fait dire à l'Apologiste du Jeu , (1) que c'est un commerce & plus agréable & plus sûr que celui de la Navigation , où l'on s'expose à mille fatigues , & l'on court risque d'ailleurs de perdre sa vie , aussi bien que ses marchandises. Passe pour l'agréable ; quoi qu'à dire vrai le plaisir du Jeu soit fort souvent mêlé de bien d'amertumes , & qu'on ne doive pas beaucoup envier le bonheur d'un homme qui hazarde de grosses sommes,

(a) Et

_____

(1) Voiez *Th.* HYDE , *de Ludis Oriental.* Part. II. p. 122. où il tire ceci d'un petit Livre Hébreu , intitulé, סור מרע *Sûr merà* ; i. e. *Declina a malo* , Fuis le mal.

(a) Et qui fans ceffe au Jeu, dont il fait fon étude,

Attendant fon deftin d'un quatorze ou d'un fept,

Voit fa vie ou fa mort fortir de fon Cornet.

Que fi d'un fort fàcheux la maligne inconftance

Vient par un coup fatal faire tourner la chance :

Vous le verrez bien-tôt, les cheveux hériffez,

Et les yeux vers le Ciel de fureur élancez,

Ainfi qu'un Poffedé que le Prêtre exorcife,

Fêter dans fes Sermens tous les Saints de l'Eglife.

Qu'on le lie, ou je crains, à fon air furieux,

Que ce nouveau Titan n'efcalade les Cieux.

(a) Defpreaux, Satyre IV. pag. 27. Ed. d'Amft. 1702. Voiez les Amufemens férieux & comiques, pag. 71, & fuiv. Ed. d'Amft. 1699.

Mais pour ce qui eft de la fûreté de ce commerce, fur tout quand il s'agit des Jeux de hazard, tant de naufrages (1) fameux qu'on y a vû de tout tems prouvent affez qu'il n'y a guéres de Mer plus orageufe;

&

(1) C'eft l'idée dont fe fert LUCIEN pour exprimer le fort des Joueurs, qui échouent, dit-il, contre un écueil auffi petit qu'un Dé. Οἱ ἢ ἐμπαλιν γυμνοὶ ἐξένήσαντο, συντριβέντ۞ αὐτοῖς τῦ σκάφους αϖεὶ ἔτω μικρῶ ἕρματι, τῶ Κύϐω. In Saturnal. Tom. II. p. 608, 609. Edit. Amftel.

& que, s'il n'arrive pas toûjours des querelles qui exposent la vie du Joueur à de terribles dangers, il ne faut quelquefois qu'un quart d'heure de tems pour le ruiner. Il s'en présente à ma mémoire un exemple, qui est trop remarquable pour le passer sous silence. Dans la Guerre au sujet de la Succession de *Mantoüë*, après la prise de cette Ville par les *Impériaux*, en M. DC. XXX. (a) un Soldat eut pour sa part du butin quatre vints mille Ducats: il les joua, & les perdit en un jour; sur quoi il fut condamné à être pendu, pour avoir si étrangement abusé de cette fortune extraordinaire. Quoi qu'il en soit, il me paroît certain, que presque tous ceux qui jouent gros jeu, font un trafic de ce divertissement, les uns plus, les autres moins, selon le degré de l'avidité du Gain, & selon la somme dont il s'agit. Chacune des Parties est amorcée par l'espérance d'un profit plus ou moins considérable: ce n'est que dans cette vûë qu'on risque une somme dont la perte ne peut qu'être un peu sensible, & à plus forte raison si elle est assez grosse pour qu'on en soit incommodé en quelque maniére. Je n'examine pas encore, s'il est permis de hazarder au Jeu des sommes considérables. Que la chose soit innocente, ou non, cela ne fait rien ici: on est toûjours dans une obligation in-

difpen-

(a) Voiez la reflexion que fait Mr. *Bernard* (*Nouv. de la Rep. des Lett.* Janvier, 1704. pag. 97. 58.) sur ce fait rapporté par Mr. *Le Vassor, Hist. de Louïs XIII.* Tom. VI. Liv. XXVIII.

dispensable d'observer à la rigueur les Régles essentielles des Conventions. Un exemple fera comprendre ce que je dis. Il
peut arriver qu'un Marchand en s'engageant dans certaines sortes de Commerces
pêche contre les Loix de l'Etat, ou contre ce qu'il se doit à soi-même, ou aux
siens: il ne laisse pourtant pas d'être tenu
alors de suivre exactement les Maximes de
la Justice & les Loix du Négoce envers
les Etrangers ou autres avec qui il a à faire. Et pour alleguer un cas qui a beaucoup
de rapport à mon sujet, un Assûreur que
l'avidité du Gain porte à risquer, en assû-
rant des Marchandises de grand prix, de
se réduire à la mendicité lui & les siens,
fait mal sans contredit : il n'est pas néanmoins dispensé pour cela de tenir ce qu'il
a promis, à ceux qui lui paient une grosse
somme pour n'avoir pas à craindre la perte
entiére de leurs effets. A plus forte raison
les Joueurs, qui pour l'ordinaire ne risquent pas en une fois des sommes dont la
perte puisse les incommoder à un tel point,
doivent-ils bien prendre garde de ne rien
faire contre les Loix inviolables des Conventions, de peur de s'exposer par là à un
double crime.

§. IV. IL FAUT donc d'abord, que
ceux qui se mettent à jouer quelque chose
de considérable, observent, autant qu'il

est

est possible, une juste égalité dans l'accord qu'ils font entr'eux, c'est-à-dire, que la partie soit égale, & que d'ailleurs autant, que chacun risque de perdre, autant aît-il vraisemblablement espérance de gagner. Pour faire bien entendre en quoi consiste cette *égalité*, appliquons-la aux différentes sortes de Jeux, que nous avons distinguées.

§. V. EN matiére de *Jeux d'adresse*, l'*habileté* des Joueurs doit être à peu près égale de part & d'autre. Je dis, *à peu près*: car il n'est pas possible d'aller ici jusqu'à la derniére précision; croions-en les (1) plus fameux Mathématiciens. Mais on ne laisse pas de pouvoir distinguer les différens degrez d'habileté, d'une maniére qui ne donne pas un avantage considérable à l'un des Joueurs, & qui rende la victoire assez douteuse. Aussi voit on que les Joueurs de profession ne s'y trompent guéres.

Pour ce qui est des *cas fortuits* qui peuvent rendre inutile toute l'adresse du monde, comme chaque Joueur y est également exposé, & que personne ne sauroit les fixer ou les déterminer en aucune sorte, ils ne doi-

(1) *Il est à remarquer que souvent les avantages ou les forces* [*des Joueurs*] *sont incommensurables, de sorte que les deux Joueurs ne peuvent jamais être parfaitement égalez.* Eloge de Mr. BERNOULLI par Mr. DE FONTENELLE, dans l'*Hist. de l'Académie*, 1705. pag. 186. *Ed. de Holl.*

doivent pas entrer en ligne de compte. Je
dis la même chose des *distractions* qui sur-
viennent quelquefois, & des autres dispositions désavantageuses où les Joueurs peuvent se trouver. Ici, comme à la Guerre,
les armes sont journaliéres. Ainsi chaque
Joueur est ou doit être censé accorder sans
peine à son compagnon l'avantage qu'il tire de certaines circonstances accidentelles
& de quelques rencontres imprévuës, qui
pourront lui être favorables à son tour.

§.VI. A J O Û T O N S néanmoins ici quelques restrictions. Si un Joueur étoit reconnu d'un tempérament particulier, qui le
rendît sujet à des distractions extraordinaires, ou que quelque accident survenu eût
sensiblement altéré ou affoibli l'usage des
Membres nécessaires pour jouer ; comme
cela feroit le même effet que s'il avoit d'ailleurs moins d'habileté, il faudroit, à mon
avis, y avoir égard dans l'estimation des
forces respectives, pour établir une juste
égalité. Et en ce cas-là certainement l'autre Joueur ne pourroit pas, sans contrevenir aux Loix de la Justice, profiter de l'a-
vantage que lui donneroit cette infirmité
ou naturelle ou aquise.

Voici un autre cas où la même chose a
lieu. Il y a des gens qui, après avoir joué
quelque tems, perdent la tramontane, &
ne sont plus en état de tenir tête à leur
com-

compagnon, quelque égaux qu'ils lui sus-
sent au commencement du Jeu. S'il se trouve qu'on leur ait gagné quelque chose de
considérable, & qu'ils aient grande envie
de se raquitter, comme c'est l'ordinaire;
ils voudront jouer aussi long-tems qu'ils
pourront, & toûjours plus gros jeu, dans
l'espérance de ratrapper plûtôt ce qu'ils ont
perdu. Etourdis & démontez qu'ils sont
alors, il y a à parier cent contre un qu'ils
ne feront que s'enfoncer davantage dans
la perte, & que pour une partie qu'ils
gagneront, ils en perdront dix. Ceux qui
profitent d'une telle foiblesse, quelque sol-
licitez qu'ils soient à continuer la séance, &
à plus forte raison s'ils y engagent eux-mêmes adroitement le Joueur déconcerté, ne
sauroient, à mon avis, retenir plus juste-
ment le gain qu'ils font depuis le moment
où ils ont aquis cette supériorité, que s'ils
avoient eu à faire avec un Enfant, qui sans
savoir le Jeu & sans connoître ses interêts,
auroit voulu jouer jusqu'au dernier soû. Un
Joueur en cet état-là n'a effectivement guéres plus de conduite, qu'un Enfant.

§. VII. IL EST donc d'une nécessité indispensable, que les forces des Joueurs,
lors qu'il s'agit de quelque chose de considérable, soient réduites, autant qu'il est
possible, à une égalité exacte. Mais comme il y a une infinité de degrez d'habileté,

&

& que rarement trouve-t-on à jouer avec des gens qui soient à peu près égaux, on est obligé ordinairement de compenser d'une maniére ou d'autre l'inégalité de l'adresse respective. Et il y a moien de le faire jusques à un certain point. Il faut pour cet effet ou que le plus fort Joueur donne au plus foible un avantage qui le mette en état de lui tenir tête, comme dans le Jeu des *Dames* & des *Echecs* on prend une ou plusieurs piéces de moins, & en d'autres on donne quelque point ou quelque jeu: ou bien il faut qu'à proportion de l'infériorité des forces, la somme que met le plus foible Joueur soit moindre que celle de l'autre, de sorte que, si, par exemple, je suis plus fort d'un sixiéme que celui avec qui je joue, je dois mettre sans contredit six contre cinq. Mais lors qu'il y a une trop grande disproportion, comme si l'on est le double plus fort ou au delà, le plus sûr ou plûtôt l'unique parti est de s'abstenir absolument de jouer avec ceux qui sont si fort inférieurs; parce qu'en ce cas-là il n'est presque pas possible de déterminer passablement bien quel avantage il faut donner au foible Joueur, ou combien il doit mettre de moins, pour compenser l'inégalité de ses forces; & qu'il y a même toutes les apparences du monde, que le plus fort gagnera presque toûjours.

§. VIII.

§. VIII. Quelques Mathématiciens
ont voulu aller plus loin. (1) Ils ont prétendu, les Régles du Jeu étant suppolées,
& deux Joueurs de la même force, ou de
forces inégales, mais à peu près compen-
fées par quelque avantage accordé à l'infé-
rieur, établir des Régles pour déterminer,
en quelque état que foit une partie, combien il y a à parier pour l'un plûtôt que
pour l'autre; & enfuite, après qu'ils ont
joué enfemble quelques parties liées, voir,
felon que l'un en a gagné plus que l'autre,
combien on peut parier déformais pour celui-là, plus que pour celui-ci. Ce font-là
fans contredit de grands & beaux efforts
de l'Efprit Géométrique, mais qui ne peuvent ici nous être d'aucun ufage. La plûpart des Joueurs ne font rien moins que
Ma-

(1) Voiez l'*Eloge de Mr.* BERNOULLI, dans l'*Hift.
de l'Acad. des Sciences de Paris* 1705. pag. 186, 187.
Ed. d'Amft. Il y a un Traité de feu Mr. HUYGENS,
De ratiociniis in Alea ludo; & depuis peu il a paru à
Paris un *Effai d'Analyfe fur les Jeux de Hazard,* où
l'on réfout divers problèmes propofez par Mr. *Huygens,* & l'on pouffe plus loin la matière. Voiez les
Nouvelles de la Rep. des Lett. Juillet, 1708. pag. 112,
113. Mr. OZANAM va jufqu'à foutenir, qu'il n'y
a point de Jeu qu'on ne puiffe fi bien foûmettre aux Régles des Mathématiques, que l'on ne fût affûré de gagner,
fi l'on y pouvoit apporter toute l'habileté néceffaire. Mais
il avoue enfuite qu'on ne trouve perfonne d'une parfaite
habileté, & que perfonne n'a encore trouvé, ni ne trouvera jamais apparemment, une méthode infaillible de
gagner même aux Echecs, qui eft le Jeu où il y a le
moins de hazard. Préface des RECREATIONS MA-
THEMATIQUES, vers la fin.

Mathématiciens ; & quand ils le feroient, je doute qu'ils voulussent se donner la peine d'appliquer leur Science à une chose comme le Jeu, où l'avidité du Gain ne permet guéres de donner beaucoup de tems à des idées & des discussions abstraites, qui au fond feroient ici très-mal emploiées. Cela même au bout du compte ne leur serviroit peut-être pas de beaucoup pour arriver à leurs fins : une petite erreur de calcul, la moindre bevuë, la moindre inadvertence suffiroit pour bouleverser leurs plus profonds raisonnemens, & romproit ainsi toutes leurs mesures. Après tout, la Morale ne demande point de pareilles précisions: le point le plus juste a ici quelque étenduë, & n'est pas indivisible comme le Mathématique.

§. IX. POUR ce qui est des *Jeux de pur Hazard*, comme l'effet du Sort ne dépend en aucune maniére des Joueurs, à moins qu'ils n'usent de tromperie, toute l'égalité qui est ici requise consiste à faire en sorte qu'il y aît une juste proportion entre ce que l'on joue, & le danger de perdre ou l'espérance de gagner. Si l'on joue, par exemple, à un Jeu de *Dez* où celui-la gagne qui améne le plus haut point, il faut non seulement que chacun mette au Jeu la même somme, mais encore qu'il joue autant de coups : car il est clair que, si

l'un

l'un jouoit deux fois, pendant que l'autre n'en joue qu'une, celui-ci auroit en cela du désavantage ; puis que, quoi qu'il puisse arriver que l'on améne deux fois de suite un moindre point, il se peut faire aussi que le second coup corrige le prémier, au lieu que celui qui a joué son coup n'a plus la même ressource. Ainsi, pour compenser cet avantage, il faudroit que celui qui joue deux coups, risquât aussi de perdre une fois autant, & par conséquent qu'il mît double contre simple.

§. X. Lors qu'on joue plusieurs ensemble à ce Jeu ou autres semblables, chacun met également, & celui qui gagne tire le tout. Il semble d'abord qu'il y aît là quelque chose contre l'égalité du Jeu : car on n'a risqué qu'un Ecu, par exemple, & cependant on en tire dix. Mais pour peu qu'on y fasse d'attention, l'inégalité apparente disparoît. „ Si l'on ne (a) consideroit que le „ gain & la perte en soi, il sembleroit que „ tous y ont de l'avantage : mais il faut de „ plus considerer que, si chacun peut „ gagner neuf Ecus, & n'est au hazard „ que d'en perdre un, il est aussi neuf fois „ plus probable à l'égard de chacun qu'il „ perdra son Ecu, & ne gagnera pas les „ neuf. Ainsi chacun a pour soi neuf Ecus „ à espérer, un Ecu à perdre, neuf degrez „ de probabilité de perdre un Ecu, & un „ seul

(a) *Art de Penser*, IV. Part. Chap. XVI. pag. 334. Ed. d'*Amst.* 1697.

„ feul de gagner les neuf Ecus : ce qui
„ met la chofe dans une parfaite égalité.
○ Car c'eft précifément de même que fi , de
deux perfonnes feules qui jouent enfemble , l'une jouoit dix coups , pendant que
l'autre n'en joue qu'un ; auquel cas il faudroit fans contredit , felon le principe établi ci-deffus , que celui qui joue un feul
coup ne mît aufli qu'un Ecu pour en gagner dix.

§. XI. C'EST là-deffus qu'eft fondé l'u-
fage des *Loteries*, où celui qui n'a pris qu'un
billet d'un Ecu , par exemple , rifque d'en
gagner mille , dix mille , ou davantage ; &
les tire aufli légitimement , quand il lui é-
chet un lot de ce prix , que s'il avoit eu
des billets pour la valeur. Il eft vrai qu'il
y a ici quelque différence , qui fait que
l'Auteur de l'ART DE PENSER condamne les Loteries comme accompagnées d'une
injuftice évidente. (a) *C'eft*, dit-il, *que le*
Maître de la Loterie prenant d'ordinaire
fur le tout une dixiéme partie pour fon pré-
ciput, tout le Corps des Joueurs eft duppé
en la même maniére, que fi un homme
jouoit à un Jeu égal, c'eft-à-dire, où il y
a autant d'apparence de gain que de perte,
dix Piftoles contre neuf. Or fi cela eft dés-
avantageux à tout le Corps, il l'eft aufli à
chacun de ceux qui le compofent, puis qu'il
„ arrive de là que la probabilité de la per-

(a) *ubi fu-*
pra, pag.
335.

I „ te

„ te surpasse plus la probabilité du gain,
„ que l'avantage qu'on espére ne surpasse
„ le désavantage auquel on s'expose, qui „
„ est de perdre ce qu'on y met.

Mais quelque spécieuse que soit cette raison, elle ne suffit pas, ce me semble, pour faire regarder comme essentiellement contraires à la Justice, les Loteries où l'on observe d'ailleurs tout ce que demande la Bonne Foi. Car soit que celui qui a ouvert la Loterie, le fasse à dessein d'employer le préciput qu'il se reserve à quelque chose de louable & d'avantageux ou au Public en général, ou aux Pauvres en particulier, comme les (a) Magistrats de *Hollande* & (b) d'ailleurs l'ont pratiqué quelquefois ; soit qu'il ne se propose que son intérêt particulier : aucun de ceux qui mettent à la Loterie ne sauroit raisonnablement se plaindre qu'on l'aît trompé. Dans le prémier cas, il n'y a pas la moindre apparence de difficulté. C'est une espéce de contribution, pour des usages de Charité ou d'Utilité Publique ; & chacun est censé donner d'autant plus volontiers, qu'il ne compte presque pour rien ce qu'il lui en coûte, & que cela au fond se réduit à peu de chose. Dans l'autre, je ne vois pas non plus qu'il y aît rien de contraire aux Loix essentielles des Conventions, & l'on en tombera aisément d'accord, pour peu que l'on considére l'inten-

(a) Voicz les *Reflex.* de Mr. *Le Clerc* sur les *Loteries,* Chap. X.
(b) Voicz les *Mémoires* de *Trevoux,* Janvier & Février, 1702. Article XXIV. Ed. de Holl.

tention des Contractans. La portion de la
somme totale, que le Maître de la Loterie
garde par devers foi, lui est laissée d'un
commun consentement, comme un salaire
de fa peine, & un dédommagement des
frais de la Loterie. Que fi le préciput est
plus haut que tout cela ne fe monteroit à
la rigueur, on n'y regarde pas de fi près,
on veut que le Maître de la Loterie y trouve bien fon compte; on lui fait du moins
préfent du furplus, & rien n'est mieux a-
quis que ce qu'on reçoit en don. D'ailleurs,
toute Loterie fe réduifant à une efpéce d'a-
chat que l'on fait en commun d'une chofe,
à condition de tirer au fort à qui l'aura;
dans le cas dont il s'agit, c'est comme fi
l'on avoit acheté la chofe commune un peu
plus cher que le prix courant. Comme chacun efpére de la gagner, & que cela peut
arriver effectivement, quoi qu'avec plus
ou moins d'apparence felon qu'on a plus
ou moins de Billets; perfonne n'a aucun
égard à ce furplus, qui en d'autres cas lui
paroîtroit confidérable, & qui le feroit en
effet s'il achetoit lui feul la chofe fur ce pié-
là. Ainfi cela n'empêche pas qu'on ne trouve une jufte proportion entre ce qui reste,
& l'efpérance du gain ou la crainte de la
perte. Après tout, chacun a compté là-
deffus, & y a confenti avec une pleine &
entiére liberté; ce qui fuffit pour rendre

légi-

légitime toute Convention qui n'a d'ailleurs aucun vice. Ceux qui tirent à la Loterie font d'ailleurs tous égaux à cet égard ; » aucun n'y a plus d'avantage que l'autre. Il en eft à peu près de même que quand à l'*Hombre*, par exemple, on prend fur la prémiére Bête dequoi paier les frais des Cartes : car en ce cas-là, fi celui qui a fait la Bête, vient à la gagner le coup fuivant, il ne tire pas autant qu'il avoit mis ; & fi c'eft un autre, il lui revient moins de profit qu'il n'en auroit eu felon le cours du Jeu, & moins qu'il n'auroit donné s'il eût fait la Bête le coup paffé : mais la chofe avoit été ainfi réglée d'un commun accord, & c'eft comme fi on avoit joué en un coup à part à qui paieroit les Cartes. Il n'y a pas plus d'injuftice dans les Loteries, à moins que le préciput du Maître de la Loterie n'égalât ou à peu près la fomme qui refte : car alors, comme il y auroit trop de difproportion entre cette fomme, & la probabilité du gain ou de la perte, ce furplus ne pourroit que paroître beaucoup pour chacun ; & l'on n'auroit pas lieu de préfumer que ceux qui mettent à la Loterie vouluffent acheter une chofe en commun fi fort au delà de fon jufte prix.

§. XII. POUR revenir à nôtre fujet, où il nous refte à parler de l'égalité de la partie par rapport aux *Jeux mêlez d'adreffe*
&

& de hazard; quoi que le Hazard y domine en général, puis que, si l'on n'a pas beau jeu ou du moins un jeu passable, on ne sauroit gagner, quelque habile que l'on soit; il y a néanmoins de ces sortes de Jeux où l'Adresse a plus de part, & peut davantage prévenir ou corriger les mauvais effets du Sort. Tels sont plusieurs Jeux de *Cartes*, comme l'*Hombre* & le *Piquet*. Si un bon Joueur d'*Hombre* a à faire avec une personne qui n'entende pas assez le Jeu, & qui fasse peu d'attention aux coups délicats; celle-ci pourra bien gagner une fois ou deux, par l'effet d'un grand bonheur, malgré les fautes qu'elle fait : (a) mais du moment que les choses changeront de face, & que le jeu deviendra en général tantôt bon, tantôt mauvais, l'autre gagnera infailliblement, & il y aura à parier double contre simple, que de vint séances il n'en perdra peut-être pas une seule. Plus donc il entre d'adresse dans ces sortes de Jeux *Mixtes*, & plus il doit y avoir d'égalité entre les forces respectives des Joueurs. Ce seroit se moquer, de prétendre, sous prétexte que le beau jeu va & vient, que l'on pût en conscience prendre l'argent d'une personne, qui ne fait ni profiter de tous ses avantages, ni prévenir (1) ou corriger, autant

qu'il

(a) Voiez les *Reflex.* de Mr. *Le Clerc* sur les *Loteries*, pag. 68, 69.

___

(1) Je me souviens ici de la comparaison que fait Mr. DE LA BRUYERE entre un bon Joueur & un

qu'il est possible, les effets fâcheux du Sort.

§. XIII. IL n'en est pas de même lors » que quelcun sachant bien le fin du Jeu & l'importance de bien prendre ses mesures, se hazarde trop, sur la foi d'un bonheur incertain dont l'espérance l'amorce. A moins que le Hazard ne lui soit extrêmement favorable, il perdra tôt ou tard beaucoup plus qu'il ne gagnera; & pour peu que la chance varie, un sage Joueur se pourra promettre sur lui un avantage considérable, quelque égalité qu'il y ait d'ailleurs dans leur habileté respective. Cependant comme il n'y a que l'avidité du Gain ou une sotte confiance en la Fortune, comme si l'on avoit traité avec elle, pour ainsi dire, qui porte à jouer de petits jeux, que l'on doit perdre selon toutes les apparences; ceux qui s'aventurent si fort, & qui

font

grand Général ou un habile Politique; & je ne saurois m'empêcher de la rapporter. *Le Guerrier*, dit-il, *& le Politique, non plus que le Joueur habile, ne font pas le Hazard; mais ils le préparent, ils l'attirent, & semblent presque le déterminer. Non seulement ils savent ce que le Sot & le Poltron ignorent, je veux dire, se servir du Hazard quand il arrive; ils savent même profiter par leurs précautions & leurs mesures d'un tel ou d'un tel Hazard, ou de plusieurs tout à la fois: si ce point arrive, ils gagnent; si c'est cet autre, ils gagnent encore; un même point souvent les fait gagner de plusieurs maniéres: ces hommes sages peuvent être louez de leur bonne fortune, comme de leur bonne conduite, & le Hazard doit être recompensé en eux, comme la Vertu.* Caraçt. ou Mœurs de ce Siécle, pag. 441.

font si peu d'usage de leur prudence, méritent bien d'en porter la peine, & je ne crois pas qu'on doive faire aucun scrupule de retenir ce qu'on leur a gagné en se ménageant.

§. XIV. AU RESTE, comme un Marchand est tenu en conscience de déclarer de lui-même à l'Acheteur les (a) défauts cachez de la marchandise, quoi que celui-ci ne les lui demande pas : de même, lors qu'on se sent plus fort qu'un autre, qui ne connoissant pas nôtre jeu veut jouer avec nous but-à-but, on ne doit pas profiter de cette ignorance ; il faut au contraire lui dire de bonne foi qu'on auroit de l'avantage sur lui, & ne lier la partie qu'en compensant d'une maniére ou d'autre cette inégalité qui ne nous est pas cachée. Bien entendu toûjours qu'il s'agisse de quelque chose de considérable : car si l'on ne joue qu'une bagatelle & pour se divertir simplement, il n'est pas nécessaire que les forces des Joueurs soient si exactement égalées, comme je l'ai fait voir ci-dessus. Quand même celui que l'on a averti de son infériorité au jeu par rapport à nous, seroit assez sot pour vouloir après cela jouer encore but-à-but, il seroit toûjours & contre la Générosité, & contre la Justice, de satisfaire ce désir mal concerté. En vain objecteroit-on qu'une Vente n'est pas nulle, lors que les dé-

(a) Voiez *Pufendorf, Droit de la Nat. & des Gens, Liv. V. Chap. III.*

I 4   fauts

fauts de la marchandife étoient connus de part & d'autre : ce n'eſt pas ici tout-à-fait la même choſe. Car , outre que le Vendeur ne ſauroit légitimement, ſous prétexte de cette connoiſſance égale des deux côtez, mettre à ſa marchandiſe un plus haut prix qu'elle ne vaut , déduſtion préalablement faite de ce à quoi peut ſe monter ce défaut : lors que l'Acheteur n'ignore pas le défaut, on a tout lieu de préſumer (1) qu'il ne s'en ſoucie pas. Il n'eſt pas de l'eſſence du Contraſt de Vente, que la marchandiſe ſoit abſolument ſans défauts ; ſur tout ſi le défaut eſt auſſi bien connu de l'Acheteur, que du Vendeur : il ſuffit qu'on ne vende une choſe que ce qu'elle vaut tout bien compté. Au lieu qu'en matiére de Jeu la nature même du Contraſt demande qu'il y aît entre les forces des Joueurs une égalité ou auſſi juſte qu'il eſt poſſible, lors que l'on joue gros jeu, ou telle quelle, quand on ne joue que peu de choſe. Celui qui ſe propoſant de gagner , entre en lice but-à-but avec un autre qu'il connoît plus fort que lui, donne lieu de penſer ou qu'il n'eſt pas bien ſage , ou qu'il ſe croit auſſi fort, quoi que l'autre en diſe. Ainſi on ne peut pas plus profiter innocemment de ce travers d'eſprit ou de cette erreur, qu'un

Mar-

---

(1) *Prudens emiſti vitioſum: diſta tibi eſt lex.* Ho-
RAT. II. Epiſt. II, 18.

Marchand ne pourroit faire paier à quelcun comme entiérement bonne une marchandise dont il lui auroit déclaré quelque défaut, sous ombre qu'après cela il croiroit encore s'y connoître mieux que le Marchand même.

§. XV. JE ne sache qu'un seul cas où il n'y aît point d'injustice à retenir ce que l'on a gagné en jouant gros jeu contre quelcun de plus foible. Supposons que, comme cela arrive souvent, je trouve dans un endroit où l'on joue, un Inconnu, qui ne me connoît pas plus que je ne le connois. On propose de jouer ensemble, nous nous mettons au jeu. Ni l'un ni l'autre ne sait quelles sont les forces de son compagnon: ainsi chacun court également risque d'avoir à faire à plus fort que soi. En ce cas-là, rien n'empêche que celui des deux qui se trouve le plus fort, ne profite hardiment de ce qu'il a gagné à la prémiére partie, puis que de part & d'autre on s'étoit tacitement dispensé de l'égalité. De dire si l'on peut sans aucun scrupule jouer gros jeu contre le prémier venu, c'est ce qu'il n'est pas nécessaire d'examiner ici: on le fera en son lieu, & il me suffit que dans le Contract même dont il s'agit il n'y aît en ce cas-là rien de contraire aux Régles de la Justice. Mais après un tel essai, celui qui se voit plus fort pécheroit, à mon avis,

I 5 con-

contre l'égalité néceſſaire dans le Jeu, s'il continuoit à jouer but-à-but, quand même l'autre ſeroit aſſez ſot pour le vouloir : car alors ce ne ſeroit plus un conſentement raiſonnable, tel que le demandent les Conventions, ſur tout celles où chacun cherche ſon propre avantage.

§. XVI. C'EST ſur un fondement ſemblable à celui du cas dont je viens de parler, qu'une *Gageure* n'en eſt pas moins bonne, quoi que l'un des Parieurs ſoit aſſûré de la vérité du fait ; à moins que l'autre ne lui aît expreſſément demandé ce qu'il en ſait, pour ſe régler là-deſſus. En (1) effet, quiconque ſe détermine à gager de ſon pur mouvement, ſans s'informer ſi l'autre Parieur eſt aſſûré, ou non, de ce qu'il avance, doit être cenſé vouloir bien courir riſque de gager contre une perſonne qui joue à jeu ſûr ; de ſorte que, quand cela arrive, il ne peut s'en prendre qu'à lui-même. D'ailleurs, on ſe trompe quelquefois dans les choſes que l'on croit le mieux ſavoir ; & cependant chacun des Parieurs s'imagine ordinairement avoir mieux examiné la choſe ou avoir meilleure mémoire que ſon compagnon. Ainſi, quelque confiance que l'un témoigne, l'autre ne laiſſe

pas

_____

(1) Je traite ici la queſtion plus exactement, que je ne l'avois fait dans une Note ſur le *Droit de la Nat. & des Gens* de PUFENDORF, Liv. V. Chap. IX. §. 4.

pas d'être toûjours fort porté à regarder le fait comme encore problématique : & par là il dispense tacitement celui qui affirme ou nie en homme bien sûr de la victoire, de désister du pari à cause de cette certitude qu'il croit avoir. Que si, sans en être requis, on a déclaré que l'on étoit parfaitement instruit de la chose, la Gageure n'en est, à mon sens, que plus valide, & l'autre Parieur mérite encore mieux de porter la peine du pari téméraire où il s'est engagé après avoir été expressément averti. Ainsi tant qu'il n'y a pas d'autre raison qui nous oblige à lui épargner cette perte, & qu'on n'a de son côté contribué quoi que ce soit à lui faire entendre adroitement que l'on n'est pas aussi sûr de son fait qu'on le paroît; on peut parier en aussi bonne conscience, que si l'on en doutoit ou si on l'ignoroit véritablement. Il y a encore moins de difficulté, lors que la Gageure est petite, & qu'elle se fait entre amis, qui la destinent le plus souvent à se réjouïr ensemble; de sorte qu'il y a toutes les apparences du monde qu'aucun des Parieurs ne se soucie pas beaucoup de perdre dans une telle occasion.

CHA-

CHAPITRE III.
De la fidélité du Jeu.

§. I. LE Jeu ne demande pas moins la FIDÉLITÉ à exécuter ce dont on est convenu, que l'égalité des conditions ou de la partie. La fidélité est même ici d'une obligation beaucoup plus indispensable. J'ai fait voir dans le Chapitre précedent, qu'on peut se dispenser d'une égalité exacte, lors qu'on ne joue que peu de chose & que le Jeu est un pur divertissement: mais je n'ai garde de dire la même chose touchant la fidélité.

§. II. DEUX raisons rendent ici cette distinction absolument inutile : l'une tirée de ceux avec qui l'on joue, l'autre prise de celui qui joue. Il n'y a personne qui veuille être trompé, quand même il ne lui en coûteroit que peu de chose. On n'aime point à être pris pour duppe (1) en quoi que ce soit. Plus même ce dont il s'agit est de moindre

---

(1) Cela est si vrai, qu'une violence ouverte choque moins que la fraude & les tromperies. CICE-RON l'a remarqué : *Utrumque* [Vis & Fraus] *homine alienissimum : sed fraus odio digna majore.* De Offic. Lib. I, Cap. XIII. C'est ce que porte aussi une des Sentences de PUBLIUS SYRUS:
Repelli se homo facilius fert, quam decipi.
Vers. 670.

dre conséquence , & plus la tromperie est
injurieuse à celui que l'on respecte si peu,
que de le filouter de gaieté de cœur & sans
qu'il en revienne que peu ou point de profit : outre qu'alors il se repose plus sur nôtre bonne foi, que s'il y alloit de beaucoup ;
quoi que d'ailleurs la perte soit bien plus
sensible en ce dernier cas.

A l'égard de celui qui joue, bien loin
que le peu de chose dont il s'agit lui permette de tromper, moins il joue, &
plus il doit prendre garde de ne rien faire
contre la Fidélité. Je me souviens ici de ce
que dit MONTAGNE en parlant de la nécessité qu'il y a d'accoûtumer de bonne
heure les Enfans à avoir en horreur tout
ce qui sent la Mauvaise Foi. *La* (a) *laideur*
de la piperie ne dépend pas de la différen-
ce des Escus aux Espingles, elle dépend de
soy. Je trouve bien plus juste de conclurre
ainsi : Pourquoy ne tromperoit-il aux Escus,
puis qu'il trompe aux Espingles ? que com-
me ils font : Ce n'est qu'aux Espingles, il
n'auroit garde de le faire aux Escus. Il faut
apprendre soigneusement aux Enfans de haïr
les Vices de leur propre contexture, & leur
en faut apprendre la naturelle difformité, à
ce qu'ils les fuyent non en leur action seule-
ment, mais sur tout en leur cœur : que la
pensée même leur en soit odieuse, quelque
masque qu'ils portent. Je sçay bien que
vour

(a) *Essais,*
Liv. I. Ch.
XXII. vers
le com-
mence-
ment.

pour m'estre duit en ma puérilité, de mar-
cher toûjours mon grand & plain chemin,
& avoir à contrecœur de mesler ny tricote-
rie ny finesse à mes Jeux enfantins (comme de vray il faut noter que les Jeux des
Enfans ne sont pas Jeux, & les faut juger
en eux comme leurs plus sérieuses actions;)
il n'est passetemps si leger, où je n'apporte
du dedans & d'une propension naturelle &
sans estude, une extreme contradiction à
tromper. Je manie les Cartes pour les doubles, & tiens compte comme pour les doubles
doublons, lors que le gaigner & le perdre,
contre ma Femme & ma Fille, m'est indifférent, comme lors qu'il y va de bon. Ce
sont-là sans contredit de beaux & généreux
sentimens, mais qui ne renferment rien au
delà de ce que demande la Probité la plus
commune. Les (1) grandes tromperies frap-
pent d'abord : elles inspirent une secréte horreur à tous ceux dont la Conscience n'est
pas endurcie au Mal : il faut du tems (2) avant
que de s'y résoudre. Mais on s'apprivoise
bien-tôt avec l'Injustice, lors qu'on la regarde comme légére. Les Passions, toûjours
aux

---

(1) On peut appliquer ici ce que dit ARISTOTE,
quoi que sur un autre sujet. Ὀλίγον μὲν γὰ πονηρὸν
παρεξεται πολὺ δ γνόμῳ, ἐ ὀφθαλμοῖς μᾶλλόν
ἐσιν. Politic. Lib. VI. Cap. IV. pag. 418. B. Ed. Paris.

(2) *Nemo repente fuit turpissimus*
JUVENAL. Satyr. II, 83.
Sunt quædam Vitiorum elementa
Idem, XIII, 123.

aux aguets pour nous furprendre, trouvent moien alors de nous en cacher & la laideur & les fuites ; & ainfi elles nous engagent peu-à-peu dans les grands Crimes. A force de tricher en des bagatelles, on fe fait un front à ne point rougir des plus grandes fourberies. Il n'en eft pas des Vices comme des Vertus. On peut aifément pratiquer des Devoirs qui ne trouvent en nous que peu ou point de répugnance, fans être pour cela fort difpofé à s'aquitter de quelque Devoir pénible, ou qui demande de nous de grands facrifices. Les progrès dans la Vertu font d'ordinaire affez lents : mais rien n'eft plus rapide que les progrès dans le Vice. (1) Accordez à la paffion un pouce de terre, elle gagnera bien-tôt tout le terrein : l'habitude fera entiérement formée, que

(1) *Si ipfis* [Affectibus] *permififti incipere, eum cauffis fuis crefcent, tantique erunt, quanti fient. Adde nunc, quod ifta, quantumvis exigua fint, in majus crefcunt. Numquam perniciofa fervant modum. Quamvis levia, initia morborum ferpunt; & ægra corpora minima interdum mergit acceffio.* SENEC. Epift. LXXXV. *Nullum Vitium eft fine patrocinio; nulli non initium eft verecundum & exorabile : fed ab hoc latius funditur. non obtinebis ut definat, fi incipere permiferis. Imbecillis eft primo omnis Affectus : deinde ipfe fe concitat, & vires, dum procedit, parat : excluditur facilius, quam expellitur.* Idem, Epift. CXVI. Voiez les autoritez qu'a ramaffées *Gataker* fur MARC ANTONIN, Lib. III. §. VI. vers la fin du paragraphe : & un plaifant conte que fait SENE'QUE du remors qu'eut un Philofophe Pythagoricien du plaifir qu'il avoit fenti à ne pas paier vint ou vint-cinq fols qu'il devoit à un Cordonnier ; *De Benefic.* Lib. VII. Cap. XXI.

que vous ne vous en ferez presque point
apperçû. Un Honnête-Homme est donc
toûjours sur ses gardes, même dans les
moindres choses, de peur de broncher dans
les plus confidérables. Qu'il joue aux Sous
ou aux Deniers, il ne sera pas moins exact
à rendre à chacun le sien, que s'il jouoit
aux Ducats ou aux Pistoles. Il est certain
aussi qu'il n'y a guéres que des Ames bas-
ses & des gens d'une Conscience peu délicate, qui se laissent aller à quelque tromperie pour un petit intérêt.

§. III. IL FAUT donc, lors qu'on joue,
agir toûjours en sorte que l'on ne donne
aucune atteinte à la Fidélité. Et cette Fidélité consiste à ne point violer les Régles
du Jeu, autant qu'elles nous sont connuës,
ni de propos délibéré, ni même, s'il se
peut, par pure négligence & sans y penser ; à n'user d'aucun artifice illégitime pour
se procurer quelque avantage qui ne nous
vient point par un effet ou de nôtre adresse ou du pur hazard du Jeu ; à ne pas se
prévaloir enfin des méprises ou des distractions qui pourroient faire perdre à ceux avec
qui l'on joue, quelque chose qui leur revient de plein droit.

§. IV. 1. ON s'étonnera peut-être que
je fasse entrer ici dans l'idée de la Fidélité,
l'exactitude à observer les Loix du Jeu,
& à bien prendre toutes les mesures que
de-

demande le coup dont il est question. On m'objectera, qu'il semble que par là on ne fait du tort qu'à soi-même, & qu'il est libre à chacun de renoncer, autant que bon lui semble, à ses propres avantages. Mais qui ne sait, qu'il y a des cas où faute de bien jouer, l'on peut causer du préjudice à quelque autre? Cela a lieu non seulement à l'égard de ceux qui jouent en société (car alors les intéressez en souffrent visiblement) mais encore lors que, plusieurs jouant ensemble chacun pour soi, on fait gagner ou perdre le jeu par sa négligence. Car si l'on fait gagner un jeu qui devoit se perdre, c'est contre l'intérêt commun des autres Joueurs, qui avoient lieu de s'attendre naturellement à quelque profit ou actuel, ou en espérance par rapport aux coups suivans: & si pour avoir mal joué on fait perdre celui qui auroit gagné sans cela, quoi que ce soit alors le profit du jeu, le Perdant a néanmoins sujet de se plaindre, puis qu'une disposition favorable des choses lui assûroit la victoire, si l'on avoit fait ce que demandoient les Régles de la Prudence, & ce qu'il falloit même faire vraisemblablement pour empêcher qu'il ne gagnât, & pour procurer ainsi l'intérêt du Jeu.

D'ailleurs, l'exactitude à observer les Régles du Jeu, quand même la faute ne pourroit

K

roit être nuisible qu'à celui qui la commet,
est un préservatif contre toute tentation de
tricher ou de tromper; & l'on ne sauroit
mettre trop de barriéres à l'Injustice. A
force de pécher contre les Loix du Jeu,
sans un dessein formel & par pure négligence, on pourroit peu-à-peu en venir à
le faire de propos délibéré pour gagner plus
aisément.

Ce que je dis-là au reste regarde sur tout
les parties de Jeu où il s'agit de quelque
somme considérable: car quand on ne joue
que peu de chose & uniquement pour se
divertir, comme le Jeu alors n'intéresse
guéres, on n'y a pas non plus tant d'attention, & ainsi on est censé dispenser aisément les autres d'en avoir beaucoup; quoi
qu'il soit bon de s'y assujettir jusques à un
certain point, pour jouer en personnes raisonnables, & pour ne pas se dépouiller de
ce caractére dans les actions même les moins
sérieuses. *Il ne* (1) *faut jamais*, autant qu'il
est possible, *rien faire légérement & sans
y emploier toutes les Régles de l'Art:* c'est
la maxime judicieuse d'un Paien plus illustre par sa qualité de Sage & de Philosophe,
que par celle d'Empereur.

§. V. 2. Sɪ la trop grande négligence a
quel-

_____

(1) Μηδὲν ἐπιζηκέμα εἰκῆ, μηδὲ ἄλλος ἢ κτ' Θεόρημα
συμπληρωτικὸν τ' τέχνης ἐπηγεῖσθαι, MARC. ANTO-
NIN. Lib. IV. §. 2.

quélque chofe d'irrégulier dans les Jeux même où il ne s'agit que de peu de chofe, à plus forte raifon tout *artifice illégitime* doit-il en être banni. J'entens par *Artifice illégitime*, tout ce qui eft au delà des feintes ou autres rufes innocentes que l'on peut mettre en ufage fans contrevenir aux Régles du Jeu & à l'intention commune des Contractans. Il n'eft pas néceffaire d'entrer ici dans un détail de ces tromperies, qui ont lieu fur tout dans les Jeux où le Hazard a le plus de part. Chacun les connoît affez, & j'aurai ailleurs (a) occafion d'en toucher quelques exemples. Je me contente de remarquer qu'ici, comme dans toutes les autres fortes de Fourberies, il eft très-facile de convaincre d'injuftice ceux qui ne font pas difficulté d'avoir recours à ces fortes de ftratagêmes honteux, pour fatisfaire leur avidité infatiable de Gain. Il ne faut que leur demander, s'ils trouveroient bon que ceux avec qui ils jouent en ufaffent de même à leur égard? Ils n'auroient garde de le fouffrir patiemment : les plus grands Filoux font les plus attentifs à relever la moindre irrégularité de ceux avec qui ils ont à faire. En vertu dequoi donc une des Parties prétendroit-elle à cet égard plus d'avantage que l'autre? Ou pourquoi auroit-on ici le privilége de tromper, plûtôt que dans les autres fortes de Conven-

(a) Liv. IV. Chap. I.

K 2   tions?

tions? Si en faisant la partie les choses doivent être aussi égales qu'il est possible, comme nous l'avons prouvé, il s'ensuit de là qu'il doit y avoir aussi de l'égalité dans le Jeu même; autrement la prémiére égalité seroit sans contredit fort inutile. Dequoi me sert-il que celui avec qui je joue ne soit pas plus fort que moi & n'aît sur moi aucun avantage, à considerer le hazard du Jeu en lui-même, s'il trouve moien d'ailleurs, par quelque adresse ou quelque tour de main sur quoi je n'ai nullement ni compté ni dû compter, de se mettre en état de gagner ou à coup sûr, ou plus sûrement que moi? Ainsi il n'a nul sujet de présumer que je lui aie tacitement accordé la permission de faire de son mieux à cet égard; à moins que je ne voulusse en user de même de mon côté: & qui est-ce qui consentiroit à jouer sur ce pié-là? Ceux qui trichent, n'attendent quelque succès de leurs tromperies, qu'autant que les autres se reposent sur leur bonne foi & jouent eux-mêmes fidélement. Toute fraude ou directe, ou indirecte, est donc ici entiérement illicite. Si par là on gagne quelque chose de considérable, c'est un insigne larcin: & si l'on ne peut attrapper que peu de chose, c'est toûjours une action également injurieuse & indigne d'une personne d'honneur & de probité.

§. VI.

§. VI. 3. L'EGALITE' & la bonne foi du Jeu ne permettent pas non plus de se prévaloir des méprises ou des distractions qui peuvent faire perdre à ceux avec qui l'on joue, quelque chose qui leur revient de plein droit. Ce seroit donner une idée trop foible de beaucoup que de faire passer cela pour un simple manque de générosité: si l'on y pense bien, on trouvera que c'est une pure tromperie. Il y a des momens où, quelque attention qu'on ait, il est presque impossible de prendre si bien garde à tout, qu'on ne se mécompte ou qu'on n'oublie quelque chose. Si c'étoit au préjudice des autres, ils n'auroient garde de nous le laisser passer ; & supposé qu'ils ne s'en apperçûssent point, ils seroient bien aises qu'on les en avertît : pourquoi voudroient-ils se dispenser de le faire à nôtre égard, quand la chose tourne à nôtre désavantage ? Est-il juste qu'une simple inadvertence ou une pure ignorance nous frustre de nôtre droit ? Y a-t-il lieu de présumer que personne consente tacitement à perdre son bien de cette maniére ? Les méprises & l'oubli sont même ici d'ordinaire une marque assez sensible qu'on n'est pas fort âpre au Gain ; car les gens intéressez ont trop d'ardeur & trop d'application pour négliger la moindre chose qui les regarde: faudroit-il donc que l'effet d'un si noble

prin-

principe fût si mal recompensé & si préjudiciable ? Pour moi, je trouve-là, & je crois que quiconque considérera les choses sans prévention, y trouvera, comme moi, autant d'injustice, que si un Marchand, à qui sans y penser on a donné trop d'argent, retenoit par devers lui le surplus ; ou si au contraire aiant par mégarde donné de la marchandise au delà de la valeur de l'argent qu'il a reçû, après le marché fait & arrêté, on ne lui rendoit pas ou l'on ne lui paioit pas du moins ce qu'il n'a pas crû livrer. La mauvaise foi seroit encore plus criante, si l'on engageoit soi-même de propos délibéré ceux avec qui l'on joue dans quelque distraction qui les empêchât de prendre garde à leur jeu, ou si l'on aidoit adroitement à les y faire tomber. Et comme, d'un côté, le tort qu'on fait par là à son compagnon est d'autant plus grand, que l'on joue plus gros jeu : de l'autre, moins on joue, & plus on découvre un grand fonds d'avarice & de lâcheté.

Je n'ignore pas que par les loix même de certains Jeux il y a des méprises & des inadvertences qui font perdre quelque chose, en sorte qu'on n'est plus reçû à demander ce qui sans cela nous étoit pleinement & entiérement aquis. C'est ainsi qu'au *Piquet* ce qu'on a oublié de compter est censé nul. De même à l'*Hombre* on n'est

point

point obligé de paier les *Matadors*, lors que celui qui les avoit ne les demande pas en son tems : & si celui qui joue nomme sans y penser une autre couleur, il faut qu'il en passe par là, quand il n'auroit pas une seule triomphe. En ce cas-là, les fautes sont pour le jeu. La Loi étant générale, & chacun courant le même risque, il y a une égalité suffisante ; à moins qu'on ne jouât avec quelcun qui fût sujet à des distractions extraordinaires. S'il faut néanmoins dire ce que j'en pense, il vaudroit mieux abolir entiérement cette Loi, comme on le fait quelquefois. Il y a d'ailleurs assez d'autres cas où l'on peut se méprendre, & causer du préjudice ou à soi-même ou aux autres, sans y ajoûter encore celui-ci, dont le Jeu peut se passer. La plûpart des Jeux ne demandent par eux-mêmes que trop d'application, si on les rapporte à leur véritable usage & à leur but naturel : à quoi bon les rendre encore plus fatigans par une Loi qui semble établie à dessein de tendre des piéges à l'attention des Joueurs, & de rendre plus vive leur avidité de Gain ? Pour ne pas dire, que la Générosité ne permet guéres de profiter d'une simple méprise & d'un pur oubli, quel qu'en puisse être le motif & l'occasion.

§. VII. Voila' pour ce qui regarde la fidélité requise pendant qu'on joue. Si c'est

K 4

ar-

argent sur jeu, du moment que chacun a tiré ce qui lui revient, le Contract est exécuté jusques-là ; & la séance étant une fois finie, les Joueurs n'ont plus rien à démêler ensemble à cet égard-là.

§. VIII. MAIS lors qu'on ne paie pas sur le champ, il est juste de le faire ou dans le tems convenu, ou au plus tôt, si l'on n'a marqué aucun terme fixe. Autrement la Convention se réduiroit manifestement à rien ; & ce seroit en vain qu'on auroit joué avec une fidélité entiére, si le Victorieux ne retiroit pas ce qu'il a gagné. Je suppose toûjours, comme il le faut, qu'on a observé toutes les conditions établies ci-dessus, & quelques autres dont nous parlerons dans le Chapitre suivant. Cela étant, puis que chacun a également couru risque & de perdre & de gagner, pourquoi en ce dernier cas seroit-il frustré de ce que son adresse ou un hazard favorable lui ont aquis par un effet de l'accord ? Vous auriez bien voulu être paié de bonne grace, si vous eussiez eu le dessus : pourquoi vous faites-vous tirer l'oreille, quand il s'agit de me donner ce que vous avez perdu ? Il ne tenoit qu'à vous de ne pas jouer : d'où vient que vous vous y êtes engagé, si vous n'aviez pas dessein de tenir vôtre parole ? M'avez-vous crû assez fou pour m'exposer à perdre mon argent contre une personne qui n'auroit

couru

couru rifque que de ne pas le gagner? Eſt-
ce ainſi que l'on ſe moque des gens? Si
vous ne jouyiez que dans l'eſpérance de
gagner, qui vous avoit donné là-deſſus
quelque aſſûrance? Ou plûtôt n'étoit-il pas
de l'eſſence même du Contract, que vous
n'en euſſiez aucune, & que le péril fût égal
de part & d'autre?

§. IX. Le cas, dont je viens de parler,
n'arrive guéres, quand on joue peu de choſe. A moins que d'être ſouverainement attaché, ſi l'on ne paie pas de petites dettes
comme celles-là, c'eſt par un pur oubli; &
celui qui a gagné eſt preſque auſſi ſujet à
ne pas s'en ſouvenir, que celui qui a perdu. Mais cela même doit engager à retenir
& à paier auſſi exactement qu'on peut ces
ſortes de dettes; d'autant plus que le Créan-
cier n'oſe pas même le plus ſouvent demander ce qui lui eſt dû, ou ne trouve pas de
long-tems une occaſion où il croie pouvoir
honnêtement en rafraîchir la mémoire au
Débiteur. Ici revient encore la maxime in-
conteſtable que j'ai poſée d'abord, c'eſt qu'il
faut être exact à rendre aux autres ce qu'on
leur doit dans les moindres choſes, de peur
de s'enhardir à y manquer dans les grandes.

§. X. Lorsque la dette eſt conſidérable, on eſt tenu, à plus forte raiſon, de
paier le plus tôt qu'on peut, puis qu'en ce

cas-

cas-là celui qui a gagné avoit risqué davantage. Quand même on en seroit incommodé, cette raison seule ne nous dispense pas
de tenir nôtre parole, & de nous dessaisir
de ce qui n'est plus à nous. Quiconque hazarde au Jeu de gaieté de cœur des sommes
dont la perte ne peut que l'incommoder,
est & doit être censé s'exposer volontairement à toutes les suites. S'il en souffre, tant
pis pour lui; il ne sauroit raisonnablement
s'en prendre qu'à sa facilité imprudente,
ou à son avidité téméraire. Il n'importe que
celui qui a gagné eût été incommodé, ou
non, supposé qu'il eût perdu: cela n'entre
pour rien dans la Convention, & l'égalité
que demande le Jeu ne s'étend pas jusques-
là. C'est une circonstance accidentelle, à
l'égard de laquelle il pourroit y avoir quelque défaut d'un ou d'autre côté, sans que
cela diminuât rien des engagemens du Contract. Il est juste d'ailleurs que le Joueur
avide ou imprudent devienne sage à ses
dépens.

§. XI. J'AVOUE que les Dettes qui viennent du Jeu ne sont pas les plus privilégiées.
Il y en a de plusieurs autres sortes qui naturellement doivent passer les prémiéres,
comme celles qui ont été contractées pour
quelque chose de nécessaire à la Vie, &
pour d'autres sujets honnêtes ou favorables.
Mais il faut toûjours paier le plus tôt qu'on

peut

peut ce qu'on a perdu, sur tout si celui qui a gagné n'est pas fort accommodé.

§. XII. En tout ceci je n'ai eu égard qu'aux Loix rigoureuses de la Justice, & à l'obligation de celui qui a perdu. Car il est certain, qu'il y a des cas où celui qui a gagné doit relâcher de son droit ou quitter même toute la dette, par les Régles de l'Humanité & de la Charité, c'est-à-dire, par un motif entiérement libre. Cela a lieu sur tout, lors qu'on ne pourroit exiger à la rigueur ce qui nous est dû, sans que l'incommodité retombât sur la Famille du Débiteur, ou sur d'autres personnes qui n'ont aucune part à son imprudence.

§. XIII. Au reste, je fais encore abstraction des Loix Civiles, qui peuvent apporter ici quelque changement, & dont on traitera (a) en son lieu.

(a) Liv. III. Chap. dern.

CHAPITRE IV.

Des qualitez essentielles de la chose que l'on joue.

§. I. UNE autre chose qui entre dans le fond ou l'essence du Jeu, c'est ce qui fait la MATIÉRE DU CONTRACT, ou ce que l'on convient qui doit revenir à celui qui gagnera. Car le prix assigné au Vain-

Vainqueur peut être tel, qu'il rendra l'accord entiérement nul.

§. II. 1. ET D'ABORD on ne sauroit légitimement jouer quoi que ce soit *qui n'entre point* (a) *en commerce*. Telles sont les choses *consacrées à quelque usage de Religion*. Sur ce principe, un (b) Auteur Catholique Romain condamne avec raison ceux de sa Communion qui jouent des *Pater noster* & des *Ave Maria*. On dit même qu'il y a des Prêtres assez peu scrupuleux pour jouer avec leurs Paroissiens à condition de dire *gratis*, s'ils perdent, un certain nombre de *Messes* au profit de celui qui gagnera, ou des siens. Ce sont-là à la vérité des choses frivoles & de nul effet, pour ne rien dire de pis: cependant comme ceux qui en trafiquent ainsi croient, ou font du moins semblant de croire, qu'il y a quelque sainteté & quelque vertu surnaturelle attachée à leur usage, le Jeu est non seulement nul, mais encore le Joueur profane se rend alors visiblement coupable & de Sacrilége & de Simonie.

Il faut mettre au même rang les choses dont le commerce n'est illicite que parce que les Loix Civiles l'ont défendu. Car quelque indifférent qu'il puisse être par lui-même, du moment que la Puissance Souveraine nous ôte la liberté de le faire, il n'est plus en nôtre pouvoir de nous engager

ger

(a) Volez *Pufendorf*, *Droit de la Nat. & des Gens*, Liv. V. Chap. I. §. 5.
(b) *Thiers*, *Traité des Jeux & des Divertissemens* &c. Ch. XXXI. pag. 425.

ger à rien là-dessus, & moins encore de
tenir nôtre parole. Par le Droit Romain (1) il
est défendu aux Soldats de se défaire de
leurs armes de quelque maniére que ce soit,
& à plus forte raison de les jouer, sur peine de la vie, ou du moins d'être par grace honteusement mis à un plus bas rang
que celui qu'ils occupoient. Si l'on jouoit
quelque marchandise de contrebande, ce
seroit aussi un Contract nul & de nul effet, à cause du vice de la matiére.

§. III. 2. On ne peut pas non plus jouer
validement & en bonne conscience des choses qui ne sauroient être reçuës de celui qui
gagne ou données par celui qui perd, sans
que l'un ou l'autre commette quelque Péché. Je me souviens là-dessus d'un conte
rapporté par quelques Auteurs Païens, qui
en même tems qu'il nous fournit un exemple de ce que je viens de dire, servira à
faire voir combien les Prêtres du Paganisme
étoient décriez pour leurs friponneries, &
combien peu ils prenoient soin de sauver
même les apparences. „Un (a) jour le Sa-
„ cristain du Temple d'*Hercule* s'ennuiant
„ sans doute, & ne sachant à quoi se di-
„ vertir, [parce que (b) ce jour-là il n'a-
„ voit aucun de ceux avec qui il passoit
„ d'or-

(a) *Plu-*
tarch. in Vi-
ta Romuli,
Tom. I.
pag. 19.
Voiez *Ma-*
crobe, Sa-
turnal. Lib.
I. Cap. X.
(b) Ce qui
est entre
deux cro-
chets est
tiré des
Questions
Rom. de
Plutarque,
pag. 272.
où le mê-
me conte
se trouve.

(1) *Miles, qui in bello arma amisit, vel alienavit,*
capite punitur: humano militiam mutat. Digest. Lib.
XLIX. Tit. XVI. *De re militari,* Leg. III. §. 13.

„ d'ordinaire à jouer la plus grande partie
„ de son tems] proposa à son Dieu de jouer
„ au (1) *Trictrac*, à condition que, s'il
„ gagnoit, il recevroit du Dieu quelque
„ présent honnête, & s'il perdoit il donne-
„ roit au Dieu un bon souper, & le feroit
„ coucher avec une belle Femme. La par-
„ tie ainsi faite, il jette le Dé, prémiére-
„ ment pour *Hercule*, & ensuite pour lui.
„ *Hercule* gagne. Le Sacristain voulant
„ donc paier ce qu'il avoit perdu, prépare
„ un beau Festin, & va choisir une belle
„ Courtisane, nommée *Larentia*, qui é-
„ toit encore peu connuë; il la méne dans
„ le Temple, où l'on avoit tendu un Lit,
„ lui fait fort bonne chére, & après sou-
„ per il l'enferme, comme si le Dieu eût
„ dû la venir trouver. On voit bien que
ce Dieu ne valloit pas plus que son Sacristain, ou plûtôt que le dernier tint la place
de l'autre au Lit, comme il avoit remué les
Dez pour lui. Si le Sacristain avoit fait lui-
même

(1) Mr. D A C I E R, dont j'ai suivi d'ailleurs la Version, mettoit ici simplement *jouer aux Dez*. Mais il
paroît par la suite, qu'il s'agit de ce Jeu fort commun
parmi les *Grecs* & les *Romains*, qui approchoit fort de
nôtre *Trictrac*; car on y plaçoit les *Dames*, selon le
point qu'on aménoit. *Plutarque* dit ici: Τὰς μὲν ὑπὲρ
τῦ Θεῦ ΤΙΘΕΙΣ, τὰς δ᾽ ὑπὲρ αὑτῦ ΨΗΦΟΥΣ &c.
Et dans les *Quest. Romaines*: Ἐκ τύτε ἢ τὰς ΚΥ΄-
ΒΟΥΣ προϊέμεν᾿, τὴν μὲν ὑπὲρ ἑαυτῦ, τὴν ἢ ὑπὲρ
τῦ Θεῦ ΒΑΛΩΝ, ἐκείρετο &c. Tom. II. pag. 273. A.
On traitera de ceci plus amplement dans l'H I S T O I-
RE DU J EU.

même un pareil marché avec *Larentia*, l'accord auroit été aussi également nul & infame par lui-même. Tel, & plus criminel encore étoit le Jeu d'*Hégésilochus* (a) & de quelques autres *Rhodiens* qui s'étant emparez du Gouvernement, établirent dans leur Ile une Aristocratie tyrannique. Entr'autres violences qu'ils exercérent, ils allérent jusqu'à jouer au plus haut point de Dé l'honneur des plus honnêtes Femmes du Païs. Celui qui perdoit, étoit condamné à amener la Dame que vouloit celui qui avoit gagné, & à la mettre entre ses bras ou de gré, ou de force, en un mot à quelque prix que ce fût : scélérat de s'être engagé à une pareille chose, plus scélérat encore de l'exécuter.

§. IV. 3. IL FAUT enfin que de part & d'autre ce que l'on joue appartienne véritablement & pleinement à celui qui le met au jeu, en sorte qu'il puisse en disposer (1) comme bon lui semble. Ici je rappelle encore ma distinction, qui est d'un grand usage dans toute cette matiére. Si l'on ne joue que peu de chose, il y a tout lieu de supposer qu'on y est autorisé par

ceux

(a) *Athen. Lib. X. Cap. XII. pag. 444, 445. Edit. Casaub.*

_____

(1) Voiez ce que dit Mr. THIERS sur cette matiére, dans son *Traité des Jeux* &c. Chap. XXVIII. où il parle aussi des *Bénéficiers*, des *Religieux* & des *Religieuses*, qui jouent aux dépens de l'Eglise & des *Monastéres*; de ceux qui jouent des deniers publics dont ils ont l'administration &c.

ceux de qui l'on dépend, & que l'argent qu'on risque est, pour ainsi dire, du fonds des menus plaisirs, dont on a la pleine & entière disposition. Ainsi il ne paroît alors aucun défaut dans le Contract à cet égard-là ; & par conséquent l'autre Joueur n'est point tenu de restituer ce qu'il peut avoir gagné. Mais il n'en est pas de même, lors qu'il s'agit de beaucoup. Il y a très-peu de *Pères* qui consentent que leurs *Enfans* hazardent au Jeu une somme considérable. On ne sauroit non plus le présumer raisonnablement d'un *Tuteur*, à l'égard de son *Pupille*, ni d'un *Mari* à l'égard de sa *Femme* ; & si c'est un *Valet*, il y a toutes les apparences du monde qu'il joue l'argent de son *Maître*, & non pas le sien. Ainsi toutes les fois que quelcun joue gros jeu, sans une approbation expresse ou tacite de ceux sous la puissance de qui il est, le Contract est nul par lui-même, puis que personne ne peut légitimement & validement aliéner un bien qui n'est pas à lui, ou dont il n'a pas du moins encore l'administration.

§. V. MAIS, dira ici celui qui a gagné l'argent d'une personne qui est sous la dépendance d'autrui, si ce Jeune Homme, si cette Femme, si ce Domestique eût gagné comme j'ai fait, il n'auroit pas manqué de tirer mon argent sans aucun scrupule : pourquoi, puis que j'ai risqué de per-

perdre auffi bien que lui , ferois-je fruftré
du fruit de mon bonheur ou de mon adreffe? L'objection feroit bonne , fi l'on prétendoit ici donner quelque avantage à celui qui a perdu un argent dont il ne pouvoit point difpofer. Comme il ne s'agit pas
d'un Enfant qui ne fait ce qu'il fait , mais
de perfonnes qui font en âge & en état de
fe déterminer avec connoiffance & avec
choix ; ce feroit fans contredit pefer les
chofes à une fauffe balance , que de laiffer
fubfifter l'engagement d'un côté , pendant
qu'il tombe de l'autre.   Si je dis que vous
êtes obligé en confcience de reftituer un
bien qui a été aliéné en vôtre faveur par un
acte nul & de nul effet , je n'ai garde d'af-
fûrer à celui qui s'eft émancipé à difpofer
de ce qui n'eft pas en fa puiffance , une
poffeffion paifible de ce qu'il pourroit avoir
aquis à cette occafion.   Comme vous ne
devez pas vous prévaloir de vôtre gain , du
moment que vous êtes inftruit de la condition & de l'incapacité de celui fur qui
vous l'avez fait : il ne fauroit non plus retenir légitimement ce qu'il vous a gagné.
Il y auroit-là une trop grande inégalité ,
ou plûtôt il n'y auroit aucune égalité dans
la Convention : tout l'avantage feroit d'un
côté manifeftement , c'eft-à-dire , du côté
de celui qui , fans être en danger de rien
perdre , auroit couru rifque de gagner. Ce-

L

la feroit d'autant plus injufte, que celui qui
joue quelque chofe qui ne lui appartient
point, ou dont il ne lui eft pas permis de
difpofer, eft pour l'ordinaire plus coupable que l'autre, qui peut quelquefois ignorer de bonne foi avec qui il a à faire, ou
qui du moins ne fait pas auffi bien que fon
compagnon, fi celui-ci joue un argent qui
foit véritablement à lui, ou dont il aît la
pleine & libre difpofition. Le Contract eft
donc également nul pour l'un & pour l'autre, & par conféquent chacun eft dans une
égale obligation de reftituer ce qu'il a gagné
de cette maniére : toute la différence qu'il
y a, c'eft que, comme celui qui ne pouvoit pas difpofer de l'argent qu'il a joué
fait toûjours qui il eft lui-même, il n'eft
jamais difpenfé de la reftitution ; au lieu
que l'autre peut l'être quelquefois, parce
qu'il peut quelquefois être de bonne foi
dans l'ignorance au fujet de l'état de celui
dont il a gagné l'argent.

§.VI. CE N'EST pas ma faute, direz-
vous, fi celui dont j'ai gagné l'argent l'a rif-
qué mal-à-propos fans l'aveu de ceux de qui
il dépend ; il lui étoit libre de jouer ou non,
& je ne fuis point obligé de m'informer s'il
joue du fien ou du bien d'autrui, s'il a plein
pouvoir ou non de difpofer de ce qu'il hazarde : je dois plûtôt penfer favorablement
de lui, tant que je n'ai aucune raifon ma-
ni-

nifeſte du contraire. Mais dans tout Engagement où l'on entre, il faut bien examiner avec qui l'on a à faire : autrement, ſi
l'on n'uſoit d'aucune précaution à cet égard,
cela donneroit lieu à une infinité de friponneries, & réduiroit preſque à rien la bonne foi du Commerce.   Suppoſé qu'un Enfant ou un Jeune Homme encore ſous tutéle veuille me vendre une piéce d'Argen-
terie ou autres choſes de quelque prix, je
dois ſans contredit ſoupçonner d'abord qu'il
ne le faſſe de ſon chef, & m'abſtenir de lui
rien acheter, avant que d'en avoir averti ſes
Parens ou ceux de qui il dépend en quelque maniére.   A plus forte raiſon faut-il ê-
tre ſur ſes gardes dans une affaire comme
le Jeu, où l'on a beaucoup plus de ſujets
de défiance. Les attraits du divertiſſement,
la fuite du Travail, l'eſpérance de gagner,
ſont de violentes tentations qui portent bien
des gens, & la Jeuneſſe ſur tout, à tâcher
de voler, ou d'attraper quelque choſe dont
ils n'ont pas encore le manîment : & c'eſt
d'ordinaire pour jouer, ou pour faire la débauche, qu'ils vont vendre des Habits, des
Meubles, ou des Joiaux.   Ainſi on a tout
lieu de ſoupçonner que l'argent qu'ils mettent au jeu ne ſoit venu entre leurs mains
par quelque voie ſemblable ; & cela ſuffit pour ne pas s'engager avec de telles
gens à un Contraɛ par lequel on riſque-

roit de se rendre complice de leurs fredaines.

§. VII. JE NE savois pas, repliquera-t-on, que celui avec qui je me suis mis à jouer fût sous puissance d'autrui. Qui est-ce qui peut connoître tout le monde, ou être toûjours après à s'informer des affaires & de l'état de chacun? C'est là manifestement le langage d'une personne qui cherche à se faire à elle-même des illusions ; & si l'on examine les choses un peu de près, on trouvera que rien n'est plus frivole que cette excuse. Elle suppose nécessairement un principe qu'on auroit bien de la peine à prouver, c'est qu'il est permis à chacun de jouer indifféremment avec le prémier venu, sans s'embarrasser de rien: or bien loin de là, je crois avoir de bonnes raisons de croire, comme on le verra (a) en son lieu, qu'on doit bien prendre garde avec qui l'on s'engage à une chose comme celle-là, qui, quelque peu sérieuse qu'elle soit en elle-même, est sujette à un grand nombre d'inconvéniens fâcheux, si l'on n'apporte aucun choix, ou que l'on rencontre mal. D'ailleurs, quand même il seroit libre à chacun de jouer avec le prémier qui se présente & avec qui bon lui semble, on n'en seroit pas moins tenu de restituer ce que l'on a gagné à quiconque ne pouvoit pas en disposer; puis que par cela même qu'on

(a) Liv. III. Chap. VII.

se

ſe porte volontairement à jouer avec une
perſonne, ſans ſavoir qui elle eſt & d'où
elle a eu l'argent qu'elle riſque, on s'expoſe à toutes les ſuites de ce divertiſſement
témeraire, & par conſéquent on ſe ſoûmet
auſſi à la néceſſité de reſtituer, au cas qu'on
ſe trouve avoir joué contre quelcun qui n'é-
toit pas bien maître de l'argent qu'il a perdu. Un Acheteur (a) de bonne foi eſt obligé de rendre au véritable Propriétaire une
choſe qu'il tient de celui qui l'a volée,
quoi qu'en l'achetant il n'eût aucun ſujet
de ſoupçonner le Vendeur, & qu'il n'y aît
d'ailleurs aucun vice dans le Contract.   A
combien plus forte raiſon faut-il reſtituer ce
que l'on a aquis de bonne foi dans le Jeu,
lors qu'on vient à découvrir dans l'engagement un défaut qui ſuffit naturellement
pour annuller toute autre ſorte de Convention. On n'oſeroit ſoûtenir que l'aquiſition
par droit de Jeu ſeulement ſoit, à beaucoup
près, un titre auſſi favorable, que celle qui
ſe fait en vertu d'une Vente, où il n'entre
aucun Hazard, & qui eſt un Contract abſolument néceſſaire, dans l'état où ſont les
choſes, pour le commerce de la Vie & de
la Société. Enfin, on a beau ſe flatter, l'ignorance au ſujet de la condition
de ceux avec qui l'on joue, même dans
les Académies de Jeu & dans les Maiſons particuliéres ouvertes à tous venans,

(a) Voiez
*Pufendorf,
Droit de la
Nat. & des
Gens*, Liv.
IV. Chap.
XIII. §. 13.

eft ici (1) rarement de bonne foi, en forte
qu'elle fuffife pour difculper pleinement.
L'âge de Minorité, prefcrit par les Loix,
fe fait affez voir par lui-même, on ne peut
guéres s'y tromper. Les perfonnes de l'autre Sexe font pour la plûpart ou Femmes,
dépendantes par conféquent d'un Mari; ou
Filles, fous puiffance d'un Pére ou d'une
Mére, ou d'un Curateur; ou Veuves, qui
ont des Enfans, du bien defquels elles ne
peuvent pas difpofer, du moins abfolument:
le nombre des autres eft à proportion trop
peu confidérable pour qu'on ne doive pas
toûjours foupçonner, que celles avec qui
l'on joue gros jeu ne foient de quelcune de
ces trois claffes. A l'égard des Domeftiques,
ils ont ordinairement ou la livrée, ou d'autres marques affez fenfibles, auxquelles il
n'eft pas malaifé de les connoître. Ainfi il
fe trouve prefque toûjours ou que l'on a
dequoi diftinguer fuffifamment les perfonnes avec qui il n'eft pas permis de jouer
gros jeu, ou que l'on a du moins grand fujet de fe défier de ceux avec qui l'on joue,
& de craindre qu'ils ne puiffent pas s'engager validement à un tel Contract.

§. VIII. DE LÀ il s'enfuit, que, pour
ne

_____

(1) On peut appliquer ici la maxime du Droit Romain: *Qui cum alio contrahit, vel eft, vel debet effe
non ignarus conditionis ejus.* D I G E S T, *Lib. L, Tit. XVII.
De diverfis Reg. Juris*, Leg. XIX.

ne pas courir riſque de retenir un bien mal aquis, il faut ou s'abſtenir abſolument de jouer avec des gens qu'on ne connoît point, ou ſi l'on a imprudemment joué gros jeu avec un Inconnu, & qu'on l'aît gagné, s'informer enſuite qui il eſt, pour rendre l'argent à qui il appartiendra, au cas que celui qui l'a perdu n'aît pas pû le jouer légitimement.

§.IX. CEPENDANT, ſi ceux de qui il dépendoit, ou à qui appartenoit l'argent, venant à ſavoir la choſe, l'autoriſent manifeſtement par un acte poſtérieur, ſoit exprès, ſoit tacite, ou que lui-même aiant aquis le pouvoir de diſpoſer de ſes biens ratifie le Contract : il eſt alors auſſi valide, que s'il avoit eu toutes les conditions requiſes dans le tems même qu'on jouoit.

§.X. OR il eſt libre à ceux dont on a joué l'argent, de le laiſſer ou de le redemander à celui qui l'a gagné, quelque invincible & de bonne foi qu'aît été ſon ignorance. Que s'il s'agit ſimplement d'une ſomme ou de quelque autre choſe dont on n'avoit pas encore le maniment ; lors qu'on l'a perduë, le Tuteur ou autre qui eſt commis pour prendre ſoin de nos affaires & pour ménager nos intérêts, manqueroit ſans contredit à ſes engagemens, s'il ne nous relevoit d'une telle perte, ſoit que celui

L 4　　　　　qui

qui a gagné (1) ignorât de bonne foi, ou non, avec qui il avoit à faire. Il doit donc répéter en nôtre nom ce dont nous nous sommes défaits par un acte nul & de nul effet : à moins qu'il n'y eût lieu d'en appréhender quelque suite préjudiciable, ou quelque inconvenient plus fâcheux pour nous que la perte même.

Mais si l'on a gagné, il faut distinguer. Car ou celui qui a perdu s'est proposé d'attrapper nôtre argent, sachant bien que nous n'en pouvions pas disposer ; ou bien il a crû avoir à faire à une personne qui fût aussi maître de son argent que lui-même. Dans le prémier cas, il mérite certainement de perdre : & comme il ne sauroit en bonne conscience, ni même sans deshonneur dans le monde, prétendre ravoir ce dont on l'a dé-

(1) La restitution des Mineurs en entier est fondée sur la presomption de leur peu de conduite, & non pas sur la mauvaise foi de ceux avec qui ils ont eu à faire. C'est un principe du Droit Civil. *Nam cum inter omnes constet, fragile esse & infirmum hujusmodi ætatium consilium, & multis captionibus suppositum, multorum insidiis expositum: auxilium eis Prætor hoc Edicto pollicitus est, & adversus captiones opitulationem.* DIGEST. Lib. IV. Tit. IV. *De minoribus viginti quinque annis,* Leg. I. princ. *Si ab aliis circumventi, vel suæ facilitate decepti, aut quod habuerunt amiserunt; aut quod adquirere emolumentum potuerunt, omiserunt; aut se oneri quod non suscipere licuit, obligaverunt.* Ibid. Leg. XLIV. *Minoribus in integrum restitutio, in quibus se captos probare possunt,* ETSI DOLUS ADVERSARII NON PROBETUR, *competit.* CUI. Lib. II. Tit. XXII. *De in integrum restit. min.* Leg. V.

dépouillé dans le tems qu'il cherchoit lui-
même à faire un butin qu'il savoit être illégitime, celui de qui l'on dépend peut aussi
sans aucun scrupule ratifier le Contract à
nôtre avantage. Mais il ne sauroit, à mon
avis, le faire dans l'autre cas, parce qu'il
ne paroît alors aucune raison qui autorise à
rendre valable en faveur du Victorieux un
Contract qui étoit nul de plein droit, s'il
eût perdu. Il n'y a que la Violence ou la
Mauvaise Foi de l'une des Parties, qui soit
capable de produire un tel effet : & l'on
suppose que ni l'une ni l'autre n'a lieu ici.
Celui qui a perdu, ignorant de bonne foi
la condition de l'autre Joueur, auroit été
dans une obligation indispensable de restituer, si la Fortune lui eût été favorable : &
néanmoins il n'auroit pas droit lui-même,
maintenant qu'il a perdu, de repéter ce
que lui a gagné une personne qui ne pouvant ignorer son propre état, s'est éman-
cipée à jouer avec lui, & l'a exposé par là
sinon de mauvaise foi, du moins avec une
imprudence inexcusable, toûjours le sachant
& le voiant, à la nécessité de restituer, &
au chagrin d'avoir joué pour néant. Qui ne
voit qu'il y auroit-là une inégalité manifeste & une grande injustice ? Outre que,
si cela avoit lieu, un Jeune Homme encore en âge de Minorité, mais d'une constitution à paroître homme fait, pourroit dup-

L 5   per

per à coup sûr quiconque ne seroit pas bien sur ses gardes. Il n'auroit qu'à jouer avec ceux qui ne le connoîtroient point : après quoi, s'il gagnoit, il tireroit ; & s'il perdoit, il se feroit relever par son Tuteur. Ainsi, sans rien risquer, il pourroit faire des profits considérables, & à l'abri du privilége des Loix il seroit en état de tromper impunément & d'attrapper sûrement le bien d'autrui.

§. XI. Je n'ignore pas que, par le Droit Romain, un (1) Mineur peut se procurer ou accepter quelque avantage sans le consentement de son Tuteur ; & que, dans les Contracts obligatoires de part & d'autre, ceux avec qui il a à faire s'engagent validement, au lieu que lui n'entre dans aucune obligation valide, en sorte qu'il lui est

---

(1) *Auctoritas autem Tutoris in quibusdam causis necessaria Pupillis est, in quibusdam non est necessaria : ut ecce, si quid dari sibi stipulentur, non est necessaria Tutoris auctoritas ; quod si aliis promittant Pupilli, necessaria est Tutoris auctoritas. Namque placuit, meliorem quidem conditionem licere eis facere, etiam sine Tutoris auctoritate : deteriorem vero non aliter quam [cum] Tutoris auctoritate. unde in his causis, ex quibus obligationes mutuæ nascuntur, ut in Emptionibus, Venditionibus, Locationibus, Conductionibus, Mandatis, Depositis, si Tutoris auctoritas non intervenerit, ipsi quidem, qui cum his contrahunt, obligantur, at invicem Pupilli non obligantur.* INSTITUT. *Lib.* I. *Tit.* XXI. *princip.* Voïez DIGEST. *Lib.* II. *Tit.* XIV. *De Pactis,* Leg. XXVIII. *Lib.* XIX. *Tit.* I. *De actionibus empti & vend.* Leg. XIII. §. 29. *Lib.* XXVI. *Tit.* VIII. *De auctoritate & consensu Tutorum & Curatorum,* Leg. IX. &c.

eſt libre de laiſſer ſubſiſter, ou non, le Contract, ſelon qu'il le juge à propos, quoi que
les autres ne puiſſent ni le rompre, ni
l'obliger à le tenir. Sur quoi il ſuffiroit de
répondre, que nous cherchons ici ce que
demandent les Loix Naturelles & les maximes invariables de l'Equité. Je remarquerai néanmoins, qu'à prendre même ce principe du Droit Civil dans le ſens qu'il ſemble d'abord avoir, on ne ſauroit l'étendre
au ſujet dont il s'agit, puis que les Jeux
de Hazard (1) étant abſolument défendus,
& ceux même de pure adreſſe lors qu'on
jouoit au delà de deux Ecus ou environ de
nôtre monnoie, on avoit également de part
& d'autre action en Juſtice pour repéter
ce qui avoit été perdu au Jeu, en ſorte
que ce droit ne ſe preſcrivoit que par un
eſpace de cinquante ans. D'ailleurs, le
Joueur dont nous parlons ne s'eſt engagé
au Jeu qu'en ſuppoſant que celui avec qui
il avoit à faire fût maître de ſon argent. On
a lieu de préſumer que, s'il eût ſû que ce
fût une perſonne avec qui il ne pouvoit
jouer ſans courir riſque d'être obligé à reſtituer ce qu'il auroit gagné, il ne ſe ſeroit
pas amuſé à jouer avec elle à ce prix-là; &
que, s'il s'en fût apperçû dans le Jeu même,

(1) Voiez le Digeste & le Code aux Titres
de Aleatoribus; & ce que je dirai ci-deſſous Liv. III.
Chap. IX. §. 9.

me, il n'auroit eu garde de paier. Ainſi &
le Contract, & ſon exécution, ſont ici
fondez ſur une erreur ; laquelle ſuffiſant
pour annuller toute autre ſorte de Convention, faite même avec un Majeur, an-
nulle, à plus forte raiſon l'engagement où
l'on eſt entré avec un Mineur, dont les
priviléges ne vont pas juſqu'à changer la
nature des choſes. Il n'en eſt pas de même, lors qu'un Marchand, par exemple,
eſt obligé de tenir une Vente faite avec un
Mineur ſans le conſentement de ſon Tuteur : car en ce cas-là, à moins que le Marchand n'agiſſe de mauvaiſe foi, il n'auroit
pas laiſſé de vendre ſa marchandiſe & ſur
le même pié, quand même il auroit ſû qui
étoit l'Acheteur. En ſuppoſant donc que
le Jeu fût permis à tous égards par le Droit
Romain, le Mineur ſeroit du moins tenu,
ſelon les principes de ce même Droit, de
reſtituer ce en quoi il (1) auroit profité de
l'argent qu'il a gagné : c'eſt-à-dire, que le
Tuteur devroit faire rendre la ſomme totale, ou ce qui s'en trouveroit encore en
nature, & ce qui auroit été emploié à quelque

(1) Le Mineur eſt toûjours tenu de rendre ce en
quoi il s'eſt enrichi aux dépens de l'autre Contractant, qui a action en Juſtice pour demander d'être
dédommagé. *Nam in Pupillum non tantum Tutori, verum cuivis, actionem,* IN QUANTUM LOCUPLE-
TIOR FACTUS EST, *dandam, Divus Pius re-
ſcripſit.* DIGEST. *Lib.* XXVI. *Tit.* VIII. *De auctoritate & conſenſu Tutorum & Curatorum,* Leg. V. princip.

que dépenſe néceſſaire ou utile, telle en un mot qu'il eût fourni ou dû fournir lui-même dequoi la faire.

§. XII. APRE'S cela, il eſt facile de décider ce que doit faire le Mineur ou autre dépendant d'autrui, lors qu'il vient à aquérir un plein pouvoir de diſpoſer de ſes biens. On voit bien qu'il faut appliquer ici la même diſtinction dont je me ſuis ſervi ci-deſſus. C'eſt-à-dire que ſi l'on a voulu attrapper l'argent d'un Jeune Homme, ſachant bien qu'il étoit encore ſous tutéle, on mérite & d'être fruſtré de ce gain deshonnête, & de n'être pas reçû à redemander ce que l'on a perdu contre ſon attente. Mais s'il n'y a point eu de mauvaiſe foi de la part de celui qui a gagné, comme le Jeune Homme qui a perdu paroiſſoit & pouvoit effectivement avoir aſſez de Jugement pour ſe conduire, il ne ſauroit en conſcience ſe diſpenſer, lors qu'il eſt devenu maître de lui-même, de ratifier le Contract, & de remettre les choſes dans l'état où elles doivent être, s'il y a eu quelque changement.

Fin du Second Livre.

TRAI-

TRAITE'
DU JEU.

LIVRE TROISIEME.

Où l'on traite des circonstances externes qui accompagnent le Jeu.

CHAPITRE I.

Du but que l'on doit se proposer en jouant.

APRE's avoir examiné, autant qu'il est nécessaire pour nôtre dessein, tout ce qui regarde le fond ou l'essence même du Jeu ; l'ordre veut que nous parcourions les *circonstances externes* qui l'accompagnent, & à l'égard desquelles il peut y avoir de part ou d'autre quelque défaut qui n'empêche pourtant pas que la Convention ne subsiste en elle-même.

§. I.

§. I. La prémiére de ces circonstances, & celle qui sert de fondement pour bien juger de toutes les autres, c'est le but qu'on doit se proposer en jouant. Il semble d'abord qu'il soit entiérement superflu d'examiner cette question ; & il le seroit en effet, si l'Expérience ne nous apprénoit combien les Hommes sont sujets à pervertir l'usage naturel des choses, & quelles illusions ils se font tous les jours sur les matiéres les plus évidentes, sur celles dont ils conviennent le mieux lors qu'on les leur propose d'une autre maniére & en d'autres termes.

§. II. Tout le monde tombe d'accord, que le but du Jeu est de *se divertir :* mais tout le monde n'est pas de même opinion sur ce qu'il faut observer pour faire du Jeu un usage conforme à sa destination naturelle. C'est que chacun attache à cette idée générale de *Divertissement* l'étenduë qu'il juge à propos, ou plûtôt celle qui s'accommode le mieux avec ses inclinations & son train de vie. Demandez au plus déterminé Joueur, pourquoi il passe les journées entiéres à jetter le Dé ou à remuer les Cartes, il vous répondra froidement que c'est pour se divertir. Mais faites-lui expliquer ce qu'il entend par là, tirez-le de cette idée vague & confuse, entrez avec lui dans quelque discussion des conditions nécessaires pour

pour jouer innocemment, & sur tout ju-
gez-en par sa conduite ordinaire ; vous trouverez que dans son esprit le Jeu n'est rien
moins qu'un vrai divertissement, & qu'il
en fait une occupation très-sérieuse, ou plûtôt que c'est presque la seule occupation
sérieuse qu'il connoisse ou qu'il regarde sur
ce pié-là.

§. III. CE ne sont pas seulement les personnes du Vulgaire, & ceux qui agissent
sans régles & sans principes, qui se font
là-dessus de fausses idées : des gens à Systême en ont quelquefois qui ne sont guéres
plus justes. Un Bel Esprit de nos jours,
(a) qui pendant tout le cours de sa longue
vie a fait une étude particuliére des moiens
de se donner du plaisir, prétend que *les
Divertissemens ont tiré leur nom de la diversion qu'ils font faire des objets fâcheux
& tristes, sur les choses plaisantes & agréables.* Il avance cela comme une preuve de
ce qu'il venoit de dire, que *pour vivre heureux il faut faire peu de reflexions sur la
Vie, mais sortir souvent comme hors de soi;
& parmi les plaisirs que fournissent les choses étrangéres, se dérober la connoissance
de ses propres maux ..... afin que par ce
moien on puisse par adresse se détourner
ingénieusement de la dureté de nôtre condition, dont il est difficile de venir à bout.*
C'est-là visiblement le langage d'une

per-

(a) St. E-
vremond,
Discours
sur les
Plaisirs, à
Mr. d'Olon-
ne : Tom. I.
de ses Oeu-
vres mêlées,
pag. 145.
Ed. d'Amst.
1706.

personne qui se (1) plaignant sans raison
de la Nature, ou plûtôt de la Providence,
exaggére un peu trop les malheurs de la
Vie Humaine. Mon sujet ne me permet
pas de m'étendre ici à faire voir l'injustice
de ces plaintes. Je dirai seulement, qu'à la
vérité à considérer les choses en général,
les maux de la Vie semblent surpasser les
biens : mais, si l'on y fait reflexion, on
trouvera que la plûpart de ces maux viennent des Hommes même, & que chacun
en particulier pourroit s'épargner bien des
sujets de chagrin, & trouver souvent le
moien d'adoucir ceux auxquels il se trouve exposé sans qu'il y ait de sa faute. D'un
côté les remors & les autres suites fâcheuses du Crime, de l'autre, le mépris des
plaisirs réels & durables d'une solide Vertu, font sans contredit la plus (a) grande
partie de la misére des Hommes. MON-
TAGNE, qui étoit d'ailleurs d'un caractére d'Esprit assez approchant de celui
de l'Auteur que je viens de citer, semble avoir ici des idées plus raisonnables:
(b) *J'ay*, dit-il, *un Dictionnaire tous à
part moy: je passe le temps, quand il est
mauvais & incommode; quand il est bon,
je*

(a) Voiez
la 122. Ma-
xime de
Mr. le Duc
de la Roche-
foucaut.

(b) Essais,
Liv. III.
Chap. XIII.
& le dern.
de l'Ou-
vrage. Le
passage est
quatre pa-
ges avant
la fin.

(1) Voiez la Préface de SALLUSTE, sur l'Histoire
de la *Guerre de Jugurtha*, qui commence ainsi: *Falsò
queritur de natura sua Genus Humanum* &c. & SENE-
QUE, *de Benefic.* Lib. II. Cap. XXIX.

M

je ne le veux pas passer, je le retaste, je m'y tiens. Il faut courir le mauvais, & se rasseoir au bon. Cette phrase ordinaire de passe-temps, & de passer le temps, représente l'usage de ces prudentes gens qui ne pensent point avoir meilleur compte de leur vie, que de la couler & eschapper, de la passer, gauchir, & autant qu'il est en eux, ignorer & fuir, comme chose de qualité ennuyeuse & desdaignable : Mais je la connois autre ; & la trouve & prisable & commode, voire en son dernier décours, où je la tiens. Et nous l'a Nature mise en main, garnie de telles circonstances & si favorables, que nous n'avons à nous plaindre qu'à nous, si elle nous presse, & si elle nous eschappe inutilement.... Si la faut-il estudier, savourer, & ruminer, pour en rendre graces dignes à celui qui nous l'octroye.
.... Me trouvé-je en quelque assiéte tranquille, y a-t'il quelque volupté qui me chatouille ? je ne la laisse pas friponner aux Sens, j'y associe mon Ame. Non pas pour s'y engager, mais pour s'y agréer : non pas pour s'y perdre, mais pour s'y trouver. Et l'employe de sa part à se mirer dans ce prospère état, à en poiser & estimer le bonheur, & l'amplifier. Elle mesure combien c'est qu'elle doit à Dieu, d'être en repos de sa conscience, & d'autres passions intestines : d'avoir le Corps en sa disposition na-

tu-

turelle : joüyſſant ordonnément & compé-
temment des fonctions molles & flatteuſes,
par leſquelles il luy plaiſt de compenſer de
ſa grace les douleurs de quoy ſa Juſtice
nous bat à ſon tour. Combien luy vaut d'eſ-
tre logée en tel poinct , que où qu'elle jette
ſa vuë , le Ciel eſt calme autour d'elle ; nul
Déſir , nulle Crainte ou Doute , qui luy
trouble l'air : aucune difficulté paſſée , préſente , future , par deſſus laquelle ſon imagination ne paſſe ſans offenſe. Cette conſidération prend grand luſtre de la comparaiſon des conditions différentes. Ainſi je
me propoſe en mille viſages , ceux que la
Fortune ou que leur propre erreur emporte
& tempeſte. Et encore ceux-cy plus près de
moi , qui refuſent ſi laſchement & incurieu-
ſement leur bonne fortune. Ce ſont gens qui
paſſent voirement leur temps : ils outrepaſ-
ſent le préſent , & ce qu'ils poſſédent ; pour
ſervir à l'eſpérance , & pour des (a) ombra-
ges & vaines images , que la fantaſie leur
met au devant , leſquelles haſtent & allon-
gent leur fuite , à meſme qu'on les ſuit. Le
fruict & but de leur pourſuite , c'eſt pourſuivre : comme Alexandre diſoit , que la fin
de ſon travail , (b) c'eſtoit travailler. Pour
moy donc , j'aime la Vie , & la cultive ,
telle qu'il a pleu à Dieu nous l'octroyer :
Je ne vais pas déſirant qu'elle euſt à dire
la néceſſité de boire & de manger. Et me

(a) Voiez
Virgil. Æn.
X, 641, 642.

(b) Voiez
ce que Lu-
cain dit de
Céſar, Phar-
ſal. II, 656,

M 2   ſem-

sembleroit faillir non moins excusablement, de désirer qu'elle l'eust doublé..... Ce sont plaintes ingrates & iniques. J'accepte de bon cœur & reconnoissant, ce que Nature a fait pour moy : & m'en agrée, & m'en loüe. On fait tort à ce grand & tout-puissant donneur, de refuser son don, l'annuller & desfigurer : tout bon, il a fait tout bon. Ce passage, quoi qu'un peu long, m'a paru assez considérable & plein de reflexions assez solides, pour pouvoir être opposées à celles du *Montagne* de nôtre tems. Mais, pour revenir à nôtre sujet, je dis, sans vouloir ici disputer des mots, que la *diversion* des pensées tristes & fâcheuses n'est pas le but naturel & ordinaire de tout *Divertissement*. Ils peuvent servir sans doute à dissiper ou calmer du moins un peu les chagrins de l'Adversité, lors qu'elle permet d'en prendre quelcun : & je n'ai garde de refuser aux Malheureux cette espèce de soulagement, pourvû (1) qu'ils n'en abusent

(1) SENEQUE reproche à *Caligula*, qu'après la mort de sa Sœur *Drusille* il se retira dans une Maison de campagne, où il ne faisoit que jouer aux *Dez* ou au *Tristrac*, & s'amusa à autres semblables choses, pour dissiper sa douleur. C. CÆSAR, amissa sorore Drusilla, is homo, qui non magis gaudere quam dolere principaliter posset, conspectum conversationemque civium suorum profugit, exequiisque sororis suæ non interfuit, justa sorori non præstitit, sed in Albano suo tesseris ac foro & provocatis hujusmodi aliis occupationibus acerbissimi funeris tædia laxabat mala. Pro pudor imperii! principis Romani lugentis sororem, Alea solatium animi
mi

sent point, & qu'il ne les empêche pas de
faire les réflexions sérieuses que demande
leur état ; car ce seroit alors un trop fort
anodin, qui en même tems qu'il appaise-
roit leur douleur, les étourdiroit & les rendroit insensibles aux coups salutaires dont
la main de Dieu les frappe.   Mais l'usage
ordinaire & le but naturel des Divertissemens, est de délasser l'Esprit & le Corps,
pour les maintenir en état de vaquer aux
occupations sérieuses que chacun a ou doit
avoir ordinairement. C'est du moins la seule idée sous laquelle nous les envisageons
ici, & celle aussi qui constituë la véritable
fin à laquelle il faut rapporter le Jeu.

§. IV.

*mi fuit..... Procul istud exemplum ab omni Romano
viro, luctam suam.... intempestivis avocare lusibus.*
Le Philosophe avoit dit un peu auparavant, que comme il n'est pas d'un Homme de cœur de ne pouvoir
pas supporter ses maux, il n'est pas d'un Homme d'y
être insensible. *Nam & non sentire mala sua, non est
Hominis : & non ferre, non est Viri.* Consolat. ad Polyb. Cap. XXXVI. Le même Philosophe loue fort ailleurs la tranquillité de *Canus Julius,* illustre Romain,
qui sachant depuis dix jours, de la bouche même du
cruel *Caligula,* qu'il étoit condamné à mourir, sur
une fausse accusation d'avoir conjuré contre cet Empereur, jouoit tranquillement aux *Dames (ludebat
latrunculis)* lors qu'on vint le chercher pour le conduire au supplice. Il conta alors ses pièces, & dit à
celui avec qui il jouoit : *Au moins n'allez pas dire
après ma mort, que vous aviez gagné.* Après quoi s'a-
dressant à l'Officier qui étoit-là pour l'emmener :
Vous serez témoin, lui dit-il, *que j'avois une pièce de
plus.* De tranquill. anim. Cap. XIV. Cette tranquillité
d'esprit étoit assurément fort grande : mais, d'autre
côté, l'affaire étoit trop sérieuse pour gogeunasser
dans ce moment-là.

M 3

§. IV. IL N'Y A, ce me semble, que cinq sortes de vûës qu'une personne qui joue puisse avoir avec quelque apparence de raison : la *prémiére*, c'est celle dont nous venons de parler comme pouvant avoir lieu quelquefois, mais non pas toûjours, je veux dire, de faire diversion au Chagrin & à la Douleur : la *seconde*, de passer le tems, pour éviter l'ennui d'une oisiveté presque perpétuelle dont on s'est fait une agréable habitude : la *troisiéme*, d'exercer le Corps ou l'Esprit, & d'entretenir ou d'augmenter leur adresse & leurs forces naturelles : la *quatriéme*, de faire du Jeu une espéce de commerce : la *cinquiéme* enfin, de se délasser, pour être en état de reprendre son ouvrage & d'y travailler avec plus d'ardeur.

§. V. CE QUE nous avons dit au sujet de la *prémiére*, suffit pour la rejetter ici, comme n'étant pas la vraie & naturelle qui ait lieu pour l'ordinaire. La *seconde*, quoi que fort commune, est manifestement condamnable par ce que nous avons établi dans le Chapitre prémier de cet Ouvrage, où nous avons fait voir (a) que l'Homme est né pour travailler d'une maniére ou d'autre, autant que sa santé & ses forces le lui permettent.

(a) Voiez aussi ci-dessous, Liv. IV. Chap. VI. §. 4.

§. VI. POUR ce qui est de la *troisiéme*, outre qu'elle n'a point de lieu dans les Jeux de de pur hazard , on peut dire hardiment, que la plûpart des Joueurs n'y penſent en aucune manière ; & ſi l'on s'en pique un peu, ce n'eſt guéres qu'aux *Dames* & aux *Échecs.* S'il y a des Jeux qui tendent à rendre le Corps plus ſouple & plus vigoureux, la Main plus ſûre & plus adroite, l'Eſprit plus vif & plus pénétrant , il eſt non ſeulement permis, mais on fait même bien de s'y divertir autant qu'il eſt néceſſaire par rapport à d'autres choſes utiles en elles-mêmes. La Politique voudroit qu'on en établît (a) de tels, & que profitant de ce qu'il y avoit de bon dans les *Exercices* de l'Antiquité, dont l'uſage ſi frequent, ſur tout chez les *Grecs* , eſt entiérement aboli depuis long-tems, on y ajoûtât ce que l'expérience & les lumiéres des derniers Siécles pourroient ſuggérer de plus avantageux & de plus propre à la fin dont il s'agit. Il ſeroit du moins à ſouhaitter que quelque choſe de ſemblable prît la place des Jeux les plus communs aujourd'hui, qui ſont de toute autre nature , & où cette vuë n'entre pour rien. Je doute même qu'ils y (b) ſerviſſent beaucoup, quand on les y rapporteroit véritablement & directement.

§. VII. A L'EGARD de la *quatriéme*, qui conſiſte à faire du Jeu une eſpéce de commerce, ſi elle étoit légitime, il faudroit ériger en Profeſſion honorable ou du moins

(a) Voiez *Fleury, Du Choix & de la méthode des Etudes,* Artlc. XX.

(b) Voiez plus bas, Chap. V. §. 8. ſur la fin : & Ch. VIII. §.6,7.

M 4 au-

autorisé, le métier de jouer que font bien
des gens. Je ne sache pourtant pas qu'il y
ait eu quelque part un Corps de Joueurs
qui tînt rang parmi les divers Ordres d'u-
ne Ville ou d'un Etat. Bien loin de là:
dans toutes les Sociétez Civiles bien poli-
cées, ces sortes de gens ont été regardez en
général avec beaucoup de mépris, & tolé-
rez seulement de la même manière qu'on
souffre les *Courtisanes*, & autres semblab-
bles personnes, dont le caractère par lui-
même emporte quelque flétrissure. Aristote ne (1) fait pas difficulté de mettre
les Joueurs de profession au même rang
que les *Voleurs* & les *Brigands*, comme
étant les uns & les autres uniquement occupez à rechercher un gain deshonnête. Ciceron, dans le dénombrement qu'il fait
des Métiers bas & indignes d'un Honnête
Hom-

(1) Ὁ μὲν τοι Κυβευτὴς, καὶ ὁ Λωποδύτης, καὶ ὁ
Λῃστὴς, τῶν ἀνελευθέρων εἰσὶ; αἰσχροκερδεῖς γάρ. *Ethic.
Nicomach. Lib. IV. Cap. III. sub fin.* PLUTARQUE
traite aussi les Joueurs de gens qui cherchent un
gain deshonnête. C'est dans le Traité *de la manière
dont il faut lire les Poëtes*, où il dit qu'on peut, en
parodiant un ancien vers, faire ce reproche piquant
à un Joueur:

Tu joues, oubliant de qui tu es forti !

Καὶ πρὸς τ ἄσωτον (l'Interprète Latin dit ici très-mal,
prodigue, au lieu de *Débauché*) οἷόν τε λέγεθ,
καὶ πρὸς τ αἰσχροκερδῆ.....

Πίνυς ἀρέτου πατὲρ Ἑλλήνων γεγώς,
ἢ κυβεύεις, ἢ ἐρτυγοκοπεῖς, ... μηδὲν μέγα φρονῶν,
μηδὲ ἄξιον τ εὐγενίας. Tom. II. pag. 34. D.

Homme, n'oublie (1) pas celui de Joueur.
Par le *Droit Romain* (2) les Joueurs étoient
o reputez infames, & n'avoient point d'action en Justice (3) pour se faire paier ce
qu'on leur devoit du Jeu ; au lieu qu'on
étoit reçû , pendant cinquante ans après,
à redemander ce que l'on avoit perdu &
qu'ils avoient déja touché. Les autres Conventions même , faites dans le Jeu ou à
l'occasion du Jeu, étoient par cela seul in-
valides ; en sorte que si , par exemple,
(4) on avoit vendu une chose pour avoir
de-

(1) *Adde huc* [in *sordidis quæstibus*], *si placet, Un-
guentarios, Saltatores, totumque Ludum talarium.* De
Offic. Lib. I. Cap. XLII. Il ne parle que du Jeu des
Osselets ou des *Dez*, parce que c'est aux Jeux de Hazard que les Joueurs de profession jouent le plus souvent, & aiment le plus à jouer.

(2) Cela paroît par tout ce que porte le Titre *de
Aleatoribus*, & dans le DIGESTE, & dans le Co-
DE. Il y a aussi une Loi, où les Joueurs sont mis au
même rang, que les Larrons & les Adultéres. *Nam
& Furem, Adulterum, Aleatorem, quamquam aliqua
significatione ex animi propositione cujusque sola quis di-
cere posset &c.* DIGEST. Lib. L. Tit. XVI. *De ver-
borum significatione*, Leg. CCXXV. Voiez encore Lib.
XVII. Tit. II. *Pro Socio*, Leg. LIX. §. 1.

(3) *Victum in Alea lusis, non posse conveniri: & si
solverit, habere repetitionem, tam ipsum, quam heredes ejus, adversus victorem & ejus heredes, idque perpe-
tuo, & etiam post triginta annos.....* Data autem super
Alea lusis cautio fit irrita, & condici posset .... non
obstante nisi quinquaginta annorum præscriptione.* COD.
Lib. III. Tit. XLIII. Leg. I, III.

(4) *Si in Alea rem vendam, et ludam, & evicta re
conveniar: exceptione submovebitur Emptor.* DIGEST.
Lib. XLIV. Tit. V. *Quarum rerum actio non datur.* Leg.
II. §. 1. Voiez aussi Lib. XXII. Tit. III. *De probationi-
bus & præsumptionibus*, Leg. XIX. §. 4.

dequoi jouer, & qu'elle vînt à être recla-
mée par celui à qui elle appartenoit véritablement, l'Acheteur n'avoit pas son recours contre le Vendeur pour la garantie
de cette éviction, comme il l'auroit eu sans
cela. Bien plus : si (1) celui qui donnoit à
jouer chez lui étoit battu, volé, ou mal-
traité de quelque autre manière pendant
tout ce tems-là, non seulement par les
Joueurs, mais encore par toute autre personne ; c'étoit tant pis pour lui, la protection des Loix lui étoit entiérement refu-
sée.

§. VIII. Mais laissant-là l'avantage qu'on
pourroit tirer de la manière dont les Joueurs
de profession ont été regardez de tout tems
& presque par tout païs ; considérons la
chose simplement en elle-même, & voions
s'il y a quelque raison plausible qui soit assez forte pour réhabiliter un Genre de Vie
si décrié. L'interêt de la Société demande
certainement diverses sortes de Commerces, sur tout depuis que l'Education & l'Ac-
coûtumance ont rendu nécessaires bien des
choses dont on se passoit & auxquelles on
ne

___

(1) *Prator ait :* SI QUIS EUM, APUD QUEM
ALEA LUSUM ESSE DICETUR, VERBERAVE-
RIT, DAMNUMVE EI DEDERIT, SIVE QUID
EO TEMPORE DOLO EJUS SUBTRACTUM EST,
JUDICIUM NON DABO.... *Furtum factum domi,*
& eo tempore, quo alea ludebatur, licet lusor non fuerit
qui quid eorum fecerit, impune sit. DIGEST. Lib. XI.
Tit. V. *De Aleatoribus,* Leg. I.

ne penſoit pas même dans la ſimplicité des
prémiers Siécles du Monde. Par conſéquent
il faut que chaque Commerce ſoit tel, qu'il
n'y aît pas lieu de craindre que tout le monde s'y jette. Quelque utile que ſoit une Profeſſion, ſi chacun avoit beaucoup de panchant à l'embraſſer, toutes les autres tom-
beroient en peu de tems, & ainſi on ſeroit bien-tôt privé d'une infinité de choſes
qui ſervent aux beſoins ou aux commoditez de la Vie. Il n'y a nulle apparence que
cela arrive jamais à l'égard des Arts & des
Métiers honnêtes, établis dans les Etats bien
réglez. Chacun choiſira toûjours à la vérité la Profeſſion qui lui paroîtra la plus avantageuſe de celles auxquelles il croira pouvoir prétendre : cependant il y en a toûjours quelcune pour laquelle on ſent plus
d'inclination que pour les autres.   L'un aime mieux être Artiſan, que Laboureur;
l'autre Laboureur, qu'Artiſan.   L'un préfére le métier de Tailleur à celui de Cordonnier; l'autre le métier de Maſſon à celui de Menuiſier. L'un a du panchant pour
l'Etude, l'autre pour les Armes, l'autre
pour le Négoce &c.   Mais ſuppoſons que
dans une Société on vînt à regarder le Jeu
comme un métier qui n'a rien que d'honnête & de légitime: que croit-on qui arri-
veroit de là ? Peut-on bien ſe perſuader
qu'il n'y eût pas trop de monde qui s'en-
rollât

rollât dans ce nouveau Corps, ou que leur nombre ne fût à proportion guéres plus grand que celui des aspirans à toute autre Confrairie? Il me semble au contraire qu'on peut dire à coup sûr que de mille Jeunes Gens qui délibéreroient sur le choix d'une Profession, à peine s'en trouveroit-il un seul qui ne se déterminât en faveur du Jeu. On ne sait que trop, combien la Jeunesse (1) fuit le Travail, & avec quelle ardeur elle cherche le Plaisir. Quelle idée agréable ne se feroit-on pas de passer son tems à jetter le Dé ou à remuer les Cartes, à pousser une Boule ou une Bille, à balotter une Paume? Mis à part même le plaisir, chacun trouveroit ordinairement plus de facilité à apprendre le Jeu le plus difficile, que le Métier le plus facile. D'ailleurs, l'espérance du gain que l'on se promettroit d'une occupation si peu fatigante, seroit encore un charme puissant pour y engager. On auroit beau alléguer mille exemples de gens qui s'y seroient ruinez : ils ne serviroient de rien pour rebutter un Jeune Homme, qui se flatteroit aisément d'être plus adroit ou plus heureux, & qui opposeroit à cela tant de gens qui ont mal fait leurs affaires dans quelque autre sorte de Métier

ou

---

(1) ———— Ita ut ingenium est omnium Hominum à Labore proclive ad Lubidinem &c.
TERENT. Andr. Act. I. Scen. I. vers. 50, 51.

ou de Commerce. Que si, par contrainte ou par complaisance pour ses Parens, il résistoit un peu à la tentation, du moment qu'il ne seroit plus sous puissance d'autrui, & que les personnes pour qui il avoit des égards, ne pourroient plus le gêner, il renonceroit bien-tôt à la Profession qu'on lui auroit fait embrasser malgré lui, pour se donner à celle du Jeu, où il trouvoit tant d'attraits. Ceux même qui n'auroient pas autrement beaucoup d'inclination pour le Jeu, courroient risque de s'y laisser entraîner par l'exemple & par les occasions qui se présenteroient à eux tous les jours. Il ne faudroit si ce n'est qu'ils allassent quelquefois dans les lieux où l'on joue : car, comme dit l'ancien Proverbe, (a) *De deux Regardeurs, il y en a un qui devient Joueur :* ou qu'ils vissent faire au Jeu quelque grosse fortune, ou qu'eux-mêmes s'y étant un peu amusez sans aucun dessein de s'y adonner, eussent gagné quelque chose : l'espérance d'un nouveau profit plus considérable seroit alors une grande amorce pour les engager dans un commerce agréable où ils trouveroient d'ailleurs l'exemption du Travail & un passe-tems commode.

(a) *Thiers, Traité des Jeux & des Divertiss. Chap. XX. pag. 224.*

§. IX. JE VEUX bien, pour un moment, supposer contre toute vraisemblance, qu'il n'y eût pas beaucoup plus de gens qui fissent du Jeu leur principale occupacupation, qu'il n'y en a qui choisissent quelcune des Professions autorisées par les Loix & par l'Estime Publique. En accordant, dis-je, cela, je demande, de quel usage seroient les Joueurs dans une Société ? L'utilité des Métiers & des Arts, tant Méchaniques que Libéraux, est de la derniére évidence. Les Arts même qui pour l'ordinaire servent plus au Luxe, qu'aux besoins ou aux commoditez de la Vie, ne laissent pas d'être avantageux à bien des égards. Outre mille usages louables ou du moins innocens qu'on peut tirer d'ailleurs de l'industrie des Ouvriers ou des Artisans qui les exercent, ils font gagner (a) la vie à un grand nombre de gens, qui sans cela se verroient bien-tôt réduits à mourir de faim, dans l'état où sont les choses. Mais quel bien reviendroit-il de la Profession du Jeu ? Seroit-ce de fournir dequoi travailler & dequoi s'entretenir à ceux qui font les Instrumens nécessaires pour jouer ? Cela fait une très-petite partie de leur profit ; ils n'en gagneroient pas moins leur vie en travaillant aux autres choses qui sont de leur métier ; & ils tireront même de là le même avantage, quand on jouera par pur divertissement. Ou bien aura-t-on égard ici à l'intérêt de ceux qui tiennent des Académies de Jeu ? Il n'en faut pas beaucoup pour donner à jouer à un grand nombre

de

(a) Voiez la Vanité des Sciences, par P. Papin, pag. 4, & suiv.

de gens ; & fi l'on veut fe fervir de fon induftrie & faire valoir fes talens, on ne manquera guéres de trouver d'autres reffources plus fûres & plus honnêtes. D'ailleurs, cet avantage, fuppofé qu'il y en eût, feroit-il de quelque confidération, étant mis en balance avec les affreux défordres auxquels on voit tous les jours que le Jeu donne occafion?

§. X. QUAND même le Jeu n'auroit pas de fi fâcheufes fuites, lefquelles, quelque ordinaires qu'elles foient, peuvent être regardées comme des chofes qui l'accompagnent par accident; je foûtiens qu'un tel commerce renferme par lui-même quelque chofe de contraire & aux Loix de l'Evangile, & aux Maximes de (1) l'Equité Naturelle. L'Apôtre St. PAUL (a) dit for- (a) L. Thef. mellement, que *perfonne ne doit tâcher de* fal. IV, 6. GAGNER SUR SON FRERE, PAR AVARICE, *dans les affaires qu'ils ont enfemble:* & rien n'eft plus conforme aux Loix de la Société Humaine en général, auffi bien qu'à l'intérêt de chaque Etat en particulier. Ce qui rend juftes & raifonnables les diverfes fortes de Commerce, c'eft l'utilité réciproque

(1) Le Jurifconfulte *Pomponius* dit très-bien, qu'il eft contre l'Equité Naturelle, de s'enrichir aux dépens d'autrui. *Nam hos natura aquum eft, neminem cum alterius detrimento fieri locupletiorem.* DIGEST. Lib. XII. Tit. VI. *De condict. indebiti,* Leg. XIV. Voiez auffi Lib. L. Tit. XVII. *De diverf. Reg. Jur.* Leg. CCVI.

que des Contractans. Tout Contract, toute Convention intéressée de part & d'autre, roule essentiellement sur une espéce d'échange de services & d'offices, où chacun trouve son compte. Vous prenez de la peine en ma faveur, vous me donnez vôtre tems & vôtre travail ; je vous donne en revanche mon argent ou quelque autre chose d'égale valeur. Vous m'accordez l'usage de vôtre Maison, ou d'une (a) certaine Somme, que vous n'êtes pas d'ailleurs obligé de me prêter gratuitement ; je vous promets en recompense un certain dédommagement & un certain profit, qui fait que les choses sont égales de part & d'autre, & que je procure vôtre intérêt à proportion de ce que vous procurez ma commodité. Il en est de même des autres sortes de Commerces légitimes que les Hommes font ensemble. Et de là vient que, du moment qu'il paroît une lézion considérable, c'est-à-dire, qu'il y a beaucoup plus d'avantage pour l'une des Parties que pour l'autre, le Contract est nul par toutes les Loix & Divines & Humaines. Les derniéres à la vérité n'ont égard qu'à ce degré un peu haut d'inégalité entre les Contractans, parce que, pour couper chemin à une multitude infinie de Procès, qui ne sont déja qu'en trop grand nombre, elles (b) n'épluchent pas tout à la dernière rigueur ; & qu'il est bon

d'ail-

(a) Voiez le Traité de Mr. *Noodt, de Fænore & Usuris,* Lib. I. Cap. VI. pag. 35.

(b) Voiez *Pufendorf, Droit de la Nat. & des Gens,* Liv. III. Chap. IV. §. 6. & Liv. VIII. Chap. I. §. 1. & Chap. III. §. 14.

d'ailleurs de laisser quelque matiére aux effets sensibles d'une Vertu sincére & qui agit sans contrainte. Mais pour ce qui est des Loix Divines, soit du Droit Naturel ou de la Révélation, elles demandent ici une égalité d'intérêt aussi exacte qu'il est possible : elles veulent que chacune des Parties retire à peu près le même avantage de ces sortes d'Engagemens, qui par eux-mêmes tendent ou doivent tendre à leur utilité mutuelle & en même tems au Bien Public. D'où il s'ensuit évidemment, que ce qui va à enrichir l'un des Contractans au préjudice de l'autre, est contraire aux Régles de l'Equité Naturelle, & par conséquent toûjours illicite. Or c'est ce qui a lieu dans le Jeu, supposé qu'on en fasse une espéce de commerce. Car si le Bonheur va & vient, & que tantôt l'un gagne, tantôt l'autre, il n'en reviendra du profit à aucun des Joueurs : au bout de l'an il se trouvera que chacun aura perdu ; & le plus liquide sera pour ceux qui vendent les Cartes, par exemple, ou qui donnent à jouer. De sorte que qui feroit ce seul commerce, seroit bien tôt ruiné, à moins qu'il n'eût de grands biens. Pour profiter donc quelque chose au Jeu, il faut que chacun tâche de dépouiller son compagnon, & que les uns ou les autres fassent quelque grosse perte. De là vient que les Jeux de Hazard

N   sont

font ceux que les Joueurs de profeſſion aiment le mieux, parce qu'on y peut faire (1) en peu de tems un gain conſidérable: au lieu qu'il n'en eſt pas de même des Jeux d'adreſſe, à moins qu'il n'y aît une grande inégalité dans les forces des Joueurs. On peut donc, ſur ce pié-là, regarder le Jeu comme une eſpéce de Guerre ou plûtôt de Brigandage, où chacun fait de ſon mieux pour s'accommoder aux dépens des autres: & la fauſſe idée que HOBBES a donné de l'Etat Naturel de tous les Hommes, conviendroit très-bien à l'aſſemblage des Joueurs de profeſſion. *Les Grecs s'aſſembloient*, (dit agréablement un Auteur (a) Moderne) *pour voir combattre des*
Athlê-

(a) *Amuſemens ſérieux & comiques*, pag. 72.

(1) C'eſt le caractére de ceux qui ont un grand déſir d'être riches, qu'ils veulent le devenir en peu de tems. JUVENAL l'a très-bien remarqué dans les vers ſuivans, où il fait regarder cette envie d'avoir, comme la ſource ordinaire des plus grands Déſordres.

Indé feré ſcelerum cauſſa, nec plura venena
Miſcuit, aut ferro graſſatur ſæpius ullum
Humanæ mentis vitium, quam ſæva cupido
Immodici cenſûs. nam DIVES QUI FIERI VULT,
ET CITO VULT FIERI. *ſed quæ reverentia legum,*
Quis metus aut pudor eſt unquam properantis Avari?
Satyr. XIV, 173, & ſeqq.

Il y a auſſi un vers de PUBLIUS SYRUS qui porte que jamais Honnête-Homme ne s'eſt enrichi tout d'un coup.

Repente dives, nemo factus eſt bonus.
Verſ. 671. Ed. Amſt. 1708. Sur quoi voiéz le Commentaire poſthume de *Gruter*.

Athlètes, c'est-à-dire, pour voir des Hommes s'entretuer : ils appelloient cela des Jeux; quelle barbarie! Mais sommes-nous moins barbares, nous qui appellons un Jeu l'assemblée du Lansquenet, où, pour user de l'expression des Joueurs mêmes, on ne va que pour s'égorger les uns les autres. Je sai qu'il y a des occasions & des Métiers même où l'on gagne légitimement quelque chose, (1) quoi qu'on ne le puisse faire sans (a) le dommage d'autrui. Mais ce dommage alors n'est nullement une suite ni directe, ni indirecte, d'une Convention où nous ayions part ; il arrive par accident à nôtre égard , & nous ne sommes ou devons pas du moins en être nous-mêmes la cause en aucune sorte.   Au lieu qu'on ne sauroit faire bien ses affaires au Jeu , sans ruiner ou appauvrir du moins ceux avec qui l'on s'engage à ce malheureux commerce. Le métier de Joueur est donc, de quelque maniére qu'on l'envisage, absolument incompatible avec le caractére d'une personne sage & raisonnable, & à plus forte raison avec celui d'un Chrétien.

§. XI. ON dira peut-être, qu'on ne fait pas du Jeu son principal trafic, & qu'on y desti-

(a) Voiez *Senèque, De Benefic. Lib.* VI. *Cap.* XXXVIII. & *Montagne,* Essais, Liv. I. Ch. XX.

(1) On peut appliquer ici le vers suivant de PUBLIUS SYRUS:

Lucrum sine damno alterius fieri non potest.

Vers. 356. *Ed. Amst.* 1708. sur quoi voiez les Notes posthumes de *Grater.*

N 2

deftine feulement une partie de fes biens.
Mais pour peu qu'on faffe reflexion à l'expérience de tous les Siécles , on conviendra
qu'il eft très-difficile d'en demeurer-là.
Le pas eft fort gliffant. C'eft beaucoup, fi
de cent perfonnes il s'en trouve une feule
qui aît affez de pouvoir fur foi-même pour
jouer fagement , & pour ne rifquer qu'une
certaine fomme , limitée par avance. La
plûpart, auffi-tôt qu'ils auront pris goût à
ce commerce engageant , s'y donneront
prefque entiérement , hazarderont tôt ou
tard ce qu'ils ont de plus précieux, & s'ex-
poferont infenfiblement à toutes les mauvaifes fuites du Jeu , quelque réfolution
qu'ils euffent formé d'abord de ne pas aller au delà de certaines bornes. Madame
DESHOULIÈRES (a) l'a très-bien dit dans
ces beaux vers que chacun fait, & que tous
les Joueurs devroient avoir inceffamment
préfens à leur efprit & à leur mémoire:

(a) Tom. I, pag. 89. dern. Edit. d'Amft.

Les Plaifirs font amers , d'abord qu'on en abufe.
Il eft bon de jouer un peu ;
Mais il faut feulement que le Jeu nous amufe.
Un Joueur, d'un commun aveu ,
N'a rien d'humain que l'apparence :
Et d'ailleurs , il n'eft pas fi facile qu'on penfe,
D'être fort honnête homme, & de jouer gros
jeu.
Le défir de gaguer, qui nuit & jour occupe,
Eft un dangereux éguillon.

Sou-

Souvent, quoi que l'Esprit, quoi que le Cœur
    soit bon,
    On commence par être duppe,
    On finit par être fripon.

D'ailleurs, il y a ici une autre chose à opposer aux vains prétextes des Joueurs; c'est
qu'ils peuvent faire mille usages avantageux
à la Société de cette partie de leurs biens
ou de leurs revenus qu'ils emploient à un
commerce d'où il ne revient du moins à
personne aucune vraie & solide utilité. A-
RISTOTE, dans l'endroit que nous avons
cité (a) ci-dessus, aiant mis les Joueurs de
profession au nombre des gens qui font mêtier de courir après un gain deshonnête, en
rend cette raison, (1) *qu'ils gagnent l'ar-*
gent de leurs Amis, à qui ils devroient
plûtôt en faire des libéralitez. C'est aussi
apparemment dans cette vûë que (2) So-
CRATE disoit, que *ceux qui jouent sont*
oisifs, quoi qu'ils fassent quelque chose;
                                    par-

(a) §. 7. de
ce Chap.

_____

(1) Oἱ ἢ [Κυβευταὶ, que Mr. *Thiers* (pag. 137.) traduit plaisamment, *Joueurs de Dez & de Cartes,* comme si alors on eût joué aux Cartes] ἀπὸ τ῀ φίλων κερ-
δαίνουσιν, οἷς δεῖ διδόναι. Ἀμφότεροι δὲ, ὅθεν ἐ δεῖ,
κερδαίνειν βυλόμενοι, αἰσχροκερδεῖς. *Ethic. Nicom.* Lib.
IV. *Cap.* III.

(2) Καὶ γὰ τὺς ἀντιεύοντας..... ποιεῖν τι· πάντας
ἢ τύτες ἔφη σχολάζειν· ἐξεῖναι γὰ αὐτοῖς ἰέναι πράξον-
τας τὰ βελτίω τέτων. ἀπὸ μὲν τοι τ῀ βελτιόνων ἐπὶ τα'
χείρω ἰέναι, ἐδένα σχολάζειν· εἰ δέ τις, ἴοι, τύτον,
εσχολίας αὐτῷ ἔσης, κακῶς ἔφη τέτο πράττειν. ΧΕ-
ΝΟΡΗ. *Memorabil. Lib.* III. *Cap.* IX. §. 9. *Edit. Oxon.*
Voiez aussi *Lib.* I. *Cap.* II. §. 57.
                            N 3

parce qu'ils pourroient s'occuper plus aisément. Car si l'on ne joue que pour se délasser, afin d'être ensuite plus propre au Travail, c'est ce qu'on peut faire de mieux pour l'heure ; ce n'est pas du moins une oisiveté blâmable. Aussi *Socrate* ajoûte-t-il immédiatement après les paroles qu'on vient de rapporter, *que personne ne doit avoir loisir de passer de ce qui est meilleur à ce qui est moins bon, & que c'est mal fait de laisser celui-là pour celui-ci, pendant qu'on a quelque chose à faire.*

§.XII. CONCLUONS, avec un grand Orateur & Philosophe Romain, que le but naturel & légitime du Jeu est de se procurer un repos modéré & une honnête recréation, (1) après s'être aquitté des choses graves & sérieuses auxquelles on est tenu de vaquer.

(1) *Ludo autem & Joco uti illo quidem licet ; sed sicut Somno & Quietibus ceteris, tum cum gravibus seriisque rebus satisfecerimus.* De Offic. Lib. I. Cap. XXIX.

CHAPITRE II.

S'il est permis de jouer gros jeu ?

§.I. PUIS QUE le Jeu ne doit pas être un commerce, & que son usage naturel est seulement de se divertir, comme
nous

nous venons de le faire voir ; il paroit de
là d'abord , par une conséquence nécessaire, qu'il ne faut jouer que très-peu de chose. C'est ce que nous allons démontrer plus
particuliérement.

§. II. BIEN LOIN qu'il y ait aucune
raison plausible qui tende à autoriser la licence de jouer des sommes considérables;
il semble au contraire que, le vrai but du
Jeu une fois posé , il est sinon absolument
contre cette fin , du moins assez superflu,
de jouer la moindre chose. Car si vous vous
proposez uniquement de vous divertir, ne
le ferez-vous pas aussi bien en ne jouant
rien du tout, qu'en jouant un Ecu ou une
Pistole ? Le plaisir propre & légitime du
Divertissement consiste à passer un certain
tems en faisant quelque chose qui demande beaucoup moins de peine ou d'application, que les Occupations sérieuses & ordinaires. Or ne peut-on pas également satisfaire ce désir, soit que l'on ne joue rien,
ou qu'on joue quelque chose ? N'y a-t-il
pas des Jeux, comme celui des *Echecs*,
auxquels bien des gens s'amusent agréablement, quoi qu'ils n'y attendent d'autre fruit
de leur victoire, que l'honneur d'avoir
gagné ? Si vous dites que le Jeu n'intéresse plus, qu'il languit, qu'il ennuie, quand
il n'est pas animé par l'espérance du Gain,
c'est avouer nettement que vous jouez

N 4   pour

pour gagner, plus que pour vous divertir: dès-là vous allez à détourner le Jeu de sa destination naturelle, vous vous laissez entraîner à une vûë, qui vous ménera peut-être plus loin que vous ne pensez; c'est à quoi l'on s'expose, du moment qu'on se hazarde à passer (1) un peu les bornes de la Nature.

§. III.

(1) C'est la remarque de MAXIME DE TYR, au sujet des Plaisirs. Il dit que tant qu'on les goûte pour le besoin seulement, il n'est point à craindre d'en prendre trop: mais qu'aussi-tôt qu'on passe ces bornes, il n'y a plus moien de s'arrêter, on court risque de s'y laisser entraîner aussi loin qu'ils voudront; de sorte qu'aiant le champ libre, ils l'emporteront aisément sur la Vertu. Καὶ μέχρι μὲν τέτων ἐςὶ λαβεῖν ὅρος Ἡδονῶν, τὴν χρείαν αὐτὴν· ἐὰν ⅋ ταῦτα ὑπερβῇς, καὶ προέλθῃς περαιτέρω, δίδως ταῖς Ἡδοναῖς δρόμον ἄπαυσον, καὶ τὰς Ἀρετὰς ἀποτυχίζεις. Τῦτο γεννᾷ τὰς πλεονεξίας, τῦτο ποιεῖ τὰς τρυφηλίδας &c. Differt. XXXIV. pag. 352. Edit. Davis. Voiez ce qui suit & ce qui précéde, où ce Philosophe Orateur donne plusieurs autres exemples en termes fort éloquens. Avant lui SENE'QUE avoit fait la même remarque: Necesse est in immensum exeat cupiditas, quæ naturalem modum transiliit. Illa enim habet suum finem: inania, & ex libidine orta, sine termino sunt. Necessaria metitur utilitas. superuacua quo redigis? Epist. XXXIX. HIEROCLE'S, sur le XXXV. des Vers dorez de Pythagore, exprime la chose fortement en peu de mots: Ἅμα γὸ ὑπερβῇς τὸ ΜΕΤΡΟΝ τῆ χρείας, καὶ εἰς τὸ ἄπειρον προῆλθες τῆ ἐπιθυμίας. C'est-à-dire, selon la version de Mr. Dacier, qui corrige aussi avec raison deux mots du Texte, selon le MS. de Florence: DE's que tu passes la mesure du besoin, tu te jettes dans l'immensité du désir. Pag. 198. Ed. Lond. 1654. A ce Commentateur de Pythagore, ajoûtons les paroles suivantes d'un autre Philosophe Pythagoricien: Καθόλυ ⅋ τῆ περὶ ἄνθρωπον σπαθὸν σχεδὸν τῦτο μάλιςα τοιῦτον εἶναι, οἷον μηδαμῦ ἵςαδχ, αλλὰ προάγειν εἰς ἄπειρον. JAMBLICH. de Vit. Pythag. Cap. 206. Ed. Kust.

§. III. IL FAUT avouer que la maniére de jouer la plus raisonnable, la plus sûre, la plus propre à prévenir les mauvaises suites de ce divertissement, seroit d'en bannir tout ce qui est capable d'y faire prévaloir quelque motif d'interêt. Cependant comme rien n'est plus rare, du moins à l'égard des Jeux les plus communs, que de jouer purement & simplement pour la gloire & pour la recréation ; & que d'ailleurs il n'est pas impossible de se tenir ici dans de justes bornes: je n'ai garde de (a) m'opposer absolument à un usage qu'il seroit difficile d'abolir. Mais je crois pouvoir exiger raisonnablement, que ce que l'on risque au Jeu ne soit jamais assez considérable pour faire perdre de vûë la fin principale de cet amusement, & pour le changer en un commerce effectif, où il y aît à perdre, aussi bien qu'à gagner, quelque chose qui vaille la peine qu'on s'interesse & qu'on s'empresse à la conserver ou à l'aquérir.

§. IV. OR c'est ce qui n'a pas lieu, lorsque l'on joue gros jeu, je veux dire, non seulement quand il s'agit d'une partie considérable de nôtre bien, mais encore d'une somme beaucoup moindre, que l'on ne perdroit pas sans quelque chagrin dans toute autre occasion. La crainte de perdre, & l'envie de gagner, produisent alors dans la plûpart des Joueurs des sentimens plus vifs

(a) Comme fait, p. e. Mr. *Hyde*, à la fin de ses *Prolegomena curiosa* qui sont au devant de l'*Histoire des Jeux des Echecs*, c'est-à-dire, de la I. Partie de son Ouvrage, *de Ludis Oriental.*

N 5   que

que le simple plaisir de passer le tems agréablement, & qui étant de différente nature étouffent presque ceux qui devroient seuls o regner dans un tel amusement.

Supposé même (ce qui est rare) qu'un Joueur fasse litiére de l'argent, & qu'il ne se soucie guéres ni de gagner ni de perdre, soit qu'il ait de grands biens, ou qu'il se trouve d'un caractére fort éloigné de l'Avarice; à quoi bon un tel homme voudroit-il jouer gros jeu? Puis qu'il n'est sensible ni au Gain, ni à la Perte, ne se divertira-t-il pas aussi bien en ne jouant que peu de chose?

§. V. D'AILLEURS, ou la somme que l'on hazarde est telle qu'on en sera incommodé, si on vient à la perdre, ou bien la perte ne peut pas nous incommoder, quelque considérable que soit la somme en elle-même. Dans le prémier cas, c'est du moins une grande imprudence, de s'exposer aux suites de cette perte, sur tout si d'autres en souffrent; de quoi nous traiterons (a) plus amplement en son lieu. Je puis gagner, direz-vous, & par là en même tems éviter la perte & me mettre plus à mon aise. Mais vous pouvez perdre aussi; ce qui suffit pour me donner lieu de soûtenir, que vous n'agissez nullement en homme sage. Et qui vous a dit que vous gagneriez, plûtôt que vous ne perdriez? Déja si c'est à un Jeu

(a) Chap.
V. §. 29, &
suiv.

de

de pur hazard que vous jouez, à moins
que vous ne pipiez le Dé, ou que vous
n'uſiez de quelque autre tromperie, il n'eſt
point de moment où vous n'ayiez lieu de
craindre. Quand vous auriez joué toute vôtre vie ſans rien perdre, ou même avec le
plus grand bonheur du monde, vous n'auriez aucune raiſon d'en tirer un augure favorable pour l'avenir. C'eſt une erreur po-
pulaire, de concevoir le Bonheur comme
une qualité permanente, qui donne droit
d'eſpérer déſormais le même ſuccès. „ On
„ (a) peut bien dire qu'un homme a été
„ heureux juſques à un certain moment;
„ mais pour le moment ſuivant, il n'y a
„ nulle probabilité plus grande qu'il le ſoit,
„ que ceux qui ont été les plus malheu-
„ reux." Il y a le même ſujet d'appréhender, quoi qu'un peu moins, dans les Jeux
mêlez d'adreſſe & de hazard: il peut ſurve-
nir de ſi méchans coups, que toute l'habileté d'un Joueur lui ſera preſque inutile.
Pour ce qui eſt des Jeux de pure adreſſe,
quelque égalité qu'il y aît d'ailleurs dans
les forces des Joueurs, on ſe trouve quelquefois dans de telles diſpoſitions, il arrive de ſi grandes diſtractions & des cas fortuits ſi fâcheux, que l'on perdra ſouvent
pluſieurs fois de ſuite.

Que ſi la perte n'eſt pas aſſez conſidérable pour qu'on en ſoit incommodé pour

le

(a) *Art de
Penſer*, I.
Part. Chap.
X. p. 112.

le coup, elle peut le devenir avec le tems, quoi que plus tôt ou plus tard selon qu'on est riche ou que la chance tourne opiniâtrement à nôtre desavantage. On ne se contente guéres d'avoir perdu une ou deux fois quelque somme considérable : on veut (1) se raquitter, & par là on se ruine souvent. L'expérience est ici trop certaine & trop fréquente, pour avoir lieu d'en douter.

§. VI. QUAND même on seroit entiérement à l'abri de toute crainte de s'incommoder soi-même ou les siens en jouant gros jeu, c'est toûjours faire de son bien un mauvais usage. Pour ne rien dire de ce qu'il y a d'irrégulier dans la nature même d'un tel commerce, comme je l'ai fait voir (a) ci-dessus; quel avantage revient-il ou à vous-mêmes, ou à autrui, de cet argent que vous pouviez employer à mille choses louables en elles-mêmes, & qui auroient tourné à l'Utilité Publique ? Ou vous gagnerez, ou vous perdrez. Si vous gagnez, peut-être que celui qui aura perdu souffrira de son imprudence, peut-être que l'incommodité en réjaillira sur d'autres personnes

(a) Chap. précédent, §. 10.

(1) Sic, ne perdiderit, non cessat perdere Lusor ;
　　Et revocat cupidas Alea blanda manus.
OVID. de Art. Amandi, Lib. I. vers. 451, 452. Voiez ce que dit Callistrate, Thébain, sur ceux qui aiant perdu veulent toûjours jouer le double, dans XÉNOPHON, Hist. Græc. Lib. VI. Cap. III. §. 6.

nes qui ne l'ont pas mérité ; peut-être ferez-vous caufe par là qu'il fe portera à quelque mauvaife action : & en tous ces cas-
là, quoi que vous ne contribuyiez que par
accident au mal qui arrive, vous n'en ferez pas une occafion entiérement innocente, puis que vous deviez penfer qu'il étoit
poffible que tout cela s'enfuivît. La Raifon & le Chriftianifme veulent également,
qu'en matiére des chofes les plus indifférentes, on s'abftienne de tout ce en quoi on
a lieu de prévoir qu'on pourra être caufe
ou directement, ou indirectement, ou par
foi-même, ou par accident, de quelque
dommage d'autrui, de quelque faute ou
de quelque crime. Si vous jouyiez avec
une perfonne peu accommodée, à deffein
feulement de vous laiffer perdre fans qu'on
s'en apperçût; je louerois alors vôtre gé-
nérofité, qui auroit trouvé un moien adroit
de fecourir vôtre Prochain en lui épargnant
la honte de recevoir, & en renonçant vous-
même au droit d'exiger qu'il vous en eût
de l'obligation. Mais lors que celui avec
qui vous jouez gros jeu n'a nul befoin de
vôtre affiftance, fi vous venez à perdre,
vous rifquez de faire tomber vôtre argent
entre les mains d'une perfonne qui ne l'em-
ploiera à aucun ufage d'où il revienne quelque avantage au Public ou à la Société:
vous ne fauriez du moins être affûré qu'elle

le foit difposée à le faire ; & il vaut mieux
toûjours fe referver à foi-même un foin fi
louable, que de s'en repofer nonchalam-
ment fur autrui. C'eft ici qu'on peut fe
laiffer aller aux mouvemens d'une noble
Jaloufie ; c'eft ici qu'il eft beau de ne le
céder à perfonne, & d'enchérir toûjours les
uns fur les autres.

§. VII. JE NE vois donc rien, de quelque côté que je me tourne, qui fuffife
pour autorifer ou pour excufer ceux qui
ne veulent pas fe contenter de jouer à peu
de frais. Un Homme fage doit toûjours
mettre de la différence entre ce qu'il emploie à fe divertir, & ce qu'il deftine à
d'autres ufages ; & je ne fai fi les Joueurs
eux-mêmes ne jugeroient pas, en matiére
de toute autre Recréation, bien différem-
ment de ce qu'ils fe permettent à eux-mêmes dans le Jeu, quoi qu'il ne paroiffe aucune raifon de mettre à cet égard de la différence entre le Jeu & les autres fortes de
Divertiffemens & de Paffe-tems. Qu'un
homme prenne un plaifir innocent à jetter
quelques Fuzées, perfonne n'y trouve à
dire. Mais que penferoit-on de lui, s'il en
couvroit l'Air, s'il faifoit fouvent des Feux
d'artifice, en un mot fi fans autre but que
de fe divertir il dépenfoit à cela des fommes confidérables ? La Chaffe & la Pêche
font des amufemens que perfonne ne condamne :

damne : mais que diroit-on d'un homme qui, à force de chasser & de pêcher sans régle ni mesure, dépeupleroit ses Forêts & ses Etangs?

§. VIII. LUCIEN (1) se moque agréablement de ceux qui, de son tems, jouoient aux Dez ou au Trictrac les cent ou six cens Ecus : il oppose à cela la simplicité louable, qu'il voudroit qu'on rappellât, du Siécle de *Saturne*, où l'on jouoit des Noix tout au plus. Il est certain que moins on risque au Jeu, & plus on use de ce divertissement conformément à sa destination naturelle. Il faut qu'il y ait aussi de la proportion entre ce que l'on joue, & la longueur ou le nombre des séances; car plus on joue long-tems ou souvent, & moins on doit jouer chaque coup & chaque fois. Cela paroîtra d'abord paradoxe; mais si on examine bien la chose, j'espére qu'on en tombera d'accord avec moi. Il est vrai qu'en jouant long-tems ou souvent on peut regagner ce qu'on a perdu; j'avoue même que d'ordinaire le Gain va & vient, dans les Jeux qui ne dépendent pas entiérement du Hazard. Mais cela

---

(1) Τ' ἀνελίβειν ὁμιθὲ ἦν καὶ τοῖς ᾧ οὐ ἀνθρώποις; ΚΡΟΝ. Καὶ μάλα. ὁ μὴν ἀπ' τυλδίτταν γε καὶ ῥυμιδῶν, ἄσπερ ἡμῖν, ἀλλ' ἀπὶ καρύων τὸ μέγισον. Dialóg. Saturn. & Sacerdot. pag. 611. Tom. II. Ed. Amstel. Περ'ἰωΐτρασαν ὑπὶ καρύων. ἦν τις ἐπ' ἀγγελὶς ἀπελύση, ἔστιν ὅτι τὴν ὑστεριαν ἴσω. Leg. Saturnal. pag. 618.

cela n'empêche pas que la maxime, dont
il s'agit, ne soit bien fondée, parce qu'on
ne sauroit compter sûrement sur cette vi-
cissitude de Gain & de Perte. Chaque
séance & chaque coup que l'on joue, on
risque de perdre, & le plus sûr est de s'y
attendre, puis que cela peut arriver. Ainsi
le Bon-Sens veut que l'on prenne là-dessus ses mesures, & non pas en supposant
un retour favorable dont on n'a aucun garant. D'ailleurs, ne voit-on pas des gens
qu'un Malheur opiniâtre persécute (1) quelquefois fort long-tems, sur tout aux Jeux
où, quoi que l'Adresse ait quelque part,
le Hazard préside toûjours souverainement?
Puis donc qu'il est très-possible & de perdre chaque coup ou chaque fois qu'on joue,
& de perdre plusieurs fois de suite ; il résulte de là, par une conséquence manifeste, que plus les séances sont longues ou
fréquentes, & moins il faut jouer chaque
coup

_____

(1) Il n'est pas nécessaire de supposer pour cela que
quelque Démon s'en mêle ; comme plusieurs se l'imaginent, par exemple, PASCHASIUS JUSTUS, qui
dit qu'il ne sauroit comprendre que la chose puisse
être autrement, quand il voit un malheur si constant,
attaché à une personne pendant plusieurs heures, &
quelquefois pendant plusieurs jours de suite. La raison que cet Auteur en allégue, n'est pas plus solide :
Car, ajoûte-t-il, qu'y a-t-il de plus contraire à la Prudence & à la Raison, c'est-à-dire, à Dieu, que la Témérité ? Et qu'est-ce que les Jeux de Hazard, si ce n'est une
témérité profane & impie, qui s'éloignant de la Raison
fait un Dieu de la Fortune ? De Alea, Lib. I. p. 100, 101.

coup & chaque fois, fi l'on veut fuivre les Régles de la Prudence.

§. IX. JE CROIS encore, qu'il vaudroit mieux, autant qu'il eft poffible, deftiner l'argent qui fe perd au Jeu, à ces parties innocentes que l'on fait pour fe réjouïr enfemble & pour entretenir la Société, fur tout avec fes Amis. En ce cas-là, le défir du Gain n'a point de prife, puis que le plus grand avantage qu'on puiffe efpérer eft de ne rien perdre ; & il faut être bien attaché pour regretter ce que l'on a perdu dans une telle occafion. Le Droit Romain, qui fixoit d'ailleurs une fomme fort modique, au delà de laquelle on ne pouvoit point aller, pas même dans les Jeux d'adreffe les plus honnêtes, permettoit de jouer fans (1) limitation quand il ne s'agiffoit que de l'écot d'un Repas. Il feroit encore mieux de faire de ce qui fe perdroit un petit fonds pour d'autres bons ufages ; comme, par exemple, on dit que (a) les *Perfans*, à la fin de la féance, diftribuent ordinairement ce qu'ils ont gagné à ceux qui fe trouvent-là qui en ont befoin. C'eft-là mettre à profit le Jeu & fantifier une action d'ailleurs peu férieufe en elle-même.

(a) *Hyde, de Ludis Oriental.* Lib. II. pag. 48.

§. X.

____

(1) *Quod in convivio, vefcendi caufa, ponitur, in eam rem familia ludere permittitur.* DIGEST. de Aleatorib. *Leg. IV. init.*

O

§. X. MONSIEUR *Thiers* (a) condamne néanmoins le dernier usage, comme *un raffinement de Dévotion, que la bonne, la saine Théologie n'approuve pas plus que celui des Prières pour lesquelles on joue.* Sa raison est, *que les Prières & les Aumônes doivent être libres, pour être méritoires devant Dieu. Mais elles semblent ne l'être pas tout-à-fait, quand elles sont le prix du Jeu.* Ce qu'il dit-là des *Prières*, ne regarde que ceux de sa Communion, qui jouent, par exemple, *des Pseaumes à reciter, ou des* Pater noster *ou des* Avé Maria *à dire* : & nous avons allégué (b) ailleurs la véritable & précise raison pourquoi cette sorte de Jeu est illégitime. Mais il n'en est pas de même de l'argent du Jeu que l'on emploie en aumônes. Il n'y a ici ni profanation, ni trafic d'une chose qui n'entre point en commerce. Chacun joue librement, & consacre volontairement à l'usage des Pauvres ce qu'il aura perdu ou gagné, & qu'il pouvoit ou ne pas risquer, ou retenir ensuite, comme lui appartenant. *Parmi les qualitez,* ajoûte cet Auteur, *que* St. Paul *a données à la Charité dans sa prémiere Epître aux* (c) Corinthiens, *il n'a point dit qu'elle fût joueuse, & il est incomparablement plus avantageux de faire l'aumône sans jouer, que de la faire pour obéir aux Loix du Jeu.* Belle raison ! com-

me

(a) Traité des Jeux & des Divertissemens, &c. Chap. XXXI. à la fin.

(b) Liv. II. Chap. IV. §. 2.

(c) Chap. XIII.

me si l'on prétendoit que, pour exercer la
Charité, il fallût faire le métier de Joueur,
& ne donner l'aumône que de ce qui se
gagne ou se perd au Jeu ! La Charité est
ingénieuse à profiter des moindres occasions
pour avoir dequöi subvenir aux nécessitez
d'autrui. *St. Paul* ne le dit pas formellement, je l'avoue ; mais cela est renfermé
dans l'idée que cet Apôtre & tout le Nouveau Téstament nous donnent de la Bénéficence & de l'Amour du Prochain. Si donc
on trouve moien de faire servir ses Divertissemens mêmes à un usage si louable & si
pieux, y a-t-il-là aucun mal, & n'est-ce
pas au contraire une bonne œuvre ?

CHAPITRE III.

Des dispositions où l'on doit être en jouant.

§. I. LA vraie fin du Jeu, telle que
nous l'avons établie ci-dessus, nous
mène encore à connoître les DISPOSI-
TIONS où l'on doit être en jouant, & dont
il est bon d'être instruit, pour ne pas jouer
d'une manière opposée ou peu convenable
à la nature d'une innocente Recréation.

§. II. UNE honnête gaieté est ici fort
de saison. C'est le tems du Relâche & de

la Joie. L'application que demandent les
affaires férieufes eft fouvent telle, qu'elle ne
permet guéres de penfer à autre chofe capable de divertir : elles infpirent d'ailleurs
des idées trop graves , & quelquefois même des reflexions affez triftes. Si elles font
accompagnées de quelque doux mouvement, ce font des mouvemens fecrets &
fpirituels, lefquels, s'ils font raifonnables,
viennent ou de la découverte de la Veri-
té, ou de la fatisfaction d'avoir fait fon devoir , ou de quelque autre caufe pareille
qui fait fur le Cœur des impreffions agréables , mais qui après tout n'intéreffe pas affez le Corps. Il faut que cette partie de
nous-mêmes aît fon tour, & que l'Ame ne
dédaigne pas de prendre part à fes plaifirs
innocens, puis que la communauté d'intérêts qu'il y a entre elle & lui , par un effet
manifefte de la volonté du Créateur, exige
néceffairement cette complaifance. C'eft ici
d'ailleurs le tems le plus propre à former
& à ferrer les nœuds de l'Amitié & de la
Société. Dans les commerces pour les affaires férieufes, il y a d'ordinaire je ne fai
quoi de fombre & d'équivoque , qui ne
marque pas affez une mutuelle & fincére
bienveillance. Ces épanchemens de joie,
cet air gai & ouvert, ces maniéres enjouées
auxquelles on s'abandonne modeftement
dans les parties de plaifir & de divertiffement,

ment, persuadent beaucoup mieux que l'on est bien aise de voir ceux avec qui l'on se trouve en compagnie, & qu'on a pour eux des sentimens favorables.

§. III. LOIN d'ici donc tout mouvement d'Avarice, tout chagrin, toute querelle, toute contestation, tout ce qui tend à désunir ou aliéner les Cœurs. Rien de tel ne sauroit entrer dans le Jeu, sans en corrompre le plaisir, & sans faire en même tems de ce divertissement une occupation indigne de l'Homme, & à plus forte raison du véritable Chrétien. Mais comme l'Avarice, qui est d'ailleurs la racine de tous les Maux, ouvre ici sur tout la porte à tous les désordres, attachons-nous fortement à la combattre. Si une fois on peut la bannir du Jeu, il n'y aura guéres plus de mauvaise suite à craindre.

§. IV. J'ENTENS ici par *Avarice*, non seulement l'avidité du Gain, mais encore une trop grande sensibilité pour la perte. L'amour excessif du Gain est toûjours un sentiment également bas & déraisonnable: mais il n'est jamais plus honteux ni plus mal placé, que dans le Jeu. Ailleurs on trouvera peut-être quelque prétexte apparent pour cacher ou colorer ce qu'il y a d'odieux. Qu'un (1) homme ne se lasse point d'aqué-

rir

_____

(1) *Fallit enim vitium* (Avaritia) *specie virtutis & umbra,*

O 3   *Cum*

rir de nouvelles Possessions, & de remplir ses Greniers & ses Celliers ; qu'il traverse les Montagnes & les Mers pour négocier ; qu'il entasse trésors sur trésors : on donnera à cela le beau nom de vigilance, de prévoiance, d'industrie, d'application à ses affaires. Qu'il se prive des commoditez & des douceurs de la Vie , quelquefois même du nécessaire, pour conserver cet argent bienaimé dont il fait son Idole ; cela s'apellera ménage, économie, sobriété, tempérance, éloignement de la bagatelle. Mais que son avidité insatiable vienne troubler les Plaisirs même qu'il ne se refuse point, c'est en quoi il y a, ce me semble, un ridicule, qui devroit seul couvrir de honte & de confusion quiconque a tant soit peu de Sens & de Jugement. Si vous portez vôtre soif hydropique , vos inquiétudes rongeantes, jusques dans ces momens destinez au Repos & à la Joie ; que ne ferez - vous pas dans les Occupations sérieuses & dans les Commerces proprement ainsi nommez ?

Certainement, quelque difficile que soit

pour

Cum sit triste habitu, vultuque & veste severum,
Nec dubie tamquam frugi laudetur Avarus,
Tamquam parcus homo, & rerum tutela suarum
Certa magis, quò si fortunas servet easdem
Hesperidum serpens, aut Ponticus, adde quod hunc,
de
Qua loquor, egregium populus putat atque verendum
Artificem : quippe his crescunt patrimonia fabris.
JUVENAL. Satyr. XIV. vers. 109. & seqq.

pour la plûpart des gens l'esprit de Dés-
intéreſſement qu'il faut apporter au Jeu, ce
n'eſt pas au fond une choſe extrémement
méritoire. Il n'eſt pas , à beaucoup près,
auſſi louable d'être dans cette diſpoſition,
qu'il eſt honteux de ſe laiſſer aller à des
ſentimens contraires. Mais pour éclaircir
ſuffiſamment la matiére , & pour accorder
ici à l'infirmité humaine tout ce qu'elle peut
exiger raiſonnablement, diſons quelque choſe de plus précis.

§. V. Je ne prétens pas qu'il doive être
abſolument indifférent de perdre ou de
gagner, lors même qu'on ne joue que peu
de choſe. Il ne s'agit pas ici de faire des libéralitez, ou de préférer l'intérêt d'autrui à
ſon avantage propre. Bien loin de vouloir
que l'on aime mieux perdre, que gagner,
je conſens qu'on aime mieux gagner que
perdre, & qu'on faſſe pour cela tout ce qui
ſe peut ſans fraude & ſans tricherie. Rien
n'empêche que , toutes choſes d'ailleurs é-
gales, chacun ne cherche ſon bien, pré-
férablement à celui d'autrui ; c'eſt un ſentiment que les Hommes tiennent de la Nature avec l'exiſtence. Tout ce que je veux
donc, c'eſt qu'en commençant à jouer on
ſe mette dans une telle ſituation d'eſprit,
que, ſoit qu'on gagne ou que l'on perde,
on n'en ait aucun chagrin , & l'on n'en
ſente point d'émotion conſidérable. Je dis,

d'é-

d'émotion considérable : car il y a des tempéramens vifs & ardens, que peu de chose émeut d'abord, quelque soin qu'on prenne de reprimer ces mouvemens (1) subits
& indéliberez, qui passent bien-tôt après,
pourvû qu'on se tienne sur ses gardes &
qu'on les empêche d'aller plus loin. La maniére dont on nous dépeint THÉODO-
RIC, Roi des *Goths*, jouant au *Trictrac*,
mérite d'être rapportée. *Aux heures que
le (2) cœur lui dit de jouer, il ramasse vîte les Dez, il regarde avec soin le point
qu'ils aménent, il les fait retentir dans le
Cornet de bonne grace, il les jette hardiment, il leur parle en badinant, il attend
tranquillement la bonne ou la mauvaise fortune. Quand il lui vient quelque bon coup,
il ne dit mot : après un mauvais coup, il
rit : de quelque maniére que la chance
tour-*

---

(1) SENÉQUE en aiant allegué plusieurs exemples,
dit que ce sont seulement des préludes de Passion ;
mais qu'ils dégenérent en véritables Passions, lors
qu'on suit ces impressions inévitables des objets, au
lieu de les reprimer, comme on le peut & comme on
le doit. *Sed omnia ista motus sunt animorum moveri no-
lentium, nec affectus, sed principia praludentia affecti-
bus.... Ergo affectus est, non ad oblatas rerum species moveri, sed permittere se illis, & hunc fortuitum motum
persequi.* De Ira, II, 2, 3.

(2) *Quibus horis viro* [Theodorico] *Tabula cordi est,
tesseras colligit rapidé, inspicit solicité, volvit arguté,
mittit instan'er, joculanter compellat, patienter exspectat,
in bonis jactibus tacet : in malis ridet : in neutris irasci-
tur : in utrisque philosophatur.* SIDON. APOLLINA-
RIS, Lib. I. Epist. II.

tourne, il ne se fâche jamais : il conserve toûjours un sang froid de Philosophe. Voi-là, à peu près, la situation où chacun doit tâcher d'être ; & pour y réüssir, il faut d'a-vance regarder comme perdu ce que l'on joue, parce qu'on peut effectivement le perdre, & que cette possibilité même est de l'essence du Jeu. Les Régles de la Jus-tice ne permettent pas, comme nous l'a-vons fait voir ci-dessus, de jouer à jeu sûr ; & dans les Jeux même de pure adresse, la partie étant ou devant être à peu près éga-le, on ne sauroit jamais être assûré du suc-cès. Ainsi, bien loin de trop compter sur le Gain, il est raisonnable de tenir pour gagné tout ce qu'on n'a pas perdu. Et quand on vient à perdre, cette perte doit être regardée comme une chose à laquelle on avoit lieu de s'attendre, & à quoi par conséquent il falloit être tout préparé. En un mot il est bon d'avoir ici toûjours de-vant les yeux la maxime judicieuse d'un ancien Poëte Latin au sujet de tous les fâ-cheux accidens de la Vie en général. Il consent qu'autant (1) qu'il est possible on remédie par ses soins aux événemens fâ-cheux :

---

(1) *Ita Vita est Hominum, quasi cum ludas tesseris :*
　Si illud, quod maxime opus est jactu, non cadit,
　Illud, quod cecidit forte, id arte ut corrigas.
TERENS. Adelph. Act. IV. Scen. VII. vers. 21, & seqq.

cheux: mais il veut aussi (1) que, dans le
tems même que la Fortune rit le plus, cha-
çun travaille avec le plus d'application à so
mettre en état de supporter ses disgraces.
Quand on revient, par exemple, de quelque voiage, on doit, selon lui, se préparer aux dangers, aux pertes, à l'exil; s'i-
maginer qu'on trouvera son Fils qui aura
fait quelque fredaine, sa Fille malade, sa
Femme morte; faire reflexion que ces sortes d'accidens arrivent tous les jours, qu'ils
(2) peuvent arriver à tout le monde, &
qu'ainsi ils pourroient nous être arrivez
comme à tant d'autres. Sur ce pié-là, rien
ne sauroit nous surprendre ni nous paroître nouveau; & tout ce qui arrivera contre

(1) *Quamobrem omnes, cùm secunda res sunt maxume,*
    tum maxume
    Meditari secum oportet, quo pacto adversam arum-
    nam ferant :
    Pericla, damna, exsilia, peregre rediens semper
    cogitet,
    Aut Fili peccatum, aut Uxoris mortem, aut morbum
    Filiæ :
    Communia esse hæc, fieri posse : ut ne quid animo sit
    novum :
    Quidquid præter spem eveniat, omne id deputare esse
    in lucro.
Idem, *Phorm.* Act. I. Scen. V. vers. 11, & *seqq.* Voiez
SENEQUE, *de tranquillit. animi*, Cap. XI.
    (2) C'est ce que dit très-bien un vers rapporté par
SENEQUE:
    Cuivis potest accidere, quod cuiquam potest.
Consol. ad Marc. Cap. IX. Il est de *Publius Syrus*, vers.
144. comme il paroit par le livre de *Tranquill. Animi*,
Cap. XI.

tre ce que l'on aura attendu, on le tiendra
pour un gain & un bonheur considérable.
C'est-là en effet le parti de la Prudence
dans les choses les plus graves. Quand on
a une fois pris toutes les mesures convenables & toutes les précautions innocentes
d'une sage Prévoiance, il faut se dire à soi-
même ce que porte (1) le Proverbe tiré du
Jeu: *Le Dé en est jetté, arrive ce qui pourra.* Après quoi la Raison veut qu'on se
console des plus grands malheurs qui nous
arrivent actuellement. Elle pardonne à la
vérité les prémiers mouvemens, dont on
n'est pas maître soi-même : mais elle nous
ordonne d'appeller incessamment au secours
la Reflexion, pour nous empêcher de succomber à la Douleur & à la Tristesse. A
plus forte raison veut-elle que l'on ne s'in-
quiéte point par avance de ce qui ne dépend pas de nous, & qu'on ne le recherche pas avec un ardent désir & de vifs
empressemens, qui venant à être frustrez,
comme la chose est très-possible, nous cau-
seroient un chagrin cuisant & des regrets
inutiles. Si ces sentimens sont déraisonnables

(1) C'est ce que dit *César*, au passage du *Rubicon*,
après avoir balancé quelque tems s'il s'engageroit dans
son entreprise : Ἀνερρίφθω κύβ⊙ : PLUTARCH. *in
Vit. Pompeji,* Tom. I. pag. 651. C. & *Cæsar.* p. 733. F.
Ou comme il dit ailleurs : Ἴτω ἀνερρίφθω κύβ⊙ : *A-
pophthegm.* p. 206. B. Voies SUETONE, Cæs. Cap.
XXXII.

bles en matiére des chofes les plus férieufes, comment trouvera-t-on dequoi les excufer dans le Jeu, qui eft ou ne doit être
qu'un pur divertiffement? Le beau fpecta-
cle, de voir une perfonne qui fe fâche de
ce qui arrive par l'effet d'un engagement
auquel il ne tenoit (1) qu'à elle de ne pas
entrer? Le glorieux exploit, de s'en prendre aux Cartes ou aux Dez innocens, de
déchirer les prémiéres & de caffer les autres, de maudire fon fort, & de n'épargner
pas quelquefois la Divinité même! Que
diroit-on d'un homme qui fe porteroit à de
femblables excès, lors qu'aiant mis à une
Lotterie il ne lui échet aucun billet noir?
Et cependant n'auroit-il pas autant de raifon de regretter alors fon argent, que quand
il le perd au Jeu?

§. VI. Si l'on ne joue que peu de chofe, que ce qu'on ne devroit pas être fâché
de perdre dans toute autre occafion, il
faut avoir un grand fonds d'avarice pour
la faire paroître dans un fi petit intérêt.
Que fi l'on joue gros jeu, outre qu'on fait
mal en cela même, comme je l'ai prouvé
ci-deffus; à quoi bon ces tranfes, ces in-
quié-

(1) Dans LUCIEN, le Prêtre de *Saturne* reproche
cela aux Joüeurs de fon tems, qui de dépit caffoient
les Dez à la Fête des *Saturnales*: Οἱ ᵹ̄ οι τε [Κεᵹιω]
λαιδεϕῦται, ἰδὼν Θιον, καὶ τὰς Κύβας ϭυντϱίβϭαυ, ϱ̓αϐ-
ϭἰͅς ὄϱτας αὐτοῖς, ὅϖ ἱνόϱτες ϖαῦϭη. Tom. II. pag.
612.

quiétudes, ces yeux qui dévorent une chose qu'on n'est pas sûr d'atrapper ? L'avidité du Gain sert-elle le moins du monde à
nous le procurer ou à le hâter ? Bien loin
de là, elle étourdit le plus souvent, & rien
n'est plus propre à faire manquer la proie
après laquelle on court avec tant d'ardeur.
MONTAGNE (a) l'a très-bien remarqué:
voici ses reflexions, qu'on lira, je m'assûre, avec plaisir. „ Cette aspreté & violen-
„ ce de (1) désirs, empesche plus qu'elle
„ ne sert à la conduite de ce qu'on entre-
„ prend : nous remplit d'impatience en-
„ vers les événemens ou contraires, ou tar-
„ difs; & d'aigreur & de soupçon envers
„ ceux avec qui nous négocions. Nous ne
„ conduisons jamais bien la chose de la-
„ quelle nous (2) sommes possedez & con-
„ duits. Celuy qui n'y employe que son
„ jugement & son adresse, il y procéde
„ plus gayement: il feint, il ploye, il dif-
„ fére tout à son aise, selon le besoin des
„ occasions : il fault d'atteinte, sans tour-
„ ment & sans affliction, prest & entier
„ pour une nouvelle entreprise : il mar-
che

(a) Essais,
Liv. III.
Chap. X.
pag. 749,
750.

(1) *Omnis fere cupiditas ipsa sibi in id, in quod prope-*
rat, opponitur. SENEC. de Ira, *Lib. I. Cap. XII.*
pag. 23.
    (2) ———— *Male cuncta ministrat*
        Impetus ————
STAT. Thebaïd, X, 698. & non pas comme il y a ici
à la marge de mon Edition, *Claud.*

„ che tousjours la bride à la main. En ce-
„ luy qui est enyvré de cette intention
„ violente & tyrannique, on voit par né-
„ cessité beaucoup d'imprudence & d'in-
„ justice. L'impétuosité de son désir l'em-
„ porte. Ce font mouvemens téméraires,
„ &, si Fortune n'y preste beaucoup, de
„ peu de fruict..... La hastiveté se don-
„ ne (1) elle-mesme la jambe, s'entrave
„ & s'arreste. Pour exemple, selon ce que
„ j'en vois par usage ordinaire, l'Avarice
„ n'a point de plus grand destourbier que
„ soy-mesme. Plus elle est tenduë & vi-
„ goureuse, moins elle en est fertile. Com-
„ munément elle attrappe plus prompte-
„ ment les richesses, masquée d'une ima-
„ ge de Libéralité..... Considerez, qu'aux
„ actions mesmes qui sont vaines & frivo-
„ les; au Jeu des Eschecs, de la Paulme,
„ & semblables, cét engagement aspre &
„ ardent d'un désir impétueux, jette in-
„ continent l'esprit & les membres à l'in-
„ discrétion & au désordre. On s'esblouit,
„ on s'embarrasse soy-mesme. Celuy qui
„ se porte plus moderément envers le gain

&

(1) *Festinatio tarda est. Ipsa se velocitas implicat.* On
cite ici SENEC. Epist. XLIV. où il y a: *Quod evenit
in Labyrintho properantibus, ipsa illos velocitas implicat.*
Pour le prémier, je ne sai d'où il est. Mais je me souviens que *Q. Fabius Maximus* dit dans TITE LIVE:
*Omnia non properanti clara certaque erunt. festinatio im-
provida est, & cæca.* Lib. XXII. Cap. XXXIX. *in fin.*

„ & la perte, il est tousjours chez soy.
„ Moins il se pique & passionne au Jeu,
„ il le conduit d'autant plus avantageuse-
„ ment & seurement. Depuis *Montagne*,
une des *Maximes* de Mr. le Duc DE LA
ROCHEFOUCAUT a exprimé la même
pensée en peu de mots: (a) *L'extrême A-* (a) Maxi-
mes DLVIII.
varice se méprend presque toûjours ; il n'y
a point de Passion qui s'éloigne plus souvent
de son but, ni sur qui le présent ait tant de
pouvoir au préjudice de l'avenir. Ajoûtons,
que tout ce qu'on peut attendre de cette
grande avidité de gain , c'est qu'elle nous
porte à chicaner, à faire naître des incidens & des contestations, à user enfin des
plus insignes tromperies & des artifices les
plus honteux. Aussi ne manque-t-elle guéres de produire cet effet, lors qu'on lui
laisse un peu prendre pié. Je me défie beaucoup, & chacun a, ce me semble, sujet
de se défier d'une personne qui paroît âpre
au gain : c'est un fâcheux écueil, d'où la
Bonne-Foi se tire rarement sans faire un
triste naufrage.   Ceux qui y vont heurter
aveuglément dans le Jeu , & qui ne prennent pas de loin leurs mesures pour l'éviter, ne pensent pas assez au péril où ils
s'exposent.   Il ne faut qu'un peu d'attention à l'expérience de tous les jours, pour
en découvrir suffisamment les funestes conséquences , & pour se convaincre qu'elles
ne

ne regardent pas le seul commerce du Jeu.
Comme l'Avarice ne (1) dit jamais, *C'est
affez*; elle ne se borne pas non plus à (a) une
seule sorte de choses: ses malignes influen-
ces ont une vaste étendue.

(a) Voiez
ci-dessous,
Chap. V.
§. 23, 24,
25.

§. VII. JE ne vois rien de meilleur à
alleguer pour donner quelque couleur à
une trop grande sensibilité pour la perte,
& au chagrin qu'on en témoigne de quelque maniére que ce soit. Que la perte soit
aussi grosse qu'elle puisse l'être, pourquoi
se fâcher? N'étoit-il pas libre de jouer, ou
non? Ne savoit-on pas, en se mettant au
Jeu, qu'on couroit risque de perdre, aussi
bien que de gagner? Avoit-on quelque
garant d'une victoire assûrée? Qu'on se repente d'avoir fait un si mauvais usage de
son argent, qu'on ait un grand déplaisir de
ce qu'on ne l'a pas emploié à quelque chose de meilleur, comme on le pouvoit, comme on le devoit; c'est-là tout le chagrin
auquel on peut se laisser aller raisonnablement, & celui qui seul nous empêchera
d'être exposé désormais à un semblable accident.

§. VIII. DE TOUT ce que nous venons

(1) *Crescit amor nummi, quantum ipsa pecunia crescit;
    Et minus hanc optat, qui non habet. . . .*
JUVENAL. Satyr. XIV, 139, 140. Voiez la suite; &
le passage du même Poëte que nous avons cité ci-dessus sur le §. 10. du Chap. I. de ce Livre: comme aussi
SENE'QUE, *de Benefic.* Lib. II. Cap. XXVII.

nons de dire il naît une nouvelle raison,
qui seule suffiroit pour prouver ce que nous
avons établi dans le Chapitre précédent,
qu'on fait très-mal de jouer gros jeu. Il est
certain que, plus ce que l'on joue est considérable, & plus on s'expose aux tentations
de l'Avarice : or peut-on être trop cir-
conspect à prévenir une Passion si honteuse & en même tems si dangereuse? Plûtôt
que de courir le moindre risque de s'y laisser entraîner, il faudroit, je ne dirai pas
se contenter de jouer aux épingles, mais
s'abstenir même de jouer absolument. Ainsi
moins on met au Jeu, & plus on se divertit en Homme sage & prudent.

§. IX. Ce que la Lumiére Naturelle nous
enseigne ici clairement, la Religion Chrétienne nous y engage encore d'une manière plus forte. S'il y a quelque chose qui soit
expressément condamné dans l'Evangile,
c'est sans contredit l'amour excessif du
Gain, (a) & une trop grande sensibilité à
la perte des biens de ce Monde. JESUS-
CHRIST ne veut pas même qu'on s'in-
quiéte pour l'avenir du soin des choses absolument nécessaires à la Vie : croirons-
nous qu'un bon Chrétien puisse soûpirer
ardemment après le gain & supporter la
perte avec quelque chagrin, quand il ne
s'agit que d'une simple recréation ? D'ailleurs, cette douce tranquillité d'Esprit, si

(a) Voiez
ce que j'ai
dit ci-des-
sus, Chap.
III. §. 5. du
I. Livre.

P   forte

fort estimée & tant vantée avec raison des Philosophes Païens, & qui est aussi une si-tuation (a) où l'Evangile veut que nous tâchions de nous mettre, autant qu'il nous est possible, parce que c'est le fondement aussi bien que le fruit de toutes les Vertus Chrétiennes ; cette aimable disposition peut-elle, dis-je, se trouver dans un cœur agité de désirs turbulens & de regrets importuns ? Le moien d'avoir l'Esprit en repos, pendant qu'on est possedé de l'avidité du Gain, que l'on flotte incessamment entre la Crainte & l'Espérance, que la perte nous cause toû-jours quelque dépit & nous jette quelque-fois dans une espéce de désespoir ?

(a) Voïez Rom. XIV, 17. Galat. V, 22.

§. X. OUTRE l'Avarice & toutes ses suites, il y a ici encore une autre chose à éviter, c'est le trop d'application, & un attachement excessif au Plaisir du Jeu. Quand on joueroit avec le plus grand dés-intéressement du monde, si l'on donne au Jeu plus d'application qu'il ne mérite, plus qu'il n'en faut pour le but auquel on doit le rapporter, on agit certainement contre les Loix de la Nature & de la Raison. Il est d'un Homme Sage, de mettre de la différence entre le soin qu'il apporte aux choses sérieuses, & celui qu'il donne à la bagatelle. Un Lacedémonien (1) blâmoit les

(1) Χάριν γὰρ τοι τὸ τῶ Ἀδικῶ 'Αθήρον' καλῶν ἀγωνιζομένοι τεχνασῶν, Θιάμενο τὰς σπαρχομενεὶς τ χε.

les *Athéniens*, de s'être appliquez avec trop d'étude & trop d'appareil à régler ce qui regardoit leurs Jeux & leurs Divertiſſemens; ſur quoi Plutarque, qui rapporte ce fait, ajoûte ſagement: (1) *Quand on badine, il faut badiner.* Caton l'Ancien diſoit auſſi très-bien, que, *lors qu'on s'attache ſérieuſement à des choſes peu ſérieuſes en elles-mêmes, on ſe fait moquer de ſoi dans les affaires ſérieuſes.* Le Jeu eſt un divertiſſement, & un divertiſſement qui n'eſt légitime qu'autant qu'il ſert à délaſſer l'Eſprit ou le Corps, pour les rendre plus propres au Travail, ou que du moins il n'a rien de contraire à cette fin. Or il eſt certain, que ſi l'on joue avec trop d'ardeur, bien loin de ſe délaſſer, on ſe fatigue véritablement, quoi qu'on ne s'en aperçoive pas, & l'on ſe dégoûte de plus en plus de ſon ouvrage. D'ailleurs c'eſt une marque ſûre qu'on eſt trop ſenſible au plaiſir du Jeu; & les charmes de la Volupté ne ſont pas moins à redouter, que les tentations de l'Avarice. Lors qu'on ſe laiſſe gagner à cette

χορηγῶν, καὶ τὰς ſπυδὰς τ̃ διδασκάλων, καὶ τὴν ἀμιλλαν, ἐκ ἔρη ſοφρονεῖν τὸν πόλιν, μ̅ τοσαύτης ſπυδῆς ſαίζεσαι. Τῷ γὸ ὄντι ſαίζοντα δεῖ ſαίζειν &c. Sympoſ. Lib. VII. Cap. VII. Voiez auſſi *de gloria Athenienſ.* Tom. II. pag. 348. F.

(1) Τὺς ἢ ſπυδάζοντας ἐν τοῖς γελοίοις, ἔλεγεν [Κάτων ὁ πρεσβύτερ⊙] ἐν τοῖς ſπυδαίοις ἔσεαθ καταγελάςκς. Plutarch. Apophthegm. Tom. II. pag. 199. A. Voiez *Gataker,* ſur *Marc Antonin.* Lib. I. §. 6.

P 2

cette dangereuse Enchanteresse, elle nous engage bien-tôt ou dans l'oisiveté, ou dans des occupations & des intrigues frivoles, souvent même criminelles. Pour goûter des Plaisirs purs & innocens, il faut nécessairement qu'ils soient modérez ; & l'on peut très-bien appliquer ici la comparaison naturelle d'un ingénieux & habile Auteur (a) Moderne, quoi que proposée dans une tout autre vûë : *Les Plaisirs ne sont point assez solides pour souffrir qu'on les approfondisse ; il ne faut que les effleurer. Ils ressemblent à ces Terres marécageuses, sur lesquelles on est obligé de courir légérement, sans y arrêter jamais le pié.*

(a) Nouveaux Dialog. des Morts, par Mr. de Fontenelle, Dialog. III. des Morts Modernes, à la fin.

§. XI. AU RESTE, il n'est pas difficile de connoître si l'on prend trop de plaisir au Jeu, & par conséquent si l'on s'y attache plus qu'il ne faut. Il y a là-dessus une Régle sûre & évidente ; c'est *de voir si l'on quitte le Jeu sans peine, & si l'on peut s'en passer aisément, ou non, quand quelque autre affaire plus utile nous rappelle.* Car du moment qu'une personne n'interrompt qu'à regret quelque divertissement, & qu'elle ne sauroit sans chagrin se résoudre à s'en priver ; on a tout lieu de croire que ce n'est plus pour elle une simple recréation, mais un amusement très-sérieux, & que la passion, si elle n'est pas encore tout-à-fait formée,

mée, est du moins bien près de l'être. On passe aisément d'une occupation presque indifférente à une autre qui nous tient un peu au cœur ; & d'une occupation agréable, à celle qui nous plaît davantage, ou à celle qui nous plaît pour le moins autant. Mais lors qu'on sent plus de plaisir & d'inclination à continuer ce qu'on fait, qu'à le quitter, c'est une preuve certaine & qu'on l'aime mieux que ce qu'il faudroit y préférer, & qu'on ne s'y est pas attaché légérement.   De sorte que , si l'on ne prend garde à soi, & si l'on n'a grand soin de faire pancher la balance de l'autre côté, il est fort à craindre qu'un amusement frivole ne l'emporte enfin sur l'occupation la plus importante & la plus sérieuse.   C'est pourquoi il ne faut jamais laisser au Jeu, ni en général à aucune sorte de Divertissement, le tems de se rendre maître de quelque partie de nôtre cœur, & de s'y retrancher si bien qu'on ait ensuite beaucoup de peine à l'en chasser ; comme nous allons le faire voir dans le Chapitre suivant.

Chap

CHAPITRE IV.

Quel tems on peut donner au Jeu?

§. I. UN Ancien a très-bien dit, que le (1) TEMS *est la chose du monde la plus précieuse, & la (2) seule dont il est beau d'être avare.* Rien n'est plus rare que d'aller dans l'excès à cet égard-là, comme faisoient autrefois les *Lacedémoniens*, qui ne permettoient pas même (a) la promenade aux Soldats, dans leurs heures de loisir. Mais rien n'est plus ordinaire que de mal emploier son tems, & d'en donner aux choses ou plus qu'il ne faut, ou moins qu'elles ne méritent. Cependant il est de la derniére importance de ne rien faire qu'à propos, & de proportionner les heures & les momens au prix & à l'utilité des occupations. *Un* (3) *Pere,* di-

(a) Voiez *Élien*, Var. Hist. *Lib.* II. *Cap.* V.

(1) *Quasi nihil petitur, quasi nihil datur: re omnium pretiosissima* [Tempore] *luditur.* SENEC. *de Vit. Brevit.* Cap. VIII.

(2) *Simul ad temporis jacturam ventum est, profusissimi in eo, cujus unius honesta avaritia est.* Ibid. *Cap.* III.

(3) *Nemo qui Obstetricem parturienti Filiæ solicitus arcessit, edictum & Ludorum ordinem perlegit. nemo qui ad incendium domus suæ currit, Tabulam latruncularium perspicit, ut sciat quomodo alligatus exeat calculus. At mehercules omnia tibi undique nuntiantur, & incendium domus, & periculum liberorum, & obsidium Patriæ, & bonorum direptio: adjice istis naufragium, motusque terræ*

difoit encore le Philofophe SENÉQUE, *un*
Pére qui va chercher au plus vîte une Sa-
ge-Femme pour fa Fille en travail d'en-
fant, ne s'avife pas de lire des affiches pour
les Jeux ou les Spectacles. Quand le Feu
eft à la Maifon, perfonne n'a la patience
de demeurer attaché fur un Damier, pour
voir comment il dégagera une de fes piéces.
On t'annonce de toutes parts & que ta Mai-
fon brûle, & que tes Enfans font en dan-
ger, & que ta Patrie eft à la veille d'une
invafion, & que tes Biens vont être au pil-
lage : ajoûte à cela des Naufrages, des
Tremblemens de Terre, & s'il y a encore
quelque autre chofe de formidable. Parmi
tout cela, as-tu bien le courage de t'atta-
cher à des chofes qui ne fervent qu'à égaier
ton Efprit? Peux-tu bien te réfoudre à dif-
puter fur la différence qu'il y a entre la Sa-
geffe, & être fage? Eft-il poffible que tu
t'amus-

varum, & quidquid aliud timeri poteft. Inter ifta diftri-
ctus, rebus ; nihil aliud quam animum oblectantibus, va-
cas ? Quid inter Sapientiam, & Sapere, interfit, inqui-
ris ? nodos nectis ac folvis, tanta mole impendente capiti
tuo ? Non tam benignum ac liberale tempus Natura nobis
dedit, ut aliquid ex illo vacet perdere : & vide, quam
multa etiam diligentiffimis pereant. Aliud valetudo fua
cuique abftulit, aliud fuorum : aliud neceffaria negotia,
aliud publica occupaverunt : vitam nobifcum dividit fom-
nus. Ex hoc tempore tam angufto, & rapido, & nos au-
ferente, quid juvat majorem partem mittere in vanum ?
Adjice nunc, quod adfuefcit animus delectare fe potius,
quam fanare : & Philofophiam oblectamentum facere, cùm
remedium fit. Epift. CXVII. fub fin.

t'amuses à chercher & à résoudre de vaines subtilitez, pendant que ta tête est menacée d'un si grand poids ? La Nature ne nous a pas donné des tems de reste, que nous puissions perdre à nôtre gré : cependant voi combien de tems perdu, même pour les plus actifs & les plus laborieux. Nos maladies, ou celles des nôtres, nous en raviſſent une partie ; les néceſſitez de la Vie, une autre ; les affaires publiques, une autre. Le Sommeil seul emporte la moitié de nôtre Vie. Pourquoi donc emploier inutilement la plus grande partie de ce Tems si court, si rapide, & qui nous emporte nous-mêmes ? D'ailleurs, l'Esprit s'accoûtume par ce moien à penser à se divertir, plûtôt qu'à tâcher de guérir ses maux ; & au lieu de regarder la Philosophie comme un remede, il en fait enfin un pur divertiſſement. Ce que ce Philosophe dit-là du mauvais uſage du Tems à l'égard des choſes ſérieuſes en elles-mêmes, doit être appliqué avec beaucoup plus de raiſon à celles qui de leur nature ne tendent qu'au plaiſir & au divertiſſement. Voions donc juſqu'où l'on peut s'amuſer au Jeu, ſans encourir le blâme de mauvais ménager (1) d'un bien ſi irréparable. C'eſt ce qui ne ſera pas difficile à déterminer,

après

(1) *Quique alii Luſus (neque enim nunc perſequar omnes)*
Perdere rem caram, tempora noſtra, ſolent.
Ovid. Triſt. Lib. II. verſ. 483, 484.

après les principes établis dans les Chapitres précédens.

§. II. 1. LE Jeu n'étant ni un commerce, ni une occupation sérieuse, mais une simple recréation; il est clair qu'il n'y faut donner qu'autant de tems qu'en demande la nécessité de se reposer, & de délasser l'Esprit ou le Corps par quelque chose qui amuse agréablement. Car chacun a ou doit avoir des affaires sérieuses & utiles par elles-mêmes, auxquelles il vaque ordinairement, pour n'être pas un poids inutile de la Terre. Ce que j'ai dit en peu de mots dans le Chapitre prémier, suffit pour établir l'obligation indispensable de tous les Hommes à cet égard ; & j'aurai (a) occasion ailleurs d'entrer là-dessus dans quelque détail.

(a) Liv. IV. Chap. VI.

§. III. ON ne sauroit donc excuser en aucune maniére, ceux dont le Jeu occupe les pensées les plus sérieuses &, peu s'en faut, toute la vie. Lors que les plaisirs qu'on prend (1) demandent des soins empressez & consument presque toute l'application de l'Esprit, dès-là ce n'est plus un honnête loisir ni une véritable recréation. Quand

---

(1) *Persequi singulos longum est, quorum aut Latrunculi, aut Pila, aut excoquendis in sole corporis cura, consumpsere vitam. Non sunt otiosi, quorum voluptates multum negotii habent,* SENEC. *De Brevit. Vit. Cap. XIII.* Voiez ce qu'il dit dans le Chap. précédent.

P 5

Quand il feroit auſſi facile , qu'il eſt comme impoſſible , de faire mêtier du Jeu, &
de ne pas s'engager tôt ou tard dans les
paſſions & les déſordres dont on a vû des
effets & des exemples fréquens par tout où
il y a eu des Joueurs de profeſſion ; ce fe-
roit-là toûjours une vie manifeſtement indigne de tout Homme raiſonnable, & à plus
forte raiſon d'un véritable Chrétien.

§. IV. NON ſeulement il eſt contre les
Loix & de la Nature & de l'Evangile , de
paſſer ſa vie à jouer ; il ne faut pas même
donner à ce divertiſſement , non plus qu'à
aucun autre, une partie conſidérable de nôtre tems.   Il n'y a guéres de condition ou
d'emploi qui le permette : on ne peut
que (1) négliger ſes affaires , du moment
qu'on eſt attaché à ſes plaiſirs. Quand même peu de tems ſuffiroit pour ſe bien aquitter des choſes ſérieuſes auxquelles on eſt
appellé par l'état où l'on ſe trouve , on ne
pour-

(1) *Socrate* diſoit très-bien, que la paſſion du Jeu
& les commerces ou les converſations inutiles ſont de
faux plaiſirs , que ceux-là même qui s'y laiſſent ſé-
duire reconnoiſſent avec le tems être environnez de
chagrins , & qui , dès qu'ils ſe ſont rendus maitres de
quelcun , l'empêchent de s'attacher à quelque choſe
d'utile. Καὶ ἄλλαι δ᾽ εἰσὶν ἀπάτολαι τινες διαπονίαι,
προσποιέμεναι ἡδοναὶ εἶναι, κυϐείαι τι , καὶ ἀνωφελεῖς
ἀνθρώπων ὁμιλίαι, αἳ προϊόντος τῦ χρόνυ καὶ αὐτοῖς
τοῖς ἐξαπατηθεῖσι καταφανεῖς γίγνονται, ὅτι λῦπαι μὲν
εἰσὶν ἡδονῆς ὀλίγον συμπεπλεγμέναι, αἳ διακωλύουσιν αὐτὰς ἀπὸ
ϯ ὠφελίμων ἔργων ἀρχέσθαι. ΧΕΝΟΡΗ. Oeconomic.
Cap. I. §. 20. Edit. Oxon.

pourroit pas pour cela innocemment employer tout le reste à se divertir: il faudroit plûtôt, en ce cas-là, se faire quelque autre occupation utile & honnête, pour remplir le vuide de ce qui est au delà du tems dont on a besoin pour se délasser l'Esprit ou le Corps. Autrement il est bien difficile qu'on ne se laisse gagner à la Fainéantise, & qu'on ne vienne enfin à abandonner toute occupation sérieuse, quelque peu de tems & d'application qu'elle demande; ou que du moins la passion du Jeu ne se forme & ne s'enracine dans nôtre cœur: deux inconvéniens qu'on ne sauroit éviter avec trop de soin.

§. V. RIEN n'est plus dangereux que les attraits de l'Oisiveté: l'expérience l'a fait voir dans tous les Siécles. Peu de gens ont assez de force d'esprit pour y résister: & ceux qui sont une fois accoûtumez à la Paresse, ne sauroient se résoudre à revenir de leur engourdissement; la moindre ombre de fatigue ou d'application les épouvante. Ils se priveront des choses qu'ils aiment le mieux d'ailleurs, plûtôt que de prendre quelque peine pour se les procurer; & ce sera grand' merveille s'ils demeurent dans les bornes de l'Innocence, pour peu qu'ils soient sujets à des Passions un peu vives. Il y a long-tems qu'on a remarqué, que l'Oisiveté est la mére de tous

les

les Vices. Or quand on passe beaucoup de tems à jouer ou à se divertir de quelque autre maniére. il n'est pas possible qu'on ne vaque mollement à ses affaires sérieuses, & qu'on ne s'en dégoûte peu-à-peu, en sorte que, si la nécessité ne nous force de continuer bien ou mal à nous en aquitter, on les abandonnera enfin tout-à-fait. On en voit tous les jours une infinité d'Exemples. Ceux qui ont une fois goûté les funestes douceurs d'une vie oisive & uniquement occupée du soin de se divertir, n'ont pas plûtôt dequoi se passer de travailler, qu'ils y renoncent absolument. C'est ce qui forme les cercles babillards des Bourgeois dans une Place publique; c'est ce qui remplit les Maisons publiques & particuliéres, ouvertes aux Fainéans & aux Débauchez; c'est ce qui produit & qui grossit les Armées. Tant de Jeunes Gens qui courent à la Guerre, ne prennent pour la plûpart ce parti que parce qu'ils sont rebuttez de la vûë d'un Mêtier ou d'une Profession où il faudroit travailler depuis le matin jusqu'au soir. Ils ne comptent pour rien, en comparaison de cette idée affreuse, toutes les fatigues de la Guerre, qui, quelque grandes qu'elles puissent être quelquefois, les exemteront d'une occupation suivie, leur épargneront un travail assidu de leurs Mains ou de leur Esprit, & leur laisseront d'ailleurs

leurs

leurs beaucoup de tems où ils n'auront autre chose à faire que boire, manger, & se divertir.

§. VI. Supposē même qu'en perdant beaucoup de tems à jouer on puisse s'empêcher de tomber dans une entiére Fainéantise, on ne sera pas du moins à l'abri de l'autre inconvénient dont j'ai parlé, qui n'est guéres moins à craindre; c'est de s'attacher au Jeu d'une maniére à l'aimer passionnément. Il n'est pas possible de jouer long-tems & souvent, sans regarder le Jeu d'un autre œuil qu'on ne fait ou qu'on ne doit faire une simple recréation; & j'en prens à témoin les Joueurs même. De bonne foi, pouvez-vous dire que ce soit uniquement pour vous divertir que vous passez souvent la Journée entiére, ou une grande partie, à jetter le Dé, ou à remuer des Cartes? Si l'on vous proposoit de donner autant de tems, je ne dirai pas à une chose sérieuse & un peu fatigante, mais à quelque autre Divertissement auquel vous êtes sensible sans y être néanmoins entrainé par une inclination violente & une forte habitude; ne vous en lasseriez-vous point, & cela seul ne suffiroit-il pas pour vous le faire fuïr désormais, du moins pendant quelque tems? Je suppose que vous prenez plaisir, mais sans passion, à la Promenade, à la Musique, à la représentation des Piéces de Théatre : si

quel-

quelcun vous faisoit promener depuis le matin jusqu'au soir, ou vous obligeoit de demeurer tout le jour ou la plus grande partie à la Comédie ou à l'Opera, ne vous en
dégoûteriez-vous pas, sinon la prémiére
fois, du moins après quelques jours? Il est
certain qu'on ne sauroit s'attacher long-
tems à une chose où l'on ne regarde que le
plaisir. Les Plaisirs des Sens (car c'est de
ceux-là qu'il s'agit) sont d'une telle nature,
que l'usage en diminue le goût, (1) s'il
n'est entremêlé de longs & fréquens intervalles. Avec cela même, il faut une grande variété, pour empêcher que les uns ou
les autres ne perdent enfin leurs charmes:
& l'on sait qu'il y a eu autrefois des Rois
(2) de *Perse*, qui las de tous ceux qu'ils
avoient goûtez (& quels délices sensuels
pouvoient être inconnus à des Princes si
puissans & en même tems si voluptueux?)
proposoient de grandes récompenses à quiconque leur indiqueroit un nouveau Plaisir. Lors donc qu'on voit une personne qui
ne se rebutte point & ne se lasse pas même
d'un divertissement dont elle se créve, pour
ainsi

---

(1) Χωριζέτα γὰ ἡδονὴ λύπην γυνῆ. MAXIM. TYR.
Dissert. XXXIV. pag. 354. *Ed. Davis.*

(2) Voiez CICERON, Tuscul. Quæst. *Lib.* V. *Cap.*
VII. VALER. MAX. IX, I. *ext.* 3. ATHEN. *Lib.* X.
pag. 539. B. 545. D. PLUTARQUE l'attribue aux
Rois d'*Assyrie*, *Sympos. Quæst.* IV. *in fin.* Voiez MON-
TAGNE, Essais, Liv. III. Chap. XIII. pag. 826, 827.
& Liv. I. Chap. XLII. pag. 189.

ainsi dire, tous les jours ; on peut dire à
coup sûr qu'il y a quelque chose de plus
fort que le plaisir propre de l'objet recréatif, qui l'y tient attaché si constamment,
& que quelque Passion spirituelle s'en mêle. Montagne a très-bien dit, (a) que
los Passions qui sont toutes en l'ame, com-
me l'Ambition, l'Avarice, & autres, don-
nent bien plus à faire à la Raison [que cel-
les qui tiennent au Corps & à l'Ame]; car,
ajoûte-t-il, *elle n'y peut estre secourue que*
de ses propres moyens, ny ne sont ces appe-
tits-là capables de satieté: voire ils s'aigui-
sent & augmentent par la jouyssance. L'A-
varice sur tout est une des Passions les plus
tyranniques & les plus infatigables: du moment qu'elle trouve prise quelque part,
soions assûrez qu'elle saura bien prévenir
tous les dégouts, & appliquer fortement
aux choses les plus capables d'ennuier sans
son secours. Ne nous étonnons donc plus
qu'un Joueur aît le courage de passer au
Jeu tout le jour, & quelquefois même une
partie de la nuit : c'est une occupation où
il s'agit de gagner, & où l'on risque de
perdre pour arriver à ce but. A tout moment on est flatté par l'espérance du Gain,
& cela d'autant plus qu'on a perdu ou
gagné. Voilà dequoi soûtenir contre la las-
situde & du Corps & de l'Esprit.

§. VII. Imaginons-nous maintenant

(a) Essais,
Liv. II. Ch.
XXXIII.
pag. 336.

nant la disposition où doit être un tel homme, lors qu'il a quitté le Jeu. Croions-
nous qu'un si long & si fort attachement
n'aura fait sur son Esprit que de légéres impressions, & le laissera en état de donner
ensuite aux choses sérieuses l'attention & le
soin qu'elles demandent ? Ou plûtôt pou-
vons-nous douter que les idées du Jeu ne
viennent se mêler dans tout ce a quoi il
voudra désormais entreprendre de penser?
Et qu'attendrons-nous d'une personne qui
a la tête remplie de *Sonnez*, de *Quatorze*,
d'*Espadille*, de *Gano*, de *Matadors*, si
ce n'est qu'elle se hâte de dépêcher au plus
vîte les affaires les plus sérieuses, les plus
délicates, pour recommencer incessamment
cette noble occupation, qu'elle regarde
comme la plus grave & la plus essentielle?

§. VIII. Il faut donc, si l'on veut
jouer innocemment & d'une maniére conforme à la nature d'une véritable recréation, que l'application & par conséquent
le tems qu'on y donne, soit très-peu considérable en comparaison de l'attention &
du tems qu'on doit à des choses de plus
grande conséquence. Du moment qu'on
sort de cette proportion, on s'expose à toutes les mauvaises suites d'un divertissement
très-innocent par lui-même, mais aussi très-
dangereux lors qu'on n'est pas sur ses gardes contre tout ce qui tend à en corrompre

pre l'ufage. Je produirai là-deffus un beau
paffage de PLUTARQUE, qui, quoi qu'un
peu long, n'ennuiera pas, je m'affûre, ceux
qui le liront ici. Les reflexions qu'il fait à
l'occafion de ceux qui ont en main les affaires publiques, peuvent être appliquées
à toute autre forte de condition. ,, Je
,, crois, dit-il, (1) avoir raifon de con-
,, feil-

(1) Ἡμεῖς δ' ἀν εὐλόγως τῷ Πολιτικῷ παραινέσαι-
μεν, τὰ μικρὰ ῥαθυμεῖν καὶ σχολάζειν, καὶ ἀναπαύειν
αὐτὸν ἐν ἐκείνοις, εἰ βούλεται πρὸς τὰς καλὰς πράξεις
καὶ μεγάλας μὴ διάτονον ἔχειν τὸ Σῶμα, μηδὲ ἀειφλῦ,
μηδὲ ἀταξ́ορ́ιον, ἀλλ' ὥσπερ ἐν νεολκία τῇ σχολῇ τε-
θεραπευμένον ὅπως αὖθις ὑπὸ τὰς χρείας ᾗ Ψυχῆς ἀ-
γόσης,

Ἀθλίον ἵππῳ πῶλον ὡς ἅμα τρέχῃ.

Διὸ, ᾧ πραγμάτων διδόντων, ἀναπνεῖον ἑαυτὰς, μήτε
ὕλην φθονοῦντας τῷ Σώματι, μήτε ἀρετὴν, μήτε ῥᾳώ-
νης, τὸ μέσον εὐπαθείας καὶ κακοπαθείας· μήτε φυ-
λάτοντας (c'est ainfi que je crois qu'il faut lire au lieu
de φυλατ́ιδοης) ὕβρον, οἷον οἱ πολλοὶ φυλάτοντες ὑπ-
τείουσι τὸ Σῶμα ταῖς μεταβολαῖς, (ὥσπερ τὸ βαπτό-
μενον σίδηρον) ὅταν ἐνταθῇ καὶ πυκνωθῇ σφόδρα τοῖς Πόνοις, αὖθις ἐν Ἡδοναῖς τηκόμενον ἀμέτρως καὶ θλιβό-
μενον· εἶτα πάλιν ἐξ ἀφροδισίων καὶ οἴνε διάλυτον καὶ
μαλακὸν, εἰς ἀγρεὰς ἢ αὐλὴν ἥτινα πραγματείαν διαπύ-
ρε καὶ συντόνε δοκείμην σπεύδις ἐλαυνόμενον. Ἡράκλειτ͘ο-
μὲν γὰρ ὑδρωπιάσας, ἐκέλευεν αὐχμὸν ἐξ ὑπομβρίας ποι-
σαι τ̀ Ἰατρόν· οἱ ἢ πολλοὶ τὸ παντὸς ἁμαρτάνουσιν,
ὅταν ἐν Κόποις καὶ Πόνοις καὶ Ἐνδείαις γίνωνται, μάλιστα ταῖς Ἡδοναῖς ἐξυγιαίνειν καὶ ἀναπαύειν τὰ Σώματα
παραδιδόντες, αὖθις ἢ μετὰ τὰς Ἡδονὰς εἰσιν ὑπερείρον-
τες καὶ κατατείνοντες. ἡ γὰρ Φύσις ὐ ζητεῖ τοιαύτην ἀνταπό-
δοσιν τῷ Σώματος· ἀλλὰ τ̀ Ψυχῆς τὸ ἀκόλαστον καὶ
ἀνελεύθερον ἐκ τ̀ ὁππόνων, ὥσπερ οἱ ναῦται, πρὸς Ἡ-
δονὰς καὶ Ἀπολαύσεις ὕβρει φερόμενον, καὶ μετὰ τὰς Ἡ-
δονὰς πάλιν ἐπ' Ἐργασίας καὶ Πολεμὰς αὐθάδιμον, ὑπ-
τὰ λαχεῖν (c'est ainfi qu'il faut lire avec Xylander, au
lieu de λαθεῖν) τὴν Φύσιν, ᾗς μάλιστα δεῖται, καταστάσ-
εως καὶ γαλήνης, ἀλλ' ἐξίστησι καὶ ταράτει διὰ τὴν ἀ-
ταρα-

Ω

,, seiller à un Homme d'Etat, de ne s'at-
,, tacher que foiblement & mollement aux
,, chofes de peu d'importance, s'il veut
,, apporter aux grandes & belles actions
,, un Corps qui ne foit ni fatigué, ni lan-
,, guiffant, ni rebelle, mais refait par le
,, repos, comme les Vaiffeaux qu'on a te-
,, nu quelque tems à la forme ; afin que,
,, quand l'Ame le rappellera aux fonc-
,, tions néceffaires, il puiffe voler,

(a) ,, *Comme un Poulain, qui tette encor*
        fa Mére,
,, *Court après elle henniffant.*
,, Lors donc que les affaires le permettent,
,, il eft bon de fe recréer, ne refufant à fon
,, Corps ni le fommeil, ni le manger &
,, le boire, ni un relâche agréable qui tien-
,, ne le milieu entre la Molleffe & la Fa-
,, tigue. Mais il faut prendre garde ici de
,, ne

(a) *Plutarque cite ailleurs le vers Grec, comme étant de Simonide. Voiez le Livre intitulé, comment on peut s'appercevoir des progrès qu'on fait dans la Verta, p. 84. D. Ed. Wech. Tom. II.*

νωμαλίαν. Οἱ ἢ νῦν ἔχοντες, ἥκιϛα μὲν Ἡδονὰς ποιοῦντι τῷ Σώματι προσφέρουσιν (ἢ γδ δέονται τὸ παράπαν) ἀδὲ μέμνηνται ὁ τούτων, πρὸς τῷ καλῷ ὁ πράξεως τὴν διάνοιαν ἔχοντες, καὶ τῷ χαίρειν καὶ σπουδάζειν τὰς ἄλλας ὁ Ψυχῆς ἐξαμαυροῦντες ἐπιθυμίας (J'ai fuivi en-core ici la correction néceffaire de Xylander) Ὅτε γὰρ φασιν εἰπεῖν ὁ Ἐπαμινώνδαν μῷ παιδιᾶς, ἀνδρὸς ἀγαθῦ ϖε τὰ Λευκτρικὰ νότω τελευτήσαντ῵, Ὦ Ἡ-ρέκλεις, πῶς ἐσχόλασεν· ἀνὴρ ἀποθανεῖν ἐν τοσούτοις πράγμασι; τοῦτο ἀληθῶς ἐϛι εἰπεῖν ἐπ᾿ ἀνδρὸς ἢ πολι-τικὴν ϖράξιν ἢ φιλόσοφον φροντίδα διὰ χειρὸς ἔχοντ῵. Τίς ἢ σχολὴ τῷ ἀνδρὶ τούτῳ νῦν ἀπειλῆν, ἢ μεθύειν, ἢ λαγνεύειν; Γενόμεθα ἢ πάλιν ἀπὸ ὁ πράξεων, ἐν ἡσυ-χίᾳ κατατιθέντας τὸ Σῶμα, καὶ δὴ ἀναπαύσει, ὧν τι Πόνων τὰς ἀχρεύσας, καὶ μᾶλλον ἔτι ὁ Ἡδονῶν τὰς ὑκ ἀναγκαίας, ὡς τῇ Φύσει πολεμίας, φυλατϊόμενοι καὶ φεύγοντες. De fanitate tuenda, *pag.* 135, 136.

„ ne pas imiter le commun des Hommes,
„ qui s'éloignant des justes bornes ruinent
„ leur Corps par des changemens faits
„ mal-à-propos : car, comme il arrive à
„ l'égard du Fer trempé, après avoir beau-
„ coup tourmenté & endurci leur Corps
„ par le Travail, ils le fatiguent & le ra-
„ mollissent excessivement par les Plaisirs
„ où ils le plongent : ensuite, lors qu'il
„ est affoibli & énervé par l'Amour & par
„ le Vin, ils veulent le ramener au Pa-
„ lais, ou à la Cour, ou à quelque autre
„ chose qui demande une vive & forte ap-
„ plication. *Héraclite* se voiant attaqué
„ d'hydropisie, disoit à son Médecin de
„ changer en sécheresse cette abondance
„ d'humeurs. La plûpart des gens font tout
„ le contraire, mais en cela ils se condui-
„ sent très-mal : car s'ils ont à travailler &
„ si le besoin les presse, c'est alors préci-
„ sément qu'ils humectent le plus & qu'ils
„ fondent, pour ainsi dire, leur Corps
„ par la Volupté ; après quoi ils le tour-
„ nent tout d'un coup & le bandent au
„ Travail. Ces violentes alternatives ne
„ font nullement conformes à la Nature.
„ Bien loin de là, lors que les mouvemens
„ déréglez de l'Ame passent avec impétuo-
„ sité du Travail au Plaisir & aux Diver-
„ tissemens, & reviennent ensuite avec la
„ même violence du Plaisir au Travail &

Q 2   „ aux

„ aux Affaires, ils empêchent la Nature
„ de jouïr du repos & du calme qu'elle
„ souhaitte le plus : cette inégalité ne fait,
„ que la troubler & y exciter des tempê-
„ tes continuelles. Une personne sage n'of-
„ fre pas les Plaisirs à son Corps, pendant
„ qu'elle travaille (elle n'en a alors aucun
„ besoin) elle ne s'en souvient pas même,
„ parce qu'elle a toutes ses pensées tour-
„ nées vers ce que l'action a d'honnête, &
„ que tous ses autres désirs sont étouffez
„ par le plaisir qu'elle trouve à s'aquitter
„ de son devoir, & par l'attention qu'elle
„ y apporte. On raconte d'*Epaminondas*,
„ que comme on lui annonçoit la perte
„ d'un brave homme qui étoit mort de
„ maladie environ le tems de la Bataille de
„ *Leuctres*, il dit en riant : *Bons Dieux !*
„ *comment a-t-il eu le loisir de mourir,*
„ *pendant qu'on a de si grandes affaires ?*
„ On peut dire sérieusement la même cho-
„ se d'un homme qui a en main des affai-
„ res d'Etat, ou qui est occupé à des Re-
„ cherches Philosophiques : Comment trou-
„ ve-t-il pendant ce tems-là le loisir ou de
„ se gorger de viandes, ou de s'enyvrer,
„ ou de se plonger dans l'impureté ? Les
„ gens sages au contraire, lors qu'ils sont
„ débarrassez de leurs affaires, tiennent
„ leur Corps en repos & lui donnent du
„ relâche : ils évitent soigneusement les
„ Tra-

„ Travaux inutiles, & ils fuient encore plus
„ les Plaisirs non nécessaires, comme sou-
„ verainement ennemis de la Nature. Voilà des reflexions d'un Philosophe Paien, qui
doivent couvrir de honte & de confusion
un grand nombre de Chrétiens.

§. IX. D'établir maintenant une Régle générale pour fixer au juste les limites
du tems qu'on peut destiner au Jeu, c'est
ce qui ne me paroît ni possible , ni nécessaire. Cela dépend du tempérament, de la
santé, du genre de vie, de l'état & de la
situation où l'on se trouve ; & il est facile
à chacun de se faire ici une Régle à lui-
même , pour peu qu'il ait à cœur son devoir, & qu'il s'examine avec quelque soin.
On se connoît mieux soi-même , qu'aucun
autre ne sauroit faire; & l'on sent bien quand
on a eu assez de relâche, & que l'on est en
état de reprendre ses occupations ordinaires. Tout ce que je puis poser ici pour maxime, c'est que , *pour ne pas courir risque
de se laisser surprendre aux attraits de l'Oisiveté & de la Mollesse , il faut toûjours
tâcher d'étendre les bornes du tems que l'on
destine au travail, & de resserrer au contraire celles des heures de recréation, autant qu'il est possible sans nuire à sa santé,
& par conséquent à ses affaires.*

§. X. Pour donner neanmoins quelque exemple de la maniére dont des per-

sonfonnes fages ont crû devoir *partager* (1) *le tems du Travail & celui des Recréations*, je vais alléguer encore un grand paffage d'un autre Philofophe Païen, où l'on trouvera auffi des idées conformes à d'autres chofes que j'ai prouvées ailleurs. C'eft SENÉQUE, qui raifonne ainfi dans un de fes Ouvrages où il traite des moiens de fe procurer la Tranquillité de l'Ame. „ Il „ ne (2) faut pas tenir toûjours fon Efprit

éga-

(1) CICERON dit, que les *Romains*, qui partageoient ainfi leur tems, ont gouverné leur Etat pour le moins auffi bien que les *Crétois*, qui fe refufoient les commoditez & les douceurs de la Vie. *Neque vero Cretes, quorum nemo guftavit umquam cubani, melius quam Romani homines, qui TEMPORA VOLUPTATIS LABORISQUE DISPERTIUNT, Refpublicas fuas retinuerunt.* Orat. pro Muræna, Cap. XXXV. pag. 101. Ed. Gravil.

(2) *Nec in eadem intentione æqualiter retineenda Mens eft, fed ad Jocos revocanda. Cum pueris Socrates ludere non erubefcebat: & Cato vino laxabat animum, curis publicis fatigatum: & Scipio triumphale illud & militare corpus movit ad numeros; non molliter fe infringens, ut nunc mos eft etiam inceffu ipfo ultra muliebrem mollitiem fluentibus; fed ut illi antiqui viri folebant, inter lufum ac fefta tempora, virilem in modum tripudiare, non facturi detrimentum, etiamfi ab hoftibus fuis fpectarentur. Danda eft remiffio animis: meliores actioresque requieti furgent. Ut fertilibus agris non eft imperandum; cito enim exhauriet illos numquam intermiffa fecunditas: ita animorum impetus affiduus labor frangit. Vires accipient, paullum refoluti & remiffi. Nafcitur ex affiduitate laborum, animorum hebetatio quædam & languor: nec ad hoc tanta hominum cupiditas tenderet, nifi naturalem quamdam voluptatem haberet Lufus Jocufque: quorum frequens ufus, omne animis pondus omnemque vim eripiet. Nam & Somnus refectioni neceffarius: hunc tamen fi per diem noctemque continues, mors erit. Multum intereft; remittas aliquid, an folvas. Legum conditores*

feftos

„ également bandé, mais lui donner quel-
„ que divertiſſement. *Socrate* jouoit & ba-
„ dinoit avec des Enfans, ſans en avoir
„ aucune honte. *Caton*, pour ſe délaſſer
„ du ſoin des affaires publiques, ſe met-
„ toit à boire un peu largement. *Scipion*,
„ ce grand Guerrier, cet homme à triom-
„ phes, ne faiſoit pas ſcrupule de danſer.
„ Il eſt vrai que ce n'étoit pas en pliant
„ mollement les membres, comme font
„ nos gens d'aujourd'hui, dont la démar-
„ che eſt plus efféminée que celle des Fem-
„ mes même, mais à la maniére des An-
„ ciens, qui les jours de Fête & lors qu'ils
„ vouloient ſe divertir ſautoient avec une
„ cadence mâle & des mouvemens dignes
„ d'un Homme; en ſorte qu'ils ne com-
„ mettoient pas leur réputation & leur gra-
„ vité en danſant ainſi, fût-ce en préſen-
„ ce de leurs plus grands ennemis. Il eſt
bon

*feſtos inſtituerunt dies, ut ad hilaritatem homines publi-
ce cogerentur; tamquam neceſſarium laboribus interpo-
nentes temperamentum. Et magni, ut dixi, viri quidam
ſibi menſtruas certis diebus ferias dabant : quidam nullum non diem, inter otium & curas, dividebant. qua-
lem Pollionem Aſinium, Oratorem magnum, memini-
mus, quem nulla res ultra decimam retinuit. ne Epiſto-
las quidem poſt eam horam legebat, ne quid nova cura
naſceretur; ſed totius diei laſſitudinem duabus illis horis
ponebat. Quidam medio die interjunxerunt, & in poſt-
meridianas horas aliquid levioris opera diſtulerunt. Ma-
jores quoque noſtri novam relationem, poſt horam decimam, in Senatu fieri vetabant. Miles vigilias dividit;
& nox immunis eſt ab expeditione redeuntium. De tranquill. animi, Cap. ultim.*

» bon certainement de donner quelque re-
» lâche à l'Esprit : on le retrouve plus frais
» & plus vif après le repos. Il ne faut pas
» trop demander des meilleures terres ; au-
» trement elles s'épuisent bien-tôt à force
» de porter sans discontinuation. Il en est
» de même de nos Esprits : un Travail trop
» assidu en émousse la vigueur ; au lieu que,
» si on leur donne un peu de relâche, ils
» prennent par là de nouvelles forces. On
» s'étourdit & l'on devient comme stupi-
» de, quand on travaille sans cesse. Si le
» plaisir qu'on trouve dans les Jeux & les
» Divertissemens n'étoit un plaisir naturel,
» les Hommes ne s'y porteroient pas avec
» tant d'ardeur. Mais l'usage en doit être
» modéré : car si l'on se divertit trop, l'Es-
» prit perd peu-à-peu toute sa force. C'est

(a) Voiez
Marc An-
tonin, Lib.
V. Cap. 1.

» ainsi que (a) le Sommeil est absolument
» nécessaire à la vie : cependant, si l'on
» dort nuit & jour, c'est une mort. Il y a
» bien de la différence entre relâcher une
» chose, & la détendre ou la laisser aller
» tout-à-fait. Les Législateurs jugeant à
» propos de contraindre en quelque sorte
» les Citoiens à se réjouir de tems en tems,
» ont établi des Fêtes, où chacun se re-
» pose de ses travaux autant qu'il lui est
» nécessaire. Il y a eu de grands Hommes
» qui se faisoient à eux-mêmes tous les mois
» certains jours de Fête particuliers. D'au-

» tres

„ tres ne laiſſoient point paſſer de jour
„ qu'ils ne partageaſſent entre les heures
„ de recréation, & celles qu'ils donnoient
„ à leurs affaires. Tel étoit de nôtre tems
„ *Aſinius Pollion*, grand Orateur : car je
„ me ſouviens que, paſſé quatre heures
„ après (a) midi, il ne faiſoit plus rien. Il
„ n'auroit pas même voulu depuis ce tems-
„ là lire les Lettres qu'il recevoit, de peur
„ d'y trouver quelque choſe qui le ren-
„ gageât dans des penſées ſérieuſes : pen-
„ dant les deux heures qui reſtoient juſ-
„ qu'au ſoir il ſe délaſſoit de tout le travail
„ de la journée. Quelques-uns, après avoir
„ travaillé toute la matinée, ſe repoſoient
„ un peu ; & renvoioient aux heures d'a-
„ près-midi ce qui ne demandoit pas beau-
„ coup d'application. Nos Ancêtres même
„ ne permettoient pas qu'on propoſât rien
„ de nouveau dans le Sénat, paſſé quatre
„ heures après-midi. A la Guerre, on par-
„ tage la Nuit en quatre Veilles, pendant
„ leſquelles les Soldats ſont en faction tour-
„ à-tour : & ceux qui ont été commandez
„ pour quelque expédition pendant le Jour,
„ ſont exemts de garde la nuit ſuivante.

§. XI. ON peut voir par là, à peu près,
quelle proportion chacun doit garder entre les heures de recréation, & le tems des
occupations ſérieuſes. Un moien ſûr de ne
point aller dans l'excès à cet égard, c'eſt

(a) C'eſt-à-dire, ſelon la maniere de compter des *Juifs* & des *Romains*, qui comptoient les Heures depuis le lever du Soleil juſqu'au coucher, en-ſorte que les ſix heures qu'il y avoit avant & après midi, é-toient plus courtes en hyver qu'en été, & que leur étenduë changeoit ſelon le cours du Soleil.

Q 5

de

de ne s'attacher au Jeu & en général à toute autre sorte de Divertissement, que d'u-
ne manière foible & languissante, & de
s'affectionner au contraire de plus en plus
à son ouvrage ou aux affaires sérieuses auxquelles on doit vaquer. Il est incomparablement plus facile de modérer un excès
d'ardeur pour le Travail au préjudice de sa
santé, qu'une forte passion pour le Jeu ou
quelque autre Divertissement, au préjudice de sa vertu & de ses affaires. Quand
on ne se donne du relâche qu'en attendant
de reprendre une chose que l'on fait avec
plaisir, l'intervalle paroît long, & on l'a-
brége autant qu'on peut. Les Joueurs de
profession nous servent ici d'exemple. C'est
toûjours avec regret qu'ils sortent du Jeu,
quelquefois même lors que les besoins les
plus indispensables de la Nature les forcent
à le quitter. Le Sexe même oublie ici la
délicatesse de son tempérament & de son
éducation; comme le représente très-bien
le Satyrique Moderne dans ce tableau d'un
des caractéres qui s'offrent à sa Satire:

(a) Des-
preaux, Sat.
X. pag. 71,
72.

Chez (a) elle en ces emplois l'Aube du len-
    demain
Souvent la trouve encor les Cartes à la main.
Alors pour se coucher les quittant, non sans
    peine,
Elle plaint le malheur de la Nature Humai-
    ne,

Qui

Qui veut qu'en un fommeil, où tout s'enfé-
   velit,

o Tant d'heures, fans jouer, fe confument au
      lit.

Toutefois en partant la Troupe la confole,

Et d'un prochain retour chacun donne pa-
      role.

Si l'on aimoit quelque occupation utile &
férieufe, le quart de ce que ces gens-là aiment un frivole & pernicieux amufement,
on auroit certainement de l'impatience d'ê-
tre en état de recommencer fon ouvrage,
& l'on feroit par là beaucoup moins fujet à
fe paffionner pour des chofes qui ne doivent nous occuper qu'en paffant.

§. XII. On fera bien auffi de ne donner pas même au Jeu tout le tems qu'on
peut raifonnablement deftiner à fe repofer
& à fe divertir. Le but naturel des Recréations demande à mon avis, qu'on les di-
verfifie autant qu'il eft poffible fans tomber
dans quelque inconvénient. C'eft d'ailleurs
le moien de ne prendre point d'attache particuliére pour aucune forte de Divertiffement que ce foit. La paffion n'a pas le tems
de fe former : les objets ne font alors que
de foibles & paffagéres impreffions. Et il
n'eft nullement à craindre que par ce moien
on ne fe diffipe trop. Il y auroit du danger
fans contredit, fi l'on perdoit beaucoup de
tems à fe divertir : mais tant qu'on n'y em-
                                    ploiera

ploiera que ce que demande la nécessité de délasser l'Esprit & le Corps, plus on variera les Divertissemens, & mieux ils produiront l'effet que l'on s'y propose. Cela a lieu sur tout à l'égard des travaux qui fatiguent plus l'Esprit, que le Corps.

§. XIII. LORS même qu'on peut prendre quelque recréation plus utile & plus convenable que le Jeu, c'est toûjours le parti le plus sûr & le plus honnête. La véritable heure du Jeu, c'est lors que le mauvais (1.) tems nous retient au logis, ou que l'on n'a rien de meilleur à faire. La (2) promenade, qui est d'ailleurs si bonne pour la santé, les petites parties de plaisir (3) avec ses Amis, les lectures ou les

con-

(1) CICERON donne à entendre cela : *Sed ut homines labore assiduo & quotidiano adsueti*, QUUM TEMPESTATIS CAUSA OPERE PROHIBENTUR, *ad Pilam se, aut ad Talos, aut ad Tesseras conferunt, aut etiam novum sibi ipsi aliquem excogitant in otio ludum : Sic &c.* De Oratore, Lib. III. Cap. XV.

(2) *Indulgendum est animo ; dandumque subinde otium, quod alimenti ac virium loco sit : & in ambulationibus apertis vagandum, ut cælo libero & multo spiritu augeat attollatque se animus. Aliquando vectatio iterque, & mutata regio, vigorem dabunt, convictusque & liberalior potio.* SENEC. de Tranquill. animi, Cap. XV. pag. 386.

(3) CICERON exhorte un de ses Amis à se délasser & se divertir de cette manière, *Sed mehercule, mi Pate, extra jocum moneo te, quod pertinere ad beatè vivendum arbitror, ut cum viris bonis, jucundis, amantibus tui vivas. Nihil aptius vita, nihil ad beatè vivendum accommodatius. Nec id ad voluptatem refero, sed ad communitatem vitæ atque victus, remissionemque animorum, quæ maximè sermone efficitur familiari, qui est*

iii

conversations agréables, sont des divertissemens beaucoup plus naturels & qui par eux-mêmes seyent mieux à tout le monde. Sur quoi je ne saurois m'empêcher de rapporter un trait de raillerie ingénieux, qui en même tems qu'il fait honneur à la mémoire d'un grand Philosophe de nos jours, peut servir à faire préferer au Jeu un amusement plus de saison. ,, Un jour (a) trois
,, ou quatre Seigneurs s'étant donné ren-
,, dez-vous chez Mylord *Ashley*, (depuis
,, Comte de *Shaftesbury*) plûtôt pour s'en-
,, tretenir ensemble, que pour affaires;
,, après quelques complimens, on appor-
,, ta des Cartes pour jouer, sans que l'on
,, eût eu presque aucune conversation.
,, Mr. *Locke* regarda jouer ces Messieurs
,, pendant quelque tems; après quoi aiant
,, tiré ses tablettes de sa poche, il se mit à
,, y écrire je ne sai quoi avec beaucoup
,, d'attention. Un de ces Seigneurs y aiant
,, pris garde, lui demanda ce qu'il écrivoit.
,, *Mylord*, dit-il, *je tâche de profiter au-*
,, *tant que je puis, en vôtre compagnie;*
,, *car aiant attendu avec impatience l'hon-*
,, *neur d'être présent à une assemblée des*
,, *plus sages & des plus spirituels hommes*
,, *de nôtre tems, & aiant eu enfin ce bon-*
                                    ,, *heur;*

(a) *Eloge de* Mr. *Locke*, dans la *Biblioth. Choisie*, Tom. VI. p. 357.

in conviviis dulcissimus. Epist. ad Famil. *Lib.* IX. *Epist.* XXIV. Voiez aussi *de Senectute*, Cap. XIII. XIV. & le passage de SEN E'QUE que je viens de citer.

„ heur; j'ai crû que je ne pouvois mieux
„ faire, que d'écrire vôtre converfation:
„ & en effet j'ai mis ici en fubftance ce qui
„ s'eft dit depuis une heure ou deux. Il
„ ne fut pas befoin que Mr. *Locke* lût beau-
„ coup de ce Dialogue; ces Illuftres Sei-
„ gneurs en fentirent le ridicule, & fe di-
„ vertirent à le retoucher & à l'augmen-
„ ter. Ils quittèrent le Jeu, ils entrérent
„ dans une converfation qui leur étoit
„ mieux féante, & paffèrent ainfi le refte
„ du jour.

§. XIV. Au reste, je ne prétens pas
qu'on ne puiffe jamais s'éloigner le moins
du monde de la Régle que chacun fe doit
faire. Il y a des tems & des occafions où
l'on ne fauroit s'y affujettir exactement. Le
commerce de la Vie demande même quelquefois qu'on forte un peu de ces bornes,
& qu'en faveur de fes Amis, ou de certaines circonftances, on fe donne au Plaifir
& à la Joie plus qu'on n'en auroit befoin
pour fe délaffer. Mais il ne faut pas rechercher ces occafions: il eft bon au contraire de les éviter adroitement, autant qu'il
fe peut, pour ne pas donner prife à la tentation. Et lors qu'il n'y a pas moien de fe
difpenfer honnêtement de quelque efpéce
d'excès, on doit le faire le moindre qu'il
eft poffible. Je me fouviens ici de ce que
dit le Philofophe SENÈQUE au fujet du

parti

parti que devoit prendre un Homme sage dans le tems de la Fête des *Saturnales*, où la Débauche étoit autorisée, & entr'autres les Jeux de Hazard permis parmi les *Romains*. „Si vous (1) étiez en ville, (dit-il „ à son Ami *Lucilius*) je vous demande- „ rois volontiers vôtre avis sur ce que vous „ croiez qu'on doit faire présentement : „ s'il faut suivre de point en point la coû- „ tûme, ou si du moins, pour ne pas se „ singularifer mal-à-propos, il faut (2) chan- „ ger de robe, & se regaler mieux qu'à „ l'or-

(1) *Si tu hic haberem, libenter tecum conferrem, quid existimares esse faciendum, utrum nihil ex quotidiana consuetudine movendum; an, ne dissidere videremur cum publicis moribus, & hilarius cænandum, & exuendam togam. Nam quod fieri nisi in tumultu & tristi tempore civitatis non solebat, voluptatis caussa ac festorum dierum vestem mutavimus. Si te bene novi, arbitri partibus functus, nec per omnia nos similes esse pileata turba voluisses, nec per omnia dissimiles: nisi forte his maxime diebus animo imperandum est, ut tunc voluptatibus solus abstineat, quum in illas omnis turba procubuit. Certissimum argumentum infirmitatis suæ capit, si ad blanda & in luxuriam trahentia nec it, nec abducitur. Hoc multo fortius est, ebrio ac vomitante populo, sic cum ac sobrium esse. illud temperatius, non excerpere se, nec insigniri, nec misceri omnibus: & eadem, sed non eodem modo, facere. Licet enim sine luxuria agere festum diem.* Epist. XVIII.

(2) Les *Romains* avoient deux sortes de Robes de dessus, l'une pour le logis & quand ils étoient à table, celle-là leur tenoit lieu de nos Robes de chambre : l'autre, qu'ils prenoient quand ils alloient par la ville & qu'ils vouloient paroître en habit décent. Voiez *Juste Lipse*, Saturn. Lib. I. Cap. X. & *Thom. Gataker*, sur *Marc Antonin*, Lib. I. §. 7. pag. 10. Edit. Cantabr. 1652.

„ l'ordinaire ? Car je vous avoue que j'ai
„ fait pour le plaisir & en faveur de la Fê-
„ te, ce qui ne se faisoit autrefois que dans
„ un soûlévement ou dans quelque cala-
„ mité publique; je veux dire que j'ai quit-
„ té mon habit décent. Je suis fort trom-
„ pé si étant pris pour Juge dans cette
„ question, vous ne décideriez, que nous
„ ne devons ni nous conformer en tout ni
„ nous soustraire en tout à la mode de cet-
„ te foule de gens que nous voions cou-
„ rir avec (a) des bonnets. Il est vrai que
„ c'est peut-être sur tout en des tems com-
„ me ceux-ci qu'il faut tenir de court son
„ Ame afin que, pendant que tout le mon-
„ de se plonge dans les Plaisirs, elle seule
„ ne les goûte pas au dedans de nous.
„ Elle regarde comme une marque (1) très-
„ certaine de foiblesse, d'être dans une tel-
„ le situation que ni elle ne se porte pas
„ d'elle-même ni elle ne se laisse point en-
„ traîner par les autres aux choses qui flat-
„ tent agréablement & qui tendent à la
„ jetter dans la dissolution ; [car c'est se
sentir hors d'état de résister à leurs charmes.] „ S'il y a beaucoup plus de force
„ d'esprit à demeurer sobre & de sang froid,
„ dans le tems que tout le Peuple est yvre
„ &

(a) Les *Romains* alloient ordinairement tête nue. Voiez *Lipse, de Amphitheatro, Cap. XIX.*

(1) C'est ainsi que ce Philosophe dit dans une autre Lettre : *Infirmi animi est, pati non posse divitias.* Epist. V. pag. 13.

„ & rend gorge par les rues; il est plus
„ selon les régles de la Modération, de ne
„ pas se séquestrer & se faire remarquer,
„ sans se mêler pourtant avec la Foule; &
„ de faire les mêmes choses que les autres,
„ mais non pas de la même maniére. Car
„ on peut être de la fête, sans s'engager
„ pour cela dans la débauche.‟ Le milieu
que ce Philosophe prend ici, est, à mon
avis, très-raisonnable; car il s'agit de choses qui ne sont pas essentiellement mauvaises, & dont l'excès seul est vicieux.

§. XV. VOILA' pour ce qui regarde l'é-
tenduë du tems qu'on peut innocemment
emploier au Jeu. Mais il ne suffit pas de
prescrire certaines bornes à ce divertissement: il faut encore le prendre à propos,
& choisir bien les heures qui lui conviennent. Ce seroit donc renverser l'ordre naturel des choses, que de s'amuser à jouer
dans le tems qu'on est le plus propre à vaquer aux fonctions & aux affaires sérieuses, ou lors (a) qu'elles ne souffrent point
de délai. Ainsi, comme pendant la (1) matinée l'Esprit & le Corps refaits par le sommeil de la Nuit sont d'ordinaire le mieux
en état d'agir; quiconque joueroit alors, à
moins

(a) Voiez le commencement du passage de *Senéque*, que j'ai cité dans le premier paragraphe de ce Chapitre.

(1) SUETONE remarque, comme une chose sur-
prenante, que l'Empereur DOMITIEN se divertissoit aux Jeux de Hazard le matin même. *Quoties otium
esset, alea se oblectabat, etiam ..... matutinis horis.*
Domitian. Cap. XXII.

R

moins que d'être extrêmement désœuvré
sans qu'il y eût de sa faute, ou qu'il n'y
fût engagé par quelque raison particulière,
& indispensable, choisiroit mal son tems,
& rendroit par là ce divertissement inexcusable, quelque innocent & bien réglé qu'il
fût d'ailleurs.

§. XVI. Il y a aussi des heures, des
tems, & des circonstances, qui demandent
ou qu'on s'abstienne absolument de jouer,
ou qu'on le fasse plus rarement & avec plus
de réserve. Je mets au prémier rang les
heures destinées aux Exercices Publics de
la Religion. Si l'on peut quelquefois se dispenser d'y assister, ce n'est pas sans contredit pour passer ce tems-là à se divertir, quelque secrétement qu'on le puisse faire.

§. XVII. Pour ce qui est du reste de
la journée pendant le Dimanche ou les autres Jours de Fête, je ne crois pas absolument illicite (1) de jouer alors ou de prendre quelque autre sorte de divertissement,
pourvû qu'il n'y ait point de scandale. Je
dirai néanmoins qu'il est toûjours mieux de
passer ce tems-là d'une maniére plus grave
&

(1) Mr. *Thiers* ne le croit pas non plus, quoi qu'il
ait allégué plusieurs Conciles & plusieurs Auteurs Ec-
cléfistiques, qui condamnent tous les Divertissemens
publics, & quelques-uns même les Divertissemens
particuliers, pendant ces sortes de Jours & autres semblables. Voiez le *Traité des Jeux & des Divertissemens*
&c. Chap. XXX. pag. 474.

& plus conforme à la circonstance; & que c'est du moins marquer un grand attachement au Jeu, que de ne pouvoir s'en passer un seul jour, sur tout si c'est un Jour extraordinaire.

§. XVIII. Dans les tems fâcheux aussi; à la veille de quelque malheur particulier ou d'une calamité publique, lors que l'on est actuellement dans l'affliction ou que la plaie est encore toute fraiche, on pécheroit non seulement contre la Bienséance, (1) de jouer ou de se divertir de quelque autre maniére; mais encore ce seroit une preuve manifeste d'un cœur qui se livre à la Joie sans retenue, & que les coups même de la main de Dieu ne sauroient mortifier. Ce n'est pas pour nous faire rire que Dieu prend la verge en main; & c'est le braver en quelque sorte que de paroître si peu sensible à ses châtimens. Il faut néanmoins distinguer ici entre les *dangers* ou les *malheurs passagers*, & ceux *qui durent quelque tems.* Car pour ce qui est des derniers, j'ai déja insinué ailleurs (a) qu'après avoir fait toutes les reflexions sérieuses que demande un tel état, rien n'empêche qu'on ne se donne quelque relâche & qu'on n'use même avec modération de quelque diver-

(a) Chap. L de ce Liv. III. §. 3: vers la fin.

____

(1) C'est ce que Seneque appelle, *luctum suum intempestivis avocare lusibus*; de Consol. ad Polyb. Cap. XXXVII. *sub fin.*

vertiſſement convenable. S'il ne faut pas
recevoir les afflictions avec une fierté de
Stoïcien ou avec une ſtupidité brutale; il
ne faut pas non plus ſe laiſſer abattre à la
douleur & à la triſteſſe. Dieu ne veut pas
qu'on néglige les moiens de ſortir du péril & de ſe délivrer des maux où il permet
que l'on tombe; mais c'eſt ſe mettre hors
d'état d'y travailler, c'eſt ruiner ſa ſanté &
ſes affaires, que de ne pas faire quelques
efforts pour éloigner un peu les triſtes
idées de l'affliction. En un mot, on ne
doit jamais oublier que l'on eſt Homme;
& c'eſt ce que répondit autrefois CICE-
RON à *Marc Antoine*, qui lui reprochoit
que, pendant la Guerre où il étoit du parti
de *Pompée*, il n'avoit pas fait difficulté de
s'égaier quelquefois par des railleries. *Je
ne m'arrêterai pas*, dit cet illuſtre Orateur,
*à refuter vos reproches au ſujet des raille-
ries que je faiſois pour me divertir dans le
Camp même. Il eſt vrai qu'on avoit lieu
alors d'être fort intrigué : mais en quelque
mauvais état que ſoient les affaires, un
Homme, s'il eſt Homme, ne laiſſe pas de*

ſe

(1) *Nec jocis quidem reſpondebo, quibus me in caſtris uſum eſſe dixiſti. Erant illa quidem caſtra plena cura: verumtamen homines, quamvis in turbidis rebus ſint, tamen, ſi modo homines ſunt, interdum animis relaxantur. Quod autem idem meſtitiam meam reprehendit, idem jocum: magno argumento eſt, me in utroque fuiſſe moderatum.* Philippic. II. Cap. XVI.

se recréer quelquefois. Mon Adversaire blâme tantôt mon air triste, & tantôt mon air enjoué : preuve évidente, que j'ai été modéré & dans la Joie & dans la Tristesse.

§. XIX. UNE personne sage & attentive à régler sa conduite sur les Maximes de la droite Raison & de l'Evangile, distinguera aisément les autres circonstances (1) où il seroit hors de propos de jouer.

On

(1) C'est sur quoi on ne sauroit ici, non plus qu'en matière de toute autre chose, établir de Régle générale, qui s'étende à tous les cas, en sorte qu'il n'y ait qu'à en faire l'application. Chacun doit & peut se déterminer là-dessus par un examen attentif des circonstances. Sur quoi je me souviens d'une reflexion qu'on attribuë à *Pythagore*, & que l'on ne sera pas fâché de trouver ici. ,, L'art, disoit-il, de choisir le ,, tems propre & convenable, renferme divers Pré- ,, ceptes, & s'étend à un grand nombre de choses fort ,, différentes. Car ceux qui se fâchent & se mettent en ,, colére, le font les uns à-propos, les autres mal-à- ,, propos. Ceux aussi qui désirent & qui recherchent ,, quelque chose, s'y portent les uns à-propos, les ,, autres mal-à-propos. Il en est de même des autres ,, sortes de Passions, d'Actions, de Dispositions, de ,, Conversations, de Commerces. Or on peut bien ,, jusques à un certain point enseigner quelles sont ,, ces occasions propres & favorables, les déterminer ,, par régles & par principes, & les réduire en forme ,, de Système : mais de donner là-dessus des Régles ,, générales, précises & absoluës, c'est ce que la na- ,, ture même du sujet ne permet pas. Le tems où il ,, est à propos d'agir ou de ne point agir, à naturel- ,, lement à sa suite, pour ainsi dire, la Politesse, la ,, Bienséance, la Convenance, & autres choses sem- ,, blables. " Εἶναι δ᾽ ποικίλην τινὰ καὶ πολυειδῆ τὴν τῦ Καιρῦ χρείαν· καὶ δὴ τ̔ ὀργιζομένων τε καὶ θυμωμί- νων τὲς μὲν εὐκαίρως τῦτο ποιεῖν· τὲς δ᾽ ἀκαίρως. καὶ πάλιν τ̔ ὀρεγομένων τε καὶ ἐπιθυμόντων καὶ ὁρμώντων

On n'a qu'à voir s'il en réſultera quelque
inconvénient par rapport à nous-mêmes,
ou à autrui. C'eſt ſur quoi nous avons à
dire certaines choſes, qui trouveront mieux
leur place dans le Chapitre ſuivant.

ἐφ' ὁτιδήποτε, τοῖς μὲν ἀκολυθεῖν Καιρὸν, τοῖς ἢ Ἀκαι-
ρίαν τ᾽ αὐτὸν δ᾽ εἶναι λόγον καὶ αἐὶ τ᾽ ἄλλων παθῶν
τε καὶ πράξεων καὶ διαθέσεων καὶ ὁμιλιῶν καὶ ἐντεύ-
ξεων. Εἶναι ἢ τ᾽ Καιρὸν μέχρι μὲν τινὸς διδακτὸν, καὶ
ἀπαράλογον, καὶ τεχνολογίαν ἐπιδεχόμενον· καθόλυ ἢ
καὶ ἁπλῶς ὐδὲν αὐτῷ τύτων ὑπάρχει. ἀκόλυθα ἢ εἶναι
καὶ σχεδὸν τοιαῦτα, οἶα συμπαρέπεθη τῇ τῦ Καιρῦ φύσει, τήν τε ὀνομαζομένην Ὥραν, καὶ τὸ Πρέπον, καὶ τὸ
Ἁρμόττον, καὶ εἴ τι ἄλλο τυγχάνει τύτοις ὁμογενὲς ἔν.
JAMBLICH. de Vit. Pythag. §. 181, 182. Edit.
Kuſter.

CHAPITRE V.

Que le Jeu doit être innocent, *c'eſt-à-dire,*
ne nuire en rien ni à nous-mêmes,
ni à autrui.

§. I. QUELQUE innocente que puiſſe
être une choſe en elle-même, du
moment qu'elle ſe trouve nuiſible ou à
nous-mêmes, ou à autrui, elle devient vi-
cieuſe ſans contredit. Rien n'eſt ſur tout
plus criminel & plus abſurde en même
tems, qu'un Divertiſſement qui tourne au
dommage de quelcun. La ſurpriſe, la colére, un mouvement impétueux de quelque

que autre Paſſion, la vûë d'un grand & infaillible avantage, peuvent ſinon excuſer le
• mal qu'on fait ou à ſoi-même ou à autrui,
du moins diminuer un peu l'imprudence &
l'injuſtice d'une action dangereuſe ou dom-
mageable en quelque maniére.   Mais que
pour ſe divertir ſimplement, ou tout au
plus dans l'eſpérance d'un Gain qui n'eſt
rien moins qu'aſſûré, on coure riſque de
cauſer le moindre préjudice (1) à qui que
ce ſoit, il y a là un dérèglement ſi viſiblement contraire à la Raiſon & à la dignité
de nôtre Nature, qu'on ne ſauroit s'imaginer que perſonne en fût capable, ſi l'expérience nous permettoit d'en douter. Le
Jeu peut être NUISIBLE en trois maniéres,

(1) L'Empereur JUSTINIEN défendant aux Etu-
dians en Droit les Jeux qui ont des ſuites pernicieu-
ſes, dit qu'on ne peut pas appeller Jeu ce qui produit
des crimes & des déſordres, *Edicimus, ut nemo au-*
deat . . . . ex his qui legitima peragunt ſtudia, indignos
& peſſimos, immo magis ſerviles, & QUORUM EF-
FECTUS INJURIA EST, LUDOS exercere . . . Quis
enim ludos appellet eos, ex quibus crimina oriantur ? DI-
GEST. *de conceptione Digeſt. IL. §. 9.* Les Juriſconſultes
Romains auſſi poſent pour maxime, qu'on eſt reſpon-
ſable du mal qu'on fait à autrui, même ſans y penſer,
en ſe divertiſſant : & que ſi deux Soldats jouant à tirer de l'Arc dans un lieu qui n'eſt pas deſtiné à cela,
tuent un Eſclave qui paſſe par hazard, ils ſont ſoûmis
à la peine de la *Loi Aquilienne.* SED *ſi per luſum je-*
culantibus ſervus fuerit occiſus, Aquilia locus eſt . . . ,
Nam LUSUS QUOQUE NOXIUS IN CULPA EST.
DIGEST. *ad Leg. Aquil. Lib. IX. Tit. II. Leg. IX.*
§. 4. & Leg. X. Voiez INSTITUT. *Lib. IV. Tit. III,*
& le beau Traité de Mr. NOODT, *Ad Legem Aqui-*
liam, Cap. VII. pag. 31. Edit. 2.

res, ou *en lui-même*, ou par l'abus qu'on en fait, ou *à cause de certaines circonstances* qui le rendent sujet à quelque inconvénient.

§. II. 1. Un Divertissement nuisible *par lui-même* & de sa propre nature, est quelque chose qui semble ne pouvoir tomber dans l'esprit d'un Homme. En voici pourtant des exemples incontestables. Parmi quelques Peuples de l'ancienne *Thrace*, quand on se regaloit les uns les autres, on jouoit après le repas au *Jeu de* (a) *la Penderie* ; car c'est ainsi qu'on l'appelloit avec raison, & voici en quoi il consistoit. On suspendoit à une certaine hauteur une corde, sous laquelle on mettoit en ligne perpendiculaire une pierre qui tournoit sur un pivot. On tiroit au sort à qui monteroit le prémier sur cette pierre ; & celui sur qui le sort tomboit, tenant une faux à la main, mettoit son cou dans un nœud qu'il y avoit à la corde. Après quoi un autre faisoit tourner la pierre ; de sorte que si l'on n'étoit habile & promt à couper la corde, on demeuroit pendu & l'on s'étrangloit ; *de quoi, ajoûte* (1) *l'Historien, les Spectateurs ne faisoient que rire, se divertissant ainsi de la mort d'un Homme.*

§. III. Cela est bien digne d'une Nation

(a) Ἀγχόνην παιζειν. Athen. *Lib.* IV. p. 155. D. E. où il rapporte ceci sur la foi de l'Historien *Seleucus.*

tion farouche & cruelle. Mais que dirons-nous des *Grecs*, de ces Peuples fameux qui se vantoient, & avec raison, d'être les plus civilisez & les plus polis du Monde? Leurs *Jeux Publics* qu'étoient-ce autre chose que des divertissemens pernicieux & des spectacles inhumains? *Nous regarderions* (a) *aujourd'hui comme furieux, des gens qui s'armeroient de Gantelets garnis de plomb, pour se casser les machoires les uns aux autres, par plaisir, & nous n'estimerions guéres plus des gens qui passeroient leur tems à lutter, & qui après s'être exercez long-tems à ce Jeu, lutteroient devant une grande Assemblée, & tâcheroient de se jetter bas les uns les autres, avec danger de s'enfoncer quelque côte, & d'être estropiez pour leur vie..... Quelques Philosophes anciens, comme* (b) Anacharsis & Platon, *se font aussi moquez de la plûpart de ces Exercices.* Il est bon sans doute d'accoûtumer le Corps à la fatigue, & de le rendre souple & robuste autant qu'on peut: mais il n'est pas d'un Homme sage de le faire d'une maniére où il y ait quelque chose à craindre, soit pour sa Vie ou pour ses Membres, soit pour ceux d'autrui. Le soin de nôtre propre conservation & de celle de nos semblables, nous doit être infiniment plus précieux, que tout l'avantage qui peut revenir de ces sortes d'Exercices : & c'est

(a) *Biblioth. Choisie* de Mr. *Le Clerc*, Tom. VI. p. 361.

(b) Voiez *Diog. Laërt.* Lib. I. §. 103, 104. Ed. *Amst.* ibique *Menag.* & le Dialogue de *Lucien* sur les *Exercices*, Tom. II. pag. 269, *& suiv.*

R 5 une

une folie manifeste, que de s'expofer de gaieté de cœur à un péril préfent tant foit peu confidérable, pour fe mettre en état de repouffer vigoureufement des dangers éloignez ou incertains. Ainfi quoi que le mal qu'on fe fait ou qu'on fait aux autres dans ces fortes de combats, (a) paffe pour un fimple malheur & ne rende fujet à aucune peine, dans les lieux où ils font établis par autorité publique; il ne fauroit guéres être excufé devant le Tribunal de la Raifon & de la Confcience.

§. IV. Si des *Grecs* nous paffons aux *Romains*, nous y trouverons les Jeux fanglans des *Gladiateurs*, & les *Combats où l'on mettoit des Hommes aux prifes avec des Bêtes féroces:* Spectacles affreux, qui attiroient néanmoins une infinité de gens de tout Ordre, & que les Philofophes avoient à peine le courage de blâmer. Ce n'étoit quelquefois qu'une pure boucherie ; comme (1) SENEQUE nous le dépeint vivement. *Les Hommes*, dit-il (2) ailleurs, *qui fe devroient regarder les uns les autres comme autant de chofes facrées, s'é-gor-*

(a) Voiez Mr. Noodt, ad Leg. Aquil. Cap. VII. pag. 34, 35.

(1) *Nunc omiffis nugis, mera homicidia funt.* Epift. VII, Voiez ce qui fuit & ce qui précéde.

(2) *Homo, facra res homini, jam per lufum & jocum occiditur : & quem erudiri ad inferenda accipiendaque vulnera nefas erat, is jam nudus inermifque producitur: fatifque fpectaculi, ex homine, mors eft.* Epift. XCV. pag. 465. Edit. Amft. 1672.

gorgent par plaisir & par divertissement.
Au lieu qu'ils ne devroient pas même être
dressez au funeste métier de faire & de recevoir des blessures, ils se présentent (a) à
l'heure qu'il est tout nuds & sans armes:
on trouve un spectacle assez doux à voir
mourir un Homme purement & simplement,
sans qu'il y ait aucune adresse dans le combat.

§. V. MAIS, pour ne pas remonter si
haut, considerons (b) les Combats de bar-
rière, les Joûtes, & les Tournois, qui é-
toient encore au XVI. Siécle en si grande
estime, & où ceux qui étoient prêts d'entrer en lice ne laissoient pas de prendre
plaisir à voir porter les autres par terre à
coups de lance, leur enfoncer la visiére &
froisser les os, quoi qu'ils fussent exposez
aux mêmes dangers. Sur quoi on raconte
un bon mot, qui, quel (1) qu'en soit l'Auteur, (c'est toûjours un *Turc*) est tout-à-
fait judicieux. *Sous le régne de Charles VII.*
le Grand Seigneur envoia un Chiaoux en
France, à qui on fit, selon la coûtume,
tous les regals dont on pût s'aviser. Comme
le plus grand divertissement de ce tems-là
étoit les Combats de barriére, on ne man-
qua

(a) Il parle des Combats qui se faisoient à midi. Voiez *Lipse*, & l'Epitre VII. de *Seneque*.

(b) St. *Réal*, de l'usage de l'Histoi-re, pag. 18, 19. Ed. d'Utrecht.

(1) BALTHASAR CASTIGLIONE, au rapport
de Mr. *Bayle*, (*Réponse au Provincial*, Tom. III. pag.
727. à la marge) dit au II. Livre de son *Courtisan*,
pag. 295. que *Gémes*, Frére du Sultan, fit cette réponse étant prisonnier à *Rome*.

qua pas de lui en faire voir. Il y a apparence que ceux où il assista réüssirent admi-
rablement, qu'il s'y fit des courses très-ru-
des & très-furieuses, & qu'il y fut donné
d'étranges coups : car comme, après le jeu
fini, on vint à lui demander ce qu'il lui en
sembloit, il répondit ingénument, que si
c'étoit tout de bon, ce n'étoit pas assez, &
que si c'étoit pour rire, c'étoit trop. Il eût
été à souhaitter, ajoûte l'Auteur de qui je
tire ce conte, il eût été à souhaitter pour
le salut de la France, à qui un divertissement de cette nature a depuis couté qua-
rante ans de désolation, & le sang de
plus d'un million d'hommes dans la mort

(a) Ce Prin-
ce fut tué,
comme
chacun
sait, de l'é-
clat d'une
lance par
Montgom-
meri.

(a) d'Henri II. que cette parole eût fait dans
les esprits de ce tems-là toute l'impression
qu'elle méritoit d'y faire. Mais c'étoit en
vain que (1) deux Conciles Généraux du
XII. Siécle avoient expressément défendu
les Tournois : il falloit attendre qu'on s'en
lassât, & que le même esprit de Nouveau-
té qui en avoit introduit la mode, l'abolit
enfin, pour faire place à quelque autre
sorte de Spectacle.

§. VI. Sur ce même principe, on ne
peut que condamner & ceux qui se diver-
tiroient

(1) Le II. Concile Général de Latran, sous Innocent II. en MCXXXIX. & le III. sous Alexandre III.
en MCLXXIX. Voiez Thiers, Traité des Jeux &c.
Chap. XXVIII. pag. 374. Le Canon du premier est le
XIV. & de l'autre, le XX.

tiroient à *danfer fur la corde*, & ceux qui s'amuferoient à aller voir fouvent *un Dan-feur de* (a) *corde, qui cherche inutilement durant deux heures toutes les maniéres ima-ginables de fe tuer.* Je n'entre pourtant pas tout-à-fait dans la penfée de l'Auteur Mo-derne que je viens de citer, qui prétend que *ce qui attire tant de monde chez un Danfeur de corde, c'eft le danger où l'on voit ce miferable expofé durant tout ce tems-là, c'eft le mal qu'il fe peut faire; & que, fi l'on paffe les heures entiéres dans ces lieux avec un plaifir toûjours égal, c'eft le danger même du Bateleur qui ne ceffe point auffi, qui entretient cet horrible plaifir; on attend pour voir fi par hazard il ne pour-roit point fe précipiter; ce n'eft que cela.* Mais les Hommes ne font pas communé-ment (1) fi malins, que de prendre plaifir

de

(a) *St. Réal, ubi fupra, pag.* 24.

---

(1) Mr. LOCKE, dans fon Traité *de l'Education des Enfans* §. 119. de la dern. Ed. Françoife 1708. re-marque très-bien, que l'inclination à la Cruauté n'eft point naturelle aux Enfans, & il foûtient que c'eft *une habitude produite par l'exemple & par la converfation des hommes.* MONTAGNE femble auffi être à peu près du même fentiment, dans le paffage que je cite-rai au paragraphe fuivant; quoi qu'ailleurs il attribuë à la nature même de l'Homme un panchant à la Cruau-té. *Nature, dit-il, a, ce crains-je, elle-mefme attaché à l'Homme quelque inftinct à l'inhumanité. Nul ne prend fon esbat à voir des beftes s'entrejouer & careffer: & nul ne faut de le prendre à les voir s'entre-déchirer & démem-brer. Effais, Liv. II. Chap. XI. pag.* 310. Ce qu'il dit-là, que perfonne ne prend plaifir à voir des Bêtes jouer enfemble, eft faux, comme chacun voit: quoi

qu'un

de gaieté de cœur à voir quelcun se tuer, ou s'eſtropier, ou ſouffrir en un mot quelque mal conſidérable. Il n'y a qu'une mauvaiſe Education (1) & une Coûtume invétérée qui ſoient capables d'étouffer preſque généralement dans un Païs les ſentimens de l'Humanité à cet égard, comme autrefois parmi les *Romains*. En matiére de pareilles choſes on a pour l'ordinaire plus de panchant à la Compaſſion, qu'à la Cruauté; c'eſt un ſentiment de l'Amour Propre, qui voit à regret en autrui les maux auxquels on peut ſe trouver ſoi-même expoſé. J'avoue que ſi quelcun, par exemple, ſe laiſſe

qu'un Combat de Bêtes qui s'acharnent les unes contre les autres attire plus de gens, comme un ſpeĉtacle plus extraordinaire.

(1) Cela eſt ſi vrai, que les *Grecs* même, qui d'ailleurs ne valoient pas plus que les *Romains*, eurent d'abord horreur des Combats des Gladiateurs : ce ne fut qu'avec le tems, & à force de voir tous les jours ces ſortes de Speĉtacles, dont *Antiochus Epiphane* les regala le prémier, qu'ils s'y accoûtumérent, & vinrent enfin à y prendre plaiſir. TITE LIVE, qui rapporte cela, remarque en même tems, que par là ce Prince cruel inſpira à une grande partie de la Jeuneſſe un ardent déſir de porter les Armes. *Gladiatorum munus Romanæ conſuetudinis, primo majore cum terrore hominum inſuetorum ad tale ſpectaculum, quam voluptate, dedit: deinde ſapius dando, & modo vulneribus tenus, modo ſine miſſione etiam; & familiare oculis gratumque id ſpectaculum fecit, & armorum ſtudium pleriſque juventum accendit.* Lib. XLI. Cap. XX. Mr. LE CLERC, qui cite ce paſſage, dans ſon *Ars Critica*, Tom. I. pag. 232. (2. Edit.) prouve auſſi par JOSEPH (Antiq. Jud. Lib. XV. Cap. XI. pag. 533.) que les *Juifs* ne pûrent pas même digérer qu'*Hérode* fît battre les Criminels avec des Bêtes féroces.

se tomber ou en marchant sur la glace, ou en allant trop vîte, ou en rêvant à quelque chose qui l'empêche de regarder devant soi, plusieurs personnes en riront: mais on ne pense guéres alors au mal que cet homme-là peut s'être fait, ou si l'on y pense, on le regarde du moins comme fort léger. C'est la surprise de l'accident, ou tout au plus l'imprudence, la distraction, ou la précipitation de celui qui est tombé, qui produit le rire des Spectateurs: quelquefois même c'est un mouvement purement machinal, dont on auroit bien de la peine à rendre aucune raison. Preuve de cela, c'est que, si le coup se trouve si fâcheux, que l'homme en coure risque de la vie, ou d'être estropié, ou de souffrir quelque tems, il y aura peu de gens qui ne le plaignent, de ceux même qui ont ri à la vûë de sa chûte. Ce qui fait donc que la plûpart non contens d'avoir satisfait leur curiosité en allant une fois ou deux chez un Danseur de corde, y retournent souvent & y restent long tems chaque fois, ce n'est nullement le désir barbare d'attendre le moment où cet homme pourra enfin se casser le cou, mais le plaisir qu'on prend à contempler une chose si rare & si difficile, l'admiration d'une si (1) grande hardiesse, d'une agili-
té

(1) *Vides, qui per funem in summa nituntur, quanti soleant excitare clamores, quam jam jamque casuri vi-*

té si extraordinaire, d'une souplesse & d'une fermeté de corps si constantes. Cela n'empêche pourtant pas qu'un tel spectacle, si l'on en fait un divertissement, n'aît quelque chose de contraire à l'Humanité & au but d'une Recréation innocente, parce qu'il est essentiellement joint avec le péril de celui qui nous le donne. Quiconque en repaît souvent ses yeux, ou donne lieu de croire qu'il a naturellement l'Ame dure & impitoiable, ou se dispose par là à prendre des sentimens de Malignité & de Cruauté. De sorte que, mis à part la considération même du danger des Danseurs de (a) corde & autres qui font des tours semblables, cette seule raison tirée des impressions qu'en peuvent recevoir les Spectateurs, doit engager le Magistrat à défendre absolument de tels exercices.

§. VII. C'est pour cela aussi qu'il faut éviter, à mon avis, non seulement la vûë fréquente des *Combats de Taureaux* ou d'autres Bêtes féroces, mais encore (& par là je me rapproche de mon sujet principal) un amusement ordinaire à voir la *Joûte* (b) *des Coqs*, dont on faisoit (1) autrefois un

(a) Voiez *David. Clerici Funambulas*, sur tout à la pag. 374, 375. des *Quæst. Sacr.* imprimées à *Amst.* 1685.

(b) Voiez *Daniel. Souter. Palamed.* Lib. III. Cap. VI. *videntur. Sunt enim maximè mirabilia, qua maximè insperata, maximè periculosa, atque Graci magis exprimunt, παράβολα.* PLIN. Lib. IX. Ep. XXVII. num. 4. Ed. Cellar.

(1) Il y avoit aussi à *Athènes* des Joûtes de Cailles, comme il paroit par ce que LUCIEN fait dire à *Solon* dans

un Spectacle Public en plusieurs endroits, & à laquelle on dit que bien des Particuliers se divertissent encore aujourd'hui en *Angleterre*, nourrissant des Coqs tout exprès pour parier avec d'autres, qui en ont aussi de dressez au combat, quel sera le plus fort & demeurera maître du champ de bataille. Quoi qu'il ne s'agisse que de Créatures destituées de raison, auxquelles les Hommes ne sauroient par conséquent faire aucun tort proprement ainsi nommé, le plaisir qu'on prend à les voir se déchirer les unes les autres n'est pas sans contredit un plaisir innocent & digne d'une Créature raisonnable. C'est l'apprentissage de la (1) Cruauté, & pour ceux qui se donnent un tel divertissement, & pour ceux à qui ils le donnent. Le commun des Hommes ne regarde pas les Bêtes comme de pures Machines. Le nombre des partisans de cette opinion paradoxe, qu'un grand Philosophe du Siécle passé avoit le prémier soûtenuë

dans le Dialogue sur les *Exercices*, Tom. II. pag. 295. On traitera de cela dans l'Histoire du Jeu. Mr. *Thiers* (Traité des Jeux & des Divertissemens &c. pag. 286.) cite un Concile Provincial de *Cognac*, tenu en 1260. où la Joûte aux Coqs est défenduë aux Ecoliers.

(1) *Les naturels sanguinaires à l'endroit des Bestes, tesmoignent une propension naturelle à la Cruauté. Après qu'on se fut apprivoisé à* Rome *aux Spectacles des meurtres des Animaux, on vint aux Hommes & aux Gladiateurs.* Montagne, Essais, Liv. II. Chap. XI. pag. 210.

tenuë clairement & avec quelque fuccès,
eft aujourd'hui très-petit ; & je fuis fort
trompé fi ceux-là mêmes qui y perfiftent
encore n'oublient aifément leur Syftême,
lors qu'étant hors d'un Auditoire ils confi-
dérent avec attention les mouvemens les
plus communs de quelque Animal. Sup-
pofé même qu'on foit pleinement perfuadé
que les Bêtes ne font que des Machines, il
y a du moins tant de reffemblance entre
quelques-uns de leurs mouvemens extérieurs, & ceux qui répondent en nous à
certains fentimens, qu'on ne peut qu'en
être frappé, quelque idée qu'on aît de l'A-
me des Bêtes. Quand j'entens, par exemple, un Chien qui jette des cris lugubres,
j'aurai beau rappeller dans mon Efprit les
argumens les plus fpécieux d'une Philofo-
phie fubtile, ces cris ne me cauferont pas
du plaifir, à moins que je n'aie l'Ame bien
dure: ils feront fur moi au contraire quelque impreffion de pitié, comme fi j'étois
bien perfuadé qu'ils font l'effet d'une véritable douleur que le Chien fouffre ; ils produiront dans mon cœur quelque chofe de
femblable aux fentimens que m'infpireroit
la voix plaintive d'un Homme. Lors que
l'on voit couler le fang des bleffûres de
deux Ours qui font aux prifes, c'eft une
image trop vive du combat de deux Hommes qui s'acharneroient avec fureur l'un

con-

Contre l'autre, pour ne pas remplir d'horreur toute personne qui a quelque sentiment d'Humanité. En un mot, on ne sauroit éviter avec trop de soin tout ce qui
tend à nous dépouiller du plus noble &
plus distinctif caractére de nôtre Nature;
& à nous rabaisser même en quelque façon
au dessous des Bêtes, qui, comme elles ne
se jettent guéres les unes sur les autres sans
être irritées, ou pressées de la Faim, ou
poussées par quelque autre chose de violent, ne nous donnent pas lieu de penser
qu'elles prennent plaisir à la douleur de
leurs semblables ; outre que celles de même espéce s'épargnent ordinairement les
unes les autres.   Il n'y a guéres moins de
cruauté à repaître ses yeux de la vûë d'un
Etre qui souffre, qu'à le faire souffrir soi-
même. Celui qui prend plaisir au prémier,
ne feroit guéres de scrupule du dernier.
Ainsi il faut, autant qu'on peut, détourner ses regards même de tous les objets capables de nous apprivoiser avec la Dureté
& la Barbarie : & c'est pour cela que
Dieu (a) défendit autrefois de manger le
Sang des Animaux avec leur chair. Les
Juges de l'*Aréopage* (b) condamnérent à la
mort un Enfant qui se divertissoit à crever
les yeux aux Cailles qu'on lui donnoit.
Cette sentence étoit sans doute excessivement rigoureuse : mais il est certain qu'on
ne

(a) *Génèse,*
IX, 4. Voiez
là-dessus le
Comment.
de Mr. Le
Clerc.
(b) *Quinti-
lian.* Instit.
Orator.
*Lib. V.
Cap. IX.*

ne sauroit prendre trop de soin pour détourner de bonne heure les Enfans de tout ce qui a la moindre apparence de Cruauté; sur tout dans leurs Jeux & leurs Passetems. *Je trouve*, dit MONTAGNE, (a) *que nos plus grands Vices prennent leur ply dès nostre plus tendre enfance, & que nostre principal gouvernement est entre les mains des Nourrices. C'est passetemps aux Meres de voir un Enfant tordre le col à un poulet, & s'esbattre à blesser un chien & un chat. Et tel Pére est si sot, de prendre à bon augure d'une ame martiale, quand il voit son Fils gourmer injurieusement un Paysan, ou un Laquais qui ne se deffend point : & à gentillesse, quand il le void affiner son compagnon par quelque malicieuse desloyauté & tromperie. Ce sont pourtant les vrayes semences & racines de la Cruauté, de la Tyrannie, de la Trahison. Elles se germent là, & s'eslevent après gaillardement, & profitent à force entre les mains de la coustume.* Rien n'est plus judicieux que cette reflexion de l'Auteur Gascon; & c'est pour cela aussi qu'il faut, à mon avis, empêcher, lors que les Enfans sont en âge de discrétion, qu'ils ne viennent à aimer trop la (1) *Chasse*; car c'est-là encore un achéminement

(a) *Essais, Liv. I. Ch. XXII. vers le commencement.* Voiez le *Traité de l'Education par Mr. Locke, §. 119. de la dern. Edit. de la Traduct. Franc. de Mr. Coste, 1708.*

(1) Voici ce que dit là-dessus MONTAGNE, de lui-même: *De moy, je n'ay pas sceu voir seulement, sans déplaisir, poursuivre & tuer une Beste innocente, qui est*

sans

nement à la Cruauté. Ce n'est pas que la
Chasse en elle-même renferme rien d'illicite. Elle est souvent nécessaire pour garantir les Terres & les Jardins du dégât des
Bêtes de la Campagne. Pourvû qu'on ne
prenne pas plaisir à martyriser les Bêtes &
qu'on ne les fasse souffrir qu'autant qu'il le
faut pour les tuer, pourvû qu'on n'abuse
point d'ailleurs de ce divertissement, qu'on
n'y donne pas trop de tems, qu'on ne s'y
attache pas au préjudice de ses affaires, ou
avec trop d'ardeur, qu'on ne fasse point
pour cela trop de dépense, qu'on ne cause aucun dommage à personne, & qu'on
ne contrevienne point aux Loix de l'Etat;
avec ces précautions, dis-je, la Chasse est
aussi innocente & aussi légitime, que la
coûtume générale de se nourrir de la Chair
des Animaux. Je ne voudrois pas même
absolument interdire cette sorte d'amusement aux Ecclésiastiques, comme fait un
Auteur de la Communion Romaine, Prêtre lui-même & Docteur en Théologie.
Mais

---

sans défense, & de qui nous ne recevons aucune offense.
Et comme il advient communément que le Cerf se sentant
hors d'haleine & de force, n'ayant plus d'autre reméde,
se rejette & rend à nous-mesmes qui le poursuivons, nous
demandant mercy par ses larmes,
    ————— questuque cruentus
    Atque imploranti similis —————
(Virg. Æneid. VII, 501.) ce m'a tousjours semblé un
spectacle très-déplaisant. Essais, Liv. II. Chap. XI,
pag. 310.

Mais profitons de la raison qu'il en allégue, comme d'un aveu qui nous fournit un argument invincible contre ceux de son Eglise par rapport à un autre sujet bien plus important. *La mort des Bêtes*, dit-il, (a) *a quelque chose de trop cruel pour les Ecclésiastiques, qui doivent toûjours être animez de l'esprit de Douceur & de Paix.* Leur est-il donc permis de faire mourir des Créatures Humaines; d'exercer le métier barbare d'*Inquisiteur*; d'inventer toutes sortes de supplices pour martyriser des gens dont tout le crime consiste à n'embrasser pas aveuglément les opinions de quelques Ecclésiastiques, la plûpart fort ignorans, & souvent très-déréglez dans leurs mœurs; de persécuter ou directement ou indirectement des personnes innocentes; d'animer une Populace aveugle contre ceux de toute autre Religion, qui veulent servir Dieu paisiblement selon les mouvemens de leur Conscience; d'être les ministres, les instrumens, ou les approbateurs des plus horribles conjurations, des plus noires perfidies; & tout cela sous un beau prétexte de zéle & de Charité ? Mais quelque naturelle que soit cette réflexion, laissons-là une matiére trop lugubre & trop odieuse : il s'agit de Jeux & de Divertissemens; j'y reviens.

§. VIII. DE ce que nous avons dit, il s'ensuit, que *tout Jeu qui par lui-même*

est

(a) *Thiers, Traité des Jeux &c.* Ch. XXIV. pag. 271.

est capable de causer du mal & de porter
du préjudice, de quelque maniére que ce
soit, ou à nous-mêmes ou à autrui, soit en
nuisant au Corps, soit en formant ou entre-
tenant quelque Passion & quelque disposition vicieuse de l'Ame, est essentiellement
mauvais, & ne sauroit jamais passer pour
une récréation honnête & permise. Il faut
seulement prendre garde de ne pas attribuer mal-à-propos à la nature même d'une
forte particuliére de Jeu quelque effet qu'il
ne produit point, ou auquel il ne donne
lieu tout au plus que par accident. C'est
ainsi qu'un (a) Ministre Flamand du Siécle
passé condamne le Jeu des *Echecs*, parce,
dit-il, qu'il enseigne le moien de dresser
des embûches à autrui; & que, d'ailleurs,
comme c'est une image de la Guerre, il
fait haïr la Paix & courir aux Armes. Les
Princes, qui ont besoin de Soldats, sont
bien peu avisez de ne pas profiter de cette
pensée: ils n'auroient qu'à établir dans tous
les lieux de leur obéïssance des Académies
de Jeu d'Echecs, pour lever en peu de
tems de grosses Armées, & faire tous les
ans de bonnes recrues. Mais, raillerie à
part, outre que la Profession Militaire n'a
rien de blâmable par elle-même, je doute
fort que le Jeu des Echecs aît jamais produit de pareils effets, ni qu'il aît encoura-
gé le moins du monde une personne déja

(a) *Daniel
Souterius,
in Palamo-
de,* Lib. III.
Cap. XI.

S 4   dispo-

dispofée à tromper ou à aimer trop la Guerre. Je ne fai même fi ceux (1) qu'on dit s'être fervis d'un Jeu approchant pour enfeigner l'Art Militaire, ont jamais fait par là un feul bon Soldat. Ils ne peuvent guéres avoir donné, fur un Damier ou un Echiquier, que quelques idées fort générales, qu'un peu d'expérience apprend en peu de tems beaucoup plus facilement, & d'une maniére infiniment plus diftincte.

§. IX. J'AI bien de la peine auffi à entrer dans le fentiment d'un célébre Miniftre de nos jours, d'ailleurs très-louable pour fon application rare & infatigable à méditer & à écrire fur des fujets de Morale. Il prétend qu'il y (a) a *en effet particulier aux Jeux d'adreffe, fur tout à ceux où le Hazard n'a aucune part, tels que font les Jeux des Dames & des Echecs ; c'eft que rien n'eft plus propre à nourrir l'Orgueil. Qu'eft-ce, ajoûte-t-il, qui fait le ragoût de ces deux efpéces de Jeux ? C'eft que, comme ils demandent une application, une pénétration & une étenduë extraordinaire d'Efprit,*

(a) *Traité des Jeux de Hazard*, par Mr. La Placette, Chap. VII. à la fin.

(1) DONAT dit, que *Pyrrhus*, Roi d'*Epire*, fort habile en ftratagêmes militaires, fut le prémier qui en enfeigna l'art fur un Damier. PYRRHUS *autem peritiffimus ftratagematôn fuit : primufque quemadmodum ea difciplina per calculos in Tabula traderetur, oftendit.* In Eunuch. Terent. Act. IV. Scen. VII. verf. 13. Mr. HYDE tâche fort de relever par cet endroit le mérite du Jeu des *Echecs.* Voiez fes *Prolegoménes de Shay biludio.*

prit, sur tout le second; lors qu'on y gagne, on a lieu de se féliciter soi-même de la supériorité de son Esprit, & de se dire qu'on en a plus que celui à qui on vient de gagner. Par conséquent jouer à cette espéce de Jeux, c'est fortifier & augmenter l'Orgueil, c'est l'affermir & l'enraciner : au lieu qu'un de nos plus grands soins devroit être celui de l'anéantir tout-à-fait. Mais je voudrois de tout mon cœur qu'il n'y eût pas de plus fortes tentations à l'Orgueil, que celle-là, ni de choses plus propres à l'entretenir : il ne seroit pas à craindre que cette passion fît de grands progrès. Rendons justice aux Hommes, & sans dissimuler ou excuser leurs véritables défauts, ne les faisons pas plus grands qu'ils ne nous paroissent. Ne confondons pas les foiblesses inséparables de l'Humanité, & les mouvemens involontaires en quelque sorte, avec les semences propres & les effets certains d'une corruption visiblement volontaire. On se pique, il est vrai, de gagner aux Echecs & à d'autres Jeux d'adresse, encore qu'on ne joue rien, & l'on a même quelquefois un petit dépit de perdre. Mais ce sont pour l'ordinaire des mouvemens subits & indélibérez, qui s'évanouïssent presque au moment qu'ils sont formez, (1) & qui ne laissent dans le cœur

---

(1) On voit par là ce qu'il faut penser d'une maxime outrée de Mr. *Thiers,* qui prétend que *ceux qui sont*

cœur aucune impreſſion profonde. On ne s'en reſſent plus un quart d'heure après; & je ne ſai s'il y a quelcun qui ſe faſſe une idée un peu haute de lui-même, ou qui groſſiſſe celle qu'il s'eſt formée d'ailleurs, pour avoir gagné quelques parties de ſuite, & pour être bon Joueur d'*Echecs* ou de *Dames*, ou de quelque autre ſorte de Jeu qui demande une adreſſe peu commune. Lors qu'on joue ſans interêt à quelque Jeu de Hazard, on ſouhaitte auſſi un peu de gagner, & l'on n'eſt pas bien aiſe de perdre. Pourquoi cela? Eſt-ce que le bon ou le mauvais ſuccès du Sort a quelque choſe qui flatte ou qui mortifie l'Orgueil? L'Auteur de (a) l'Art de Penser le prétend à la vérité; parce que, dit-il, lors qu'on gagne, *l'on joint à ſon idée celle d'Heureux: il ſemble que la Fortune aît fait choix de nous, & qu'elle nous aît favoriſez comme aiant égard à nôtre mérite.* Mais comme quiconque a le Sens-Commun ne s'imaginera jamais qu'il aît véritablement & proprement quelque part à ce qui provient du Sort pur & ſimple: je crois auſſi

qu'il

(a) Liv. I. Chap. X. vers la fin.

ſont naturellement vains & ambitieux doivent avoir un extrême éloignement pour le Jeu, quand même ils ne joueroient point d'argent. Car, dit-il, le plaiſir & l'honneur qu'ils mettent à l'emporter au deſſus des autres & à les gagner, leur peut être un piége dangereux qui les peut faire tomber dans la vaine gloire. Traité des Jeux &c. Chap. XXVIII. pag. 372.

qu'il y a très-peu de gens qui, quelque
fauſſe idée qu'ils ſe ſoient formez du Hazard & de la Fortune, en regardent les effets comme une preuve de leur mérite, &
comme une matiére à la Vanité. Il eſt vrai
que, tant aux Jeux de hazard, qu'à ceux
d'adreſſe, on aime mieux gagner, que perdre: mais c'eſt que le but du Jeu en lui-
même eſt de gagner, & qu'en tout ce qu'on
fait on veut atteindre à ſon but. Si indépendamment de tout motif d'intérêt, on ſe
fait un petit honneur de remporter la victoire; c'eſt une ſuite néceſſaire de ce déſir
naturel & innocent par lui-même, qui fait
que, toutes choſes d'ailleurs égales, chacun préfére ſon avantage à celui d'autrui,
& ne prend pas plaiſir à avoir du déſavan-
tage en quoi que ce ſoit. Tant qu'on en
demeure-là, & que ces prémiers mouvemens ne dégenérent pas en un excès de
joie frivole ou de chagrin ridicule, ils ne
ſont pas plus vicieux que le ſimple mouvement des Dez & des Cartes, ou des piéces d'un Echiquier. J'avoue qu'on en appelle à *mille petites* (a) *biſtoires dont chacun
ſe ſouvient* en matiére des *Echecs*, & d'où
l'on infére , *qu'il n'y a rien* (1) *qui cauſe
plus*

(a) *Bayle*,
*Nouvelles
de la Rép.
des Lett.*
Janvier,
1687. p. 18.

---

(1) Mr. HYDE rapporte , que *Jean Hus* étant en
priſon eut regret d'avoir joué ſouvent aux Echecs, à
cauſe qu'on y perd du tems, & qu'on ſe met quelquefois en colére. *De Shahiludio, Prolegom. curioſ.*
pag. 8.

plus de dépit que de perdre à ce Jeu-là, ni qui fasse plus éclatter la foiblesse des plus grands Hommes. Mais qui ne sait que les *Grands Hommes* ont quelquefois des petitesses & des travers d'esprit fort étranges? Ainsi ce n'est ni la faute du Jeu, ni une suite ordinaire de la disposition commune des Hommes, mais l'effet d'un tempérament particulier, ou de quelque mauvaise habitude. Or pour avoir lieu de condamner un Jeu absolument, comme nuisible par lui-même, il faut qu'il ait presque toûjours quelque suite fâcheuse & infaillible, ou pour nous-mêmes, ou par rapport à autrui; & que cette suite soit toûjours fort à craindre, de quelque caractére que soit celui qui y joue.

§. X. 2. MAIS on ne doit pas seulement s'abstenir des Jeux & des Divertissemens qui sont tels que je viens de les décrire: il faut encore prendre garde de ne faire aucun mal & de ne porter aucun préjudice, ni à soi-même, ni aux autres, en abusant des Jeux les plus innocens; car on voit bien que cela reviendroit à la même chose, que s'ils étoient nuisibles nécessairement & de leur propre nature.

Le mal que l'on peut se causer ici à soi-même par une suite propre & directe de l'*abus des Jeux*, regarde ou l'*Ame*, où le *Corps*. Commençons par le dernier, comme me le moindre , & comme celui qui tombe sur la partie de nous-mêmes la moins considérable.

§. XI. JE dis donc d'abord, que la passion du Jeu est nuisible à la *Santé*. Bien des gens seront surpris de cette proposition, & ils la traiteront peut-être de paradoxe : mais elle n'en est pas moins vraie, & ceux qui y feront quelque reflexion en conviendront aisément. C'est un effet (a) commun à toutes les Passions, quoi que peu de gens y prennent garde d'altérer d'une maniére ou d'autre, la bonne constitution (1) du Corps , & de troubler , les unes plus , les autres moins , selon la diversité des Tempéramens, l'harmonie convenable du mouvement & du mélange des Humeurs. Bien loin qu'il faille excepter ici la passion du Jeu , on peut dire qu'il n'y en a guéres de plus pernicieuse , parce qu'il n'y en a guéres de plus forte, de plus constante, & dans laquelle il entre plus de

mou-

(a) Voiez les *Nouvelles de la Rép. des Lettres,* Mai 1699. p. 542,543.

(1) PLUTARQUE dit, que l'Ame , en n'aiant pas bien soin du Corps, & s'en servant d'une maniére contraire à la Raison, lui fait plus de mal, qu'elle n'en reçoit de son commerce avec lui : & que , par ses Passions particuliéres , par ses transes & ses inquiétudes, par l'ardeur de ses désirs & de ses attachemens, elle maltraite terriblement le Corps. Πλεῖστα μὲν τοι τὸ Σῶμα τ̓ Ψυχῆς ἀπολαύει κακὰ, μὴ κτ̓ λόγον αὐτῷ χρωμ-μϣ́νης μηδὲ ὡς προσῆκει θεραπευομϣ́νου. ὅταν γδ̓ ἐν παθ-θίοιϛ ἰδίοιϛ γένηται, καὶ ἀγῶσι, καὶ σπουδαῖϛ, ἀσωθ-θεῖ τῷ Σῶματ. De Sanitate tuenda, pag. 135. E. Tom. II.

mouvemens de différente nature. Pour se
convaincre combien cette passion est violente, il ne faut que voir jouer ceux qui
en sont possedez. Si on les observe avec
quelque soin, on s'appercevra bien-tôt du
trouble perpétuel où ils sont, sur tout dans
les Jeux qui dépendent du Hazard, & qui
sont les plus communs. Il n'y a point d'attention plus sombre, que celle d'un Joueur;
point d'application plus chagrine, point
d'action plus vive & plus inquiette. Tous
ses esprits sont en mouvement : toutes ses
pensées se fixent aux objets que le Jeu
fournit : ses membres, s'ils ne concourent
pas tous à cette occupation frivole, parce
qu'il suffit de quelques-uns, sont du moins
tous dans une disposition prochaine de la
seconder, s'ils y étoient nécessaires. En un
mot il s'attache au Jeu avec tant d'ardeur,
qu'un beaucoup moindre degré de conten-
tion lui paroîtroit accablant, s'il s'agissoit
de toute autre chose.

§.XII. ET IL ne faut pas s'étonner que
cette passion soit si vehemente, puis que
dans le tems qu'elle agit actuellement ce
n'est pas une passion simple, mais un mélange ou un composé de plusieurs Passions,
dont les divers mouvemens se voient peints
sur le visage, à mesure qu'ils s'excitent au
dedans. L'*Avarice* ou l'avidité du Gain y
domine : les divers incidens du Jeu y font
naî-

naître & y renouvellent succeſſivement le *Déſir*, la *Crainte*, l'*Eſpérance*, le *Chagrin*, la *Joie*, le *Dépit*, le *Regret*, quelquefois même la *Colére* & la *Haine*, lors qu'il ſurvient des conteſtations & des quérelles, comme cela n'arrive que trop ſouvent. „ Ainſi pour (a) bien concevoir l'état où „ ſe trouve l'Ame d'un Joueur, il ne faut „ pas ſimplement ſe repréſenter une Mer „ toûjours agitée : il faut s'imaginer que „ ces agitations viennent de cinq ou ſix „ Vents oppoſez, qui y régnent chacun à „ ſon tour, en ſorte qu'il n'y en a pas un „ qui n'aît pluſieurs fois le deſſus chaque „ quart d'heure.

(a) *La Placette*, Traité des Jeux de Hazard, *Chap.* VII. *pag.* 235.

§. XIII. C'ʙꜱᴛ cela même qui rend la paſſion du Jeu ſi conſtante. La variété & la viciſſitude des mouvemens la mettent à couvert du dégout, & lui fourniſſent un aliment perpétuel qui fait que le tems ne peut rien ſur elle. Je ne ſai même s'il y a aucune autre Paſſion qui laiſſe moins de repos, & dont on aît autant de peine à ſe defaire, que de celle-ci. La *Colére*, par exemple, a de violens accès, mais de courte durée : elle ne trouve pas toûjours dequoi s'enflammer : elle ne dégenére pas toûjours en rancune ; & d'ordinaire même les gens les plus promts ſont d'ailleurs les plus faciles à appaiſer. L'*Ambition*, toute tyrannique qu'elle eſt, a ſes trêves, ſes

inter-

intervalles , quelquefois même ses bornes:
car peu de gens font assez vains pour aspi-
rer beaucoup au delà de ce à quoi leur condition leur donne lieu de prétendre, & à
quoi le train des choses leur fait vraisemblablement espérer de parvenir. L'*Amour*
s'affoiblit par la possession, & ne court pas
toûjours d'objet en objet : il passe souvent
avec le feu de la Jeunesse ; & l'âge du
moins le domte. Mais la passion du Jeu ne
donne presque pas le tems de respirer : c'est
un ennemi qui ne fait ni quartier ni trêve :
c'est un persécuteur furieux & infatigable.
Plus on joue , & plus on veut jouer : on
ne (1) s'en lasse jamais , & à peine un
Joueur se résout-il de bon cœur à quitter
un peu les Dez ou les Cartes , pour satisfaire aux (2) besoins de la Nature. Tout le
tems

---

(1) L'Empereur *Claude*, qui aimoit si fort les Jeux
de Hazard, qu'il fit un Traité sur l'*Art de jouer* ; cet
Empereur, dis-je, jouoit même lors qu'il s'alloit promener, & il faisoit attacher le *Tablier* ou Damier à
son Chariot en sorte que le Jeu ne se brouillât pas.
*Aleam studiosissimè lusit; de cujus Arte librum quoque
emisit: solitus etiam in gestatione ludere, ita essedo al-
veoque adaptatis, ne lusus confunderetur.* SUETON.
Claud. *Cap.* XXXIII. Mr. HYDE rapporte quelque
chose de semblable de *Loüïs XIII.* Roi de *France.* Il
jouoit aux *Echecs* dans son Carrosse, sur un Echiquier
bourré, où les piéces garnies par dessous d'éguilles se
plantoient, en sorte que le mouvement du Carrosse ne
les faisoit pas tomber. *De Ludis Oriental.* Lib. I. pag. 68.
    (2) PASCHASIUS JUSTUS dit, qu'il y a des
Joueurs qui boivent & mangent en joüant ; d'autres
qui veulent joüer, au moins des yeux ; en satisfaisant
aux nécessitez de la Nature. *De Alea,* Lib. I, pag. 24.

tems qu'il ne joue pas, lui paroît un tems perdu : il s'ennuie, il bâille, lors qu'il fait quelque autre chose : il semble que le Jeu se soit aquis le droit d'occuper seul tous ses mouvemens, toutes ses pensées. Rien ne peut domter cette fureur : HORACE parle d'un Bouffon qui étant réduit à ne pouvoir mettre les Dez dans le Cornet, à cause de ses gouttes, (1.) paioit tous les jours un homme pour lui rendre ce service. La Vieillesse, bien loin de diminuer l'ardeur de cette passion, ne fait que la renforcer : on la porte au lit de la Mort, & l'on a vû quantité de Joueurs qui ne rêvoient alors qu'au Jeu, & qui n'avoient dans la bouche d'autres paroles, que celles qu'ils avoient accoûtumé de dire en jouant. Croions-en (a) un Médecin Flamand du XVI. Siécle, lequel quoi qu'il eût souvent formé la résolution de renoncer au Jeu, & prié Dieu de le guérir de cette maladie, sur laquelle aussi il fit lui-même un Livre exprès, en (b) fut néanmoins frappé jusques au Tombeau. Il fait aussi l'histoire d'un certain Joueur, (c) qui non content d'avoir joué toute sa vie, pour jouer encore en quelque façon après sa mort, ordonna par son Testa-

(a) *Paschasius Justus, de Alea, sive de curanda in pecuniam ludendi cupiditate,* Lib. I. pag. 26.
(b) Voiez *Valer. Andr. Biblioth. Belgic.*
(c) *Ubi supra,* pag. 25, 26.

(1) *Scisrra Volanerius, postquam illi justa chiragra*
Contudit articulos, qui pro se tolleret atque
Mitteret in phimum talos, mercede diurna
Conductum pavit . . . . .
      II. Sat. VII, 15. & seq.
T

Teſtament, que de ſa peau & de ſes membranes on en couvriroit au plûtôt une Table, un Damier & un Cornet, & que de ſes os on en feroit des Dez pour jouer. C'eſt-là, je l'avouë, un exemple bien ſingulier, mais qui fait voir néanmoins combien la paſſion du Jeu eſt furieuſe, & juſqu'où elle peut aller, lors qu'on lui lâche la bride.

§. XIV. PEUT-ON donc s'imaginer qu'une perſonne qui joue tous les jours, qui eſt agitée pendant pluſieurs heures de ſuite, quelquefois même pendant les Journées entiéres & une partie de la Nuit, de tant de mouvemens divers qui ſe ſuccédent perpétuellement les uns aux autres, ne s'échauffe pas le Sang, & ne cauſe pas du déſordre dans ſon Corps? Il n'eſt pas beſoin d'être Médecin ni d'avoir long-tems étudié ſa propre conſtitution & les effets naturels des choſes, pour tomber d'accord du fait: un peu d'expérience & de réflexion ſuffit pour nous en convaincre. Je ne prétens pourtant pas que ces mouvemens s'excitent toûjours avec une égale violence, ni qu'ils ſoient préciſément les mêmes dans toutes ſortes de perſonnes. Il y a ici autant de variété, que dans les circonſtances & dans les tempéramens. Mais il eſt certain que les Joueurs ſont preſque toûjours ſujets à quelque choſe d'approchant: & ſi un un homme qui aime beaucoup le Jeu, & qui s'abandonne à son panchant sans retenuë, ne s'apperçoit pas du préjudice que sa santé en reçoit, c'est que l'altération se fait peu-à-peu & d'une maniére insensible, sur tout pour le Joueur même, qui est aveuglé par la passion. Ces effets, pour être lents & imperceptibles, n'en sont pas moins réels ni moins fâcheux : on les éprouve tôt ou tard, & le mal n'en est que plus profond & plus difficile à déraciner. Il en est ici à proportion comme des excès de l'Intempérance. Une vigueur de Jeunesse, un tempérament robuste résistera pendant plusieurs années : mais tout d'un coup on se sentira enfin accablé du poids des incommoditez qui viendront en foule fondre sur un Corps ruiné par la Débauche.

§. XV. Si ces effets sont peu remarquez ou douteux pour bien des gens, en voici qu'on ne sauroit ignorer ni contester. Un Joueur est chaque jour à la veille de se voir dépouillé de tous ses *Biens*, (1) quelque

(1) Mr. *Thiers*, dans son Traité *des Jeux* &c. Chap. XXIX. pag. 378. fait ici une plaisante bevuë, dans un des Exemples qu'il allégue pour faire voir combien il est dangereux de jouer gros jeu. *Cette Passion* (dit-il) *déplût si fort à Néron, qui en avoit beaucoup d'autres plus cruelles & plus brutales, qu'il commanda aux Serviteurs de* Rufinus Crispinus *son Beau-Fils, de le rejetter dans la Mer lors qu'il prendroit le divertissement de la Pêche, parce qu'on lui avoit rapporté qu'il jouoit des Charges & des Gouvernemens.* Voici le Passage de S u e ́-

que grands qu'ils foient, ou du moins d'une partie confidérable. C'eft une chofe qui n'a pas befoin de preuve. Le grand nombre d'exemples nous difpenfe d'en alleguer de particuliers; & chacun peut ici en trouver de tout récens. Pour une perfonne qui a fait fortune au Jeu, on en verra mille qui s'y feront ruïnez. Il n'y a ni gain ni perte qui foit capable de rendre fage un Joueur. S'il perd, il efpére de fe raquitter: s'il gagne, il fe flatte que fon bonheur durera. De forte que, pour tâcher de ratraper fon argent, il jouera quelquefois jufqu'au dernier fou; & en voulant achever de dépouiller fon compagnon, il reperdra tout ce qu'il a gagné, & fouvent même après cela du fien propre.

§. XVI. La *Liberté* eft une des chofes les plus précieufes: on la met d'ordinaire

au

TONE, fur lequel cet Auteur fe fonde. *Privignum* Rufium Crifpinum, *Poppæa natum, impubèrem adhuc, quia ferebatur* DUCATUS ET IMPERIA LUDERE, *mergendum mari, dum pifcaretur, fervis ipfius demandavit.* Neron. *Cap.* XXXV. *Ed. Grav.* On voit clairement qu'il ne s'agit point là d'un homme qui jouât fes Charges & fes Gouvernemens: mais d'un Enfant au deffous de quatorze ans, qui aimoit cette forte de Jeu où les Enfans imitant l'ordre & la fubordination d'un Etat, créent entr'eux un Roi, une Cour, des Officiers, des Tribunaux &c. L'inclination pour ce Jeu, que d'autres appellent *ad Judices,* donna de l'ombrage à un Prince auffi foupçonneux, que *Néron.* Voiez *Cafaubon* fur le Paffage de *Suétone,* & fur le *Sévére* de SPARTIEN, *Cap.* I. comme auffi JUSTIN, *Lib.* I. *Cap.* V. & SENÉQUE, *de conftant. Sapientis,* Cap. XII.

au même rang que la Vie, & il se trouveroit des gens qui aimeroient mieux mourir, que d'être réduits à la condition d'Esclaves. Cependant la passion du Jeu est al-
lée quelquefois jusques à sacrifier un bien
si inestimable.   Voici ce que dit TACITE
des anciens Peuples d'*Allemagne*: (1) *Une*
chose étrange, c'est de voir qu'ils jouent de
sang froid aux Jeux de hazard, & qu'ils
s'y occupent comme à une affaire sérieuse,
avec une ardeur si imprudente dans le gain
& dans la perte, qu'après avoir été dé-
pouillez de tout leur bien, ils hazardent en-
fin leur liberté & jouent leurs propres per-
sonnes.   Celui qui perd alors, subit volon-
tairement le joug du Victorieux. Quoi qu'il
soit le plus jeune & le plus vigoureux, il
souffre sans résistance que l'autre le lie &
le vende. Ils portent jusqu'à ce point la ré-
solution en matiére d'une chose si infame,
& ils donnent à cela le beau nom de Fidé-
lité.   Ils trafiquent des Esclaves qu'ils ont

aquis

(1) *Aleam, quod mirere, sobrii inter seria exercent,*
tanta lucrandi perdendive temeritate, ut cum omnia de-
fecerunt, extremo ac novissimo jactu de libertate & de
corpore contendant. Victus voluntariam servitutem adit,
quamvis junior, quamvis robustior, alligari se ac væ-
nire patitur. ea est in re prava pertinacia: ipsi fidem vo-
cant. Servos conditionis hujus per commercia tradunt, ut
se quoque pudore victoria exsolvant. De moribus Ger-
man. *Cap.* XXIV. Mr. THIERS citant ce Passage, traduit les derniéres paroles d'une maniére ridicule:
afin de s'épargner à eux-mêmes la honte d'avoir été vain-
cus. Traité des Jeux, pag. 377.

aquis de cette maniére, & ils s'en défont pour s'épargner à eux-mêmes la secréte honte qu'ils ont de les avoir gagnez. Si ceux qui profitent des excès où porte une passion si furieuse & si aveugle, en doivent rougir de honte; ceux qui font paroître un si grand mépris de leur Liberté, ne méritent pas de la conserver. On rapporte quelque chose de semblable des (a) *Américains*, des (b) *Chinois* qui demeurent à *Batavia*, & des (c) *Esclavons*. Les derniers, après être sortis des Galéres, ne font pas difficulté de jouer pour une certaine somme à condition de retourner à la chaîne, s'ils perdent; ce qui arrive souvent. A *Naples* (d) & en d'autres endroits d'*Italie*, on voit des gens qui jouent leur liberté pour un certain nombre d'années, & qui sans doute la joueroient pour toûjours dans l'occasion.

§. XVII. EN un mot, il n'y a rien de ce qui est cher aux Hommes, que la passion du Jeu n'aît fait quelquefois exposer au caprice du Hazard. Deux témoins oculaires nous ont laissé par écrit, l'un, qu'il (e) y eut un *Venitien* qui joua sa *Femme*; l'autre, (f) qu'un *Chinois* joua sa *Femme* & ses *Enfans*, & les perdit. Le prémier parle aussi de gens (g) qui jouoient leurs *dents* & leurs *sourcils*. Il se trouve encore aujourd'hui (h) des *Chinois* & des *Indiens* qui

(a) *Montagne*, Essais, Liv. II. Chap. XII. pag. 422. *Paschasius Justus*, de Alea, *Lib. I.* pag. 57.

(b) *Gautier Schouten*, Voiages, Tom. I. pag. 33. de l'Ed. Françoise.

(c) *Knichen*, de restitutione pactionum, Cap. III. num. 506. apud *Andr. Senftleb.* de Alea, *Cap. I.*

(d) *Hyde*, Prolegom. de Shahilud. sub fin.

(e) *Pasch. Just.* de Alea, *Lib. I.* p. 25.

(f) *Schouten*, ubi supra, p. 32.

(g) *Ubi supra*, & pag. 164.

(h) *Hyde*, ubi supra.

qui jouent les *doigts* de leurs mains. Les *Chinois* (a) qui demeurent à *Batavia*, jouent les *cheveux* de leur tête; quoi que ce soit parmi eux une si grande infamie de se les couper, que personne après cela ne veut leur parler, ni les assister même dans leurs plus pressans besoins. Pour comble de fureur, l'Histoire fournit des exemples de Joueurs qui ont risqué leur *vie* en un coup de dé. St. AMBROISE nous apprend, que cela étoit fort commun chez un ancien Peuple, sorti des *Scythes*. LES (1) Huns, dit-il, *à ce que l'on raconte, ne réconnoissent auctines Loix, & cependant ils se sousmettent à celles du Jeu. Ils sont toûjours prêts à jouer, lors même qu'ils ont le pié à l'étrier. Ils portent toûjours sur eux des Dez, & les gardent avec autant de soin que leurs Armes: il en périt plus par les coups les*

(a) Schouten, ubi supra.

(1) *Ferunt Hunnos, quam sine legibus vivant, Aleæ solius legibus obedire, in procinctu ludere, tesseras simul & arma portare, & plures sibi, quam hostilibus ictibus interire: in victoria sua captivos fieri, & spolia suorum perpeti, quæ pati ab hoste nequiverint .... frequenter autem tanto ardore rapi, ut quum ea, quæ sola magna æstimant, arma victus tradiderit, ad unum aleæ jactum vitam suam potestati vel victoris, vel fœneratoris, addicat. Denique constat, quod quidam & Imperatori Romano cognitus, in fide pretium servitutis, quod sibi tali sorte superatus intulerat, suppliciis imperata mortis exsolverit.* De Tobia, Cap. XI. Mr. THIERS traduit aussi plaisamment quelques endroits de ce passage: comme quand il rend *spolia suorum perpeti*, par, *ils leur cédent volontiers leurs dépouilles* &c. Traité des Jeux &c. pag. 378.

T 4

uns des autres, que par ceux qu'ils reçoi-
vent de l'Ennemi. Ils se soûmettent à être
esclaves de ceux d'entr'eux qui ont gagné
au Jeu leurs personnes, & ils se laissent dé-
pouiller par leurs propres compagnons, ce
qu'ils n'auroient garde de souffrir patiem-
ment de la part de leurs Ennemis..... Ils
se piquent quelquefois au Jeu à un tel point,
qu'après avoir perdu & livré leurs Armes,
qui est ce dont ils font le plus de cas, ils
exposent leur vie, en un coup de Dé, à la
merci de celui avec qui ils jouent, ou de
ceux qui leur prêtent de l'argent pour jouer.
Enfin, il est constant qu'un d'entr'eux, con-
nu d'un Empereur Romain, aiant ainsi per-
du sa liberté au Jeu, fut de si bonne foi,
qu'il la paia en subissant une mort cruelle
que le Vainqueur lui imposoit. Le moien
de se promettre qu'on pourra retenir dans
certaines bornes une passion qui est capable de porter à de telles extrémitez? Si cet
exemple, & quelques autres de ceux que
je viens d'alleguer, sont pris dans des Nations grossiéres & farouches, ils ne laissent
pas d'inspirer à quiconque y reflêchit attentivement une juste horreur pour l'amour
excessif du Jeu, & de nous donner lieu de
conjecturer quels pernicieux effets cette
mauvaise habitude peut produire, les pro-
portions gardées, dans l'esprit de ceux qui
ont le bonheur de recevoir le jour & l'é-

du-

ducation au milieu des Peuples les plus polis. Les tems, les lieux, les personnes, les
tempéramens, & les autres circonstances
varient sans contredit les effets de chaque
Passion: mais le fonds en est le même dans
toute sorte d'Esprits & par tout païs. Ainsi,
quelque part qu'on soit né, on a tout à
craindre de la passion du Jeu, en ce qui
concerne les Biens du Corps & de la Fortune.   Si l'on ne risque pas sa liberté, aujourd'hui qu'il est hors d'usage de la vendre, on s'expose à dépendre d'un Créan-
cier importun, de qui l'on aura été obligé
d'emprunter pour jouer, ou pour quelque
dépense nécessaire à laquelle on ne peut
fournir parce qu'on a perdu au Jeu son argent; ou bien d'un Joueur avide, qui nous
persécutera pour avoir ce qu'il a gagné: on
s'engage dans des pertes qui nous rédui-
ront peut-être à la nécessité de prendre
quelque parti pour lequel on avoit une
grande répugnance.   Tel, après s'être ruiné au Jeu, a été obligé de mendier son
pain, ou de faire quelque vil mêtier, fort
au dessous de sa condition. Tel a perdu par
ce moien l'occasion qui se présentoit d'a-
voir un bon établissement, & de vivre à
son aise & avec honneur dans le monde.
Si l'on ne hazarde pas directement ses membres & sa vie, parce que les Loix ne permettent pas de faire entrer ces sortes de

T 5   cho-

choſes dans le Commerce le plus honnête, moins encore dans le Jeu : on court riſque à chaque moment de voir s'élever quelque querelle, qui mettra l'un & l'autre Joueur en danger d'être eſtropié ou bleſſé à mort, ou d'être tué même ſur le champ. Il eſt bien difficile de jouer ſouvent gros jeu, & de ne pas tomber tôt ou tard dans quelcun de ces inconvéniens, ou d'autres ſemblables.

§. XVIII. TOUT cela n'eſt encore rien en comparaiſon du tort que la paſſion du Jeu fait directement à l'Âme, en y produiſant de très-mauvaiſes diſpoſitions. Un Poëte Latin dit, que (1) le Jeu ruine les forces de l'Ame, & il le met à cet égard au même rang qu'une Oiſiveté languiſſante, qu'un trop long Sommeil, & que l'Yvrognerie même. Il a raiſon, & peut-être plus qu'il ne penſoit. Pour peu que l'on conſidére la maniére dont les Hommes ſont faits, on en conclurra aiſément que la Paſſion du Jeu nuit à l'*Eſprit* & au *Cœur*. Chacun ſent qu'il a beſoin de modérer & de ménager ſagement l'application qu'il donne aux Etudes & aux Objets les plus propres de leur nature à entretenir ou augmenter

ter

---

(1) *Languor, & immodici ſub nullo vindice ſomni,*
  Aleaque, & multo tempora quaſſa mero,
Eripiunt omnes animis ſine vulnere nervos.
Adfluit incautis inſidioſiſſ Amor.
  OVID. Remed. Amor. verſ. 145. & ſeqq.

ter la vigueur de l'Esprit Humain : autrement, bien loin de servir à cette fin, ils y deviennent contraires. Les *Mathématiques*, par exemple, la *Métaphysique*, & autres Sciences abstraites, peuvent sans contredit fixer l'attention & étendre la capacité de l'Esprit, & par là le rendre plus juste & plus pénétrant : cependant si l'on s'attache trop à ces sortes d'Etudes, on ne fait que s'étourdir, que brouiller ses idées & se mettre hors d'état de juger sainement des choses, & même des plus communes. De là vient en partie que de grands Mathématiciens raisonnent si pitoiablement, dès qu'ils sortent de leur Sphére. Quel rapport, direz-vous, cela a-t-il avec le Jeu? Le voici. C'est qu'il paroît par là que nôtre Esprit borné ne sauroit s'appliquer à quelque chose avec beaucoup d'ardeur sans détraquer ou affoiblir du moins ses Facultez naturelles : à plus forte raison ce mauvais effet est-il presque inévitable, lors que des choses frivoles (1) en elles-mêmes, comme le Jeu, font l'objet de tous nos soins & épuisent toutes les forces de nôtre Esprit. D'où il s'ensuit que, pour l'ordinaire, plus un Joueur est habile dans son mê-

(1) *Latrunculis ludimus : in supervacuis subtilitas teritur.* SENEC. Epist. CVI. *sub fin.* Mr. le Duc de la Rochefoucaut dit aussi très-bien, que *ceux qui s'appliquent trop aux petites choses, deviennent ordinairement incapables des grandes.* Maxime XLVII.

mêtier, (1) & moins il eſt en état de s'attacher avec ſuccès à d'autres choſes plus ſérieuſes; & que plus il joue, plus il ſe rend
incapable de tout ce qui n'a pas quelque
liaiſon avec le Jeu. J'en appelle à l'expérience. Ces maîtres Joueurs, qui entendent bien les Jeux les plus difficiles, qui
ſavent toutes les fineſſes de leur Art, qui
voient d'abord les coups délicats, & qui
ont une merveilleuſe facilité à prendre le
bon parti dans cette occaſion, par un progrès rapide de pluſieurs raiſonnemens; ces
Joueurs-là, dis-je, tirez-les de leur Jeu,
mettez-les ſur quelque autre ſujet un peu
ſérieux, & vous verrez combien ils ont
l'Eſprit faux ou bouché, combien peu ils
ſont propres aux affaires qui demandent
quelque application & quelque diſcerne-
ment. J'avoue qu'à l'égard de pluſieurs de
ces gens-là, le défaut d'éducation, & le
peu de ſoin qu'ils ont eu de cultiver leur
Raiſon, eſt la prémiére ſource de cette honteuſe ſtupidité. Mais la paſſion du Jeu y
contribuë beaucoup, parce qu'elle étouffe
les bonnes diſpoſitions qu'ils peuvent encore avoir, & qu'elle les corrompt même.
L'attention profonde qu'un Joueur donne
à ſon Jeu, conſume toute la vigueur de
ſon

(1) On peut appliquer ici cet ancien Vers qui eſt
parmi les Sentences de *Publ. Syrus*, verſ. 772.
Aleator quanto in arte eſt melior, tanto eſt nequior.

ſon Eſprit; & l'ardeur avec laquelle il s'y affectionne de plus en plus, le détourne tôt ou tard d'une longue & ſoigneuſe contemplation de tout autre objet. Comme il emploie beaucoup de tems à ce fatigant & ſérieux amuſement, les idées du Jeu ſont ſur ſon Eſprit de profondes impreſſions, qui ne s'effacent jamais tout-à-fait dans l'intervalle d'une ſéance à l'autre, & qui ne lui permettent guéres de penſer tranquillement à quelque autre choſe qui n'y a pas du rapport. Quand même on auroit eu d'ailleurs, avec le plus beau naturel du monde, tous les ſecours que peut fournir une bonne Education & une culture propre de ſes Talens naturels; ſi une fois on ſe laiſſe aller à la paſſion du Jeu, il eſt fort à craindre qu'on ne perde enfin le fruit de tant de travaux, & que ce terroir ainſi négligé ne devienne non ſeulement ſtérile, mais encore ne ſe couvre de ronces & d'épines, ou de mauvaiſes herbes, qui le remettent en friche. En un mot, une paſſion dont les mouvemens ſont ſi vifs, en ſi grand nombre, ſi fréquens, & de ſi longue durée, ne peut que diminuer conſidérablement, quoi que plus ou moins ſelon les perſonnes & les circonſtances particuliéres, la liberté & les forces de l'Eſprit par rapport à d'autres choſes.

§. XIX. Ce déſordre de l'Eſprit doit néceſſaiceſſairement entraîner celui du *Cœur*. Et d'abord, croirons-nous que la Religion conſerve bien ſa place dans un cœur agité d'une paſſion ſi tyrannique, & compoſée de tant de mouvemens contraires aux Loix & de la Raiſon & de l'Evangile? Nous perſuaderons-nous que des ſentimens d'une Piété ſincére ſoient compatibles avec la fureur du Jeu? Le moien de penſer comme il faut à ſon Salut, lors qu'on eſt perpétuellement diſtrait par une occupation, qui d'ailleurs en elle-même y apporte tant d'obſtacles? Le moien qu'on ne cherche pas alors à éloigner ces idées importunes d'un Dieu, d'une Providence, d'une Vie à venir, d'un Evangile? Ou plûtôt il vaudroit mieux qu'on les chaſſât entiérement de ſon Eſprit, que de les rappeller, comme font la plûpart des Joueurs, d'une maniére qui montre que cette paſſion méne droit à l'Impiété, ou du moins à un eſprit de Profanation qui en approche beaucoup. Il y a des Joueurs qui ne font pas difficulté d'invoquer Dieu, pour obtenir de lui un heureux effet du Sort ; comme s'ils vouloient le rendre complice de leur occupation criminelle. On auroit de la peine à le croire, ſi on n'en avoit un monument authentique : des Chrétiens ont oſé peindre une Croix ſur un Tablier de Trictrac ; & non ſeulement cela, mais encore témoigner for-

mel-

mellement par des paroles écrites autour de
cette Croix, les (1) vœux qu'ils adreſſoient
à leur Divin Seigneur, pour le prier de les
faire gagner quand ils joueroient, & la confiance qu'ils avoient d'être exaucez dans un
tel ſujet. Une Table de (2) Marbre, trou-
vée à *Rome*, & heureuſement déchiffrée
par *Saumaiſe*, ne permet pas d'en douter;
& il y a apparence que ce n'eſt pas la ſeule qui aît été faite avec cette inſcription profane, digne des Païens les plus aveuglez &
les plus ſuperſtitieux.

§. XX. Si tous les Joueurs de profeſſion
n'ont pas l'audace d'implorer ainſi formellement le ſecours de Dieu dans une choſe
où ils l'offenſent viſiblement; il y en a peu
qui ne profanent ſon auguſte Nom par des
Sermens inconſidérez, ou du moins en le
mêlant mal-à-propos dans leurs diſcours.
C'eſt toûjours un manque de reſpect pour
la

---

(1) On trouveroit ſans doute bien des copies de cet
original que Mr. *de St. Evremond* peint d'après nature :

Ze fais avant le Jeu le ſigne de la Croix,
Et ſi ze n'ai jamais pû gagner une fois.

Il fait parler *Morin*, grand Joueur, qui graſſeioit.
Oeuvres mêlées, Tom. IV. pag. 384. Ed. d'*Amſt.* 1706.
(2) Voici les propres termes, tels que SAUMAI-
SE les lit & les explique avec raiſon. Τὸν παίξοντα εἰς
τὰ βόλια Ἰηϲοῦϲ Χϛιϲὸϲ νικᾷ καὶ βοηθεῖ τοὺϲ γράψαντας
αὐτὸν, καὶ παίξοντας εἰς τὰ βόλια. C'eſt-à-dire, JE-
SUS-CHRIST *fait gagner & aſſiſte ceux qui jouent ici
aux Dez, & qui y ont écrit ſon nom.* Voiez la grande
Note de cet habile Critique ſur le *Proculus* de VOPIS-
QUE, pag. 751, 752. Ed. *Lugd. Bat.*

la Majesté Souveraine : mais il n'y a rien où il se découvre mieux, & où il soit plus criminel, que dans le Jeu. Si l'on ne joue que pour s'amuser & pour se divertir, la chose est certainement trop peu grave pour faire intervenir sans nécessité le grand & redoutable nom du Seigneur. Que si l'on joue par intérêt & par avarice, on péche doublement ; parce que c'est ajoûter la profanation au crime de l'action même. Pour ce qui est du Serment en particulier, son usage légitime ne s'étend pas à toutes sortes d'affaires & de sujets. Quelque vrai que soit un fait à la confirmation duquel on l'emploie, si la chose dont il s'agit est trop peu considérable, ou qu'elle renferme essentiellement quelque circonstance vicieuse, ce n'est plus un vrai Serment, c'est un acte irréligieux. Il y a du moins une grande témérité à ne pas s'abstenir de tout Serment dans une affaire comme le Jeu, où l'intérêt & la passion aveuglent si fort, qu'on croit légérement être assûré des choses les plus douteuses, & à l'égard desquelles on se défieroit extrémement de soi-même en toute autre occasion : bien plus, où il est fort difficile que la vûë d'une perte ou un gain considérable ne fassent succomber à la tentation de jurer à faux. Cela n'est pas plus étrange, que la facilité avec laquelle un Joueur se parjure,

après

après avoir fait mille (1) fermens de ne plus jouer.

§. XXI. MAIS voici le comble de la Profanation & de l'Impiété. Voici de nouveaux *Titans*, (a) qui efcaladent le Ciel. Une ame qui a quelque fentiment de Piété peut-elle entendre fans horreur ces *Imprécations*, ces *Blafphêmes*, ces *Juremens* (b) effroiables que vomit un Joueur lors qu'il a perdu ? Où trouvera-t-il quelques couleurs pour excufer le moins du monde des emportemens fi brutaux ? Ou il penfe alors directement & diftinctement à outrager Dieu, ou il n'y penfe pas. S'il veut de propos délibéré outrager par des paroles celui qu'il ne fauroit outrager par des effets, c'eft le dernier excès d'une Impiété furieufe & diabolique. Que s'il n'a pas formellement ce deffein (comme je crois que la plûpart des Joueurs font fort éloignez dans ces momens-là de concevoir aucune penfée & aucune vûë diftincte, ils n'agiffent que par un mouvement tumultueux & qui ne produit rien que de confus dans leur

(a) Voiez les vers de Mr. *Defpreaux*, citez ci-deffus, Liv. II. Chap. II. §. 3.
(b) Voiez la *Continuation des Penfées diverfes* &c. par Mr. *Bayle*, pag. 689. à la marge.

(1) PASCHASIUS JUSTUS dit qu'étant auprès du Cardinal de *Pogge*, Légat en *Efpagne*, il a fouvent vû de ces Joueurs infidéles qui venoient demander qu'on les relevât des *Sermens* qu'ils avoient violez, ou qu'ils ne pouvoient plus long-tems tenir; & que ce Cardinal les en releva moiennant des fommes confidérables qu'ils donnoient, & quelque autre œuvre de piété qu'il leur impofoit. *De Alea*, Lib. I. pag. 22, 23.

leur Efprit): en ce cas-là, dis-je, les jures
mens & les blafphêmes ne laiffent pas que
d'être très-criminels & très-dangereux. En
effet, d'où vient que l'on fe porte à les
proférer? On ne peut pas dire que ce foient
des mouvemens abfolument machinaux,
comme les paroles que l'on prononce en
dormant, ou dans une Frénefie. Quoi qu'un
Joueur alors n'agiffe pas de fang froid, il
n'eft pourtant pas hors d'état de favoir ce
qu'il fait. Il faut donc qu'il y aît quelque
raifon qui foit caufe qu'un tel homme ne
fe contentant pas de s'en prendre aux Dez
ou aux Cartes, comme aux inftrumens de
fa perte, femble attaquer outre cela le Ciel
même par les Blafphêmes que le chagrin
d'avoir perdu met dans fa bouche. Il faut
qu'il penfe, du moins confufément, que
Dieu a contribué en quelque maniére au
mauvais fuccès de fon Jeu, comme il s'i-
magine alors que (1) les Cartes & les Dez
meritent d'en être punis; la paffion qui
l'aveugle lui faifant oublier que ce font des
chofes inanimées, contre lefquelles il eft ridicule de fe fâcher. Si l'on étudie fes difcours

_____

(1) *Qui n'a veu mafcher & engloutir les Cartes, fe gorger d'une bale de Dez, pour avoir où fe venger de la perte de fon argent ?* C'eft ce que dit MONTAGNE, Effais, *Liv.* I. *Chap.* IV. qui eft intitulé: *Comme l'Ame
defcharge fes paffions fur des objets faux, quand les vrais
lui défaillent.* On trouve là d'autres exemples remarquables.

cours & sa conduite, on pénétrera aisément dans sa pensée. Il croit, ou que Dieu a dirigé, soit d'une façon particulière, soit par une Providence générale, les *coups de malheur*, comme il les appelle ; ou du moins qu'il les a permis, & qu'il n'est pas intervenu extraordinairement pour les empêcher. Cette persuasion, quoi que peu développée dans l'esprit d'un Joueur en ces momens-là, lui inspire, sinon (1) du ressentiment contre la Divinité, du moins une espéce de murmure secret contre sa Providence ; & ce murmure injuste le détermine à exhaler son dépit en Juremens & en Blasphêmes. Il ne fait pas attention, je l'avouë, à tout ce que les paroles qu'il proféré renferment d'impie & d'exécrable. Peu de Joueurs parviennent à un aussi grand degré de scéleratesse, que celui dont PASCHASIUS JUSTUS (a) nous assure que, comme il lui disoit un jour que pour lui il n'avoit jamais prononcé de blasphême, & que, quand il voudroit, il ne le pourroit pas ; ce malheureux s'écria là-dessus : *O vous ne savez pas le grand plaisir qu'il y a !* De tels monstres d'Impiété ne se voient pas tous les jours : un Joueur pour l'ordinaire, quoi

(a) *De Alea*, Lib. I. pag. 101.

(1) Voiez ce que dit Mr. *La Placette*, dans son *Traité des Jeux de hazard*, Chap. VII. pag. 230, 231, avec quoi l'on pourra, si l'on veut, comparer mes raisonnemens un peu différens des siens.

V 2

quoi qu'il ne fente pas toûjours après coup un véritable regret d'avoir blafphemé, n'eft pas proprement bien aife de ce qu'il a fait dans un tems où le trouble dont il étoit agité ne lui permettoit pas d'envifager les chofes dans toute leur étenduë. Il y a-là un mélange de raifons confufes & de mouvemens aveugles, qui fait que l'action n'eft pas entiérement volontaire : mais elle l'eft affez pour rendre inexcufable celui qui s'eft laiffé aller à un tel emportement, fur tout après quelques récidives. Quoi que l'intention de blafphemer ne foit pas pleine & entiére, les paroles ne laiffent pas d'être blafphématoires en elles-mêmes, parce que ceux qui les entendent prononcer ne fauroient les interpréter autrement, & que celui à qui la paffion les fuggére pouvoit & devoit ne pas fe réduire à cet état-là. Si la prémiére ou la feconde fois qu'on tient de tels difcours, ils ne marquent pas toûjours un fonds de Profanation & d'Impiété bien formée; on ne fauroit nier qu'ils n'y foient un grand achéminement & une violente tentation. Il eft difficile de s'imaginer, qu'une perfonne pénétrée de quelque fentiment de Religion tombe fouvent dans des excès fi manifeftement injurieux à la Divinité. Cependant combien peu voit-on de Joueurs de profeffion (& par là j'entens non feulement ceux qui n'ont d'autre mêtier ni d'au-

tre

tre occupation que de jouer, mais encore
ceux qui s'occupant d'ailleurs à quelque
chofe, font fujets à la paffion du Jeu, en
forte qu'ils jouent un peu gros jeu & fouvent) combien peu, dis-je, voit-on de
tels Joueurs qui ne fe laiffent aller tôt ou
tard à ces mouvemens, ou auffi loin qu'ils
peuvent s'étendre, ou jufqu'à un certain
degré qui approche plus ou moins du plus
haut point de la Profanation & de l'Impiété? S'il y en a qui s'empêchent de vomir
des Juremens & des Blafphêmes groffiers,
ne laiffent-ils pas échapper fouvent certaines paroles où eft renfermée une profanation qui pour être plus délicate & plus cachée, n'en eft pas moins criminelle? Lors
même qu'il ne paroît rien dans leurs difcours qui femble partir d'un manque de
refpect pour la Divinité, leur cœur eft-il
bien exemt de tout murmure, direct ou in-
direct, contre la Providence, qu'ils envi-
fagent alors comme leur étant contraire?
J'en appelle à leurs Confciences. A qui eft-
ce que fe termine ce dépit fecret qu'ils fen-
tent, ces réflexions chagrines qu'ils font fur
les effets défavantageux du Sort & de la
Fortune, ces exclamations fréquentes, *Que
je fuis malheureux* ! *Quelle fatalité* ! &
autres expreffions femblables? N'entrevoit-
on pas-là affez clairement le langage d'une
perfonne qui au lieu de fe foûmettre à la

volonté de Dieu (comme elle le devroit dans la pensée où elle est que le malheur qui cause sa perte vient d'une maniére ou d'autre de cet Etre Souverain) se plaint de lui & lui fait secrétement une espéce de reproche de ce qu'il n'a pas disposé les choses favorablement pour elle ? J'avoue qu'on déguise & qu'on se cache à soi-même, autant qu'on peut, de tels sentimens : mais la même passion qui les inspire au Joueur, le trahit d'ordinaire, & découvre d'une maniére assez sensible ce qui se passe au dedans de lui. Peut-il bien d'ailleurs, au sortir d'une séance où il a fait quelque grosse perte, rappeller l'idée de la Divinité, je ne dirai pas tranquillement & avec plaisir, mais sans quelque éloignement ? Et cela ne va-t-il pas à diminuer peu-à-peu les sentimens de Piété qu'il peut y avoir encore dans son Ame ? Toutes les fois qu'il perd (& cela ne peut qu'arriver souvent à ceux qui jouent tous les jours) toutes les fois, dis-je, qu'il perd, ce sont autant de brêches qu'il fait au respect pour son Créateur, & qui ne sont nullement réparées par des sentimens contraires que lui inspire le plus grand bonheur des autres séances. Le gain qu'il fait ne produit en lui aucun mouvement capable de contrebalancer les mauvaises impressions de ceux qu'excite la perte. Son avidité lui persuade qu'il doit toûjours gagner:

il

il femble fe flatter que la Providence eft
obligée de préfider à fon Jeu, & de diriger les chofes d'une maniére qui tourne
toûjours à fon avantage. Ainfi, lors qu'il
gagne, il ne penfe guéres ou plûtôt il ne
penfe point du tout à en remercier Dieu:
il n'eft touché d'aucun mouvement de vraie
Reconnoiffance : il n'en devient pas plus
attaché à fon devoir. Au lieu que, quand
il perd, il ne peut guéres s'empêcher d'en
concevoir quelque dépit, qui retombe ou
directement, ou indirectement, fur la Providence, & qui jette ou fait germer dans
fon Ame des femences funeftes d'Irreli-
gion.

§. XXII. La plûpart des Joueurs font
auffi fort fuperftitieux ; & la *Superftition*
n'eft pas moins oppofée à la véritable Piété, que l'Impiété & que la Profanation. Ils
tirent de bons ou de mauvais augures des
moindres chofes. Ils prefcrivent, pour ainfi
dire, certaines Régles à la Fortune, qui,
dans leur efprit, renferme toûjours une
idée plus ou moins confufe de Providence ;
& par là ils s'accoûtument infenfiblement
à adopter ou à fe faire eux-mêmes de pareilles fuperftitions en matiére d'autres chofes qui fe rapportent à la Religion.

§. XXIII. Puis que la paffion du Jeu,
comme nous venons de le faire voir, tend
à étouffer tout fentiment de Piété, il ne

V 4   faut

faut pas s'étonner qu'elle soit aussi contraire à quelques-unes des Vertus qui regardent directement le Prochain. Il est naturel que le mépris de ce qu'on doit à Dieu
soit suivi du mépris de ce que l'on doit aux
Hommes. Bien loin que la maxime souffre
quelque exception par rapport au Jeu, il
n'y a rien où elle se vérifie plus incontesta-
blement.

La prémiére Vertu qui se présente ici,
comme sujette à recevoir quelque atteinte,
c'est la *Fidélité* ou la Bonne-Foi. Nous
l'avons déja (a) dit, il est bien difficile de
jouer gros jeu, & de ne pas tromper tôt
ou tard, d'une maniére ou d'autre. Il y a
peu de Joueurs de profession qui en fassent
scrupule, lors qu'il se présente quelque occasion favorable. Le défaut d'habileté ou le
peu d'apparence du succès des tricheries,
retient plus de gens, qu'un principe de
conscience.

(a) Chap.
III. de ce
Livre sur la
fin du §. 6.
Voiez les
Vers de
Madame
*Deshoulié-
res* que j'ai
citez au
Chap. I. de
ce mê-
me Livre,
§. 11.

§. XXIV. QUAND l'expérience ne nous
l'apprendroit pas, on auroit lieu de conclurre que la chose ne peut guéres être autrement. L'avidité du gain & la crainte de
la perte, qui dominent presque toûjours
dans le Jeu, sont rarement à l'épreuve de
la tentation d'avoir recours à la Fraude.
Lors qu'une Passion, à qui on lâche la bride, trouve le moien le se satisfaire, qu'est-
ce qui l'empêchera? Si l'on croit qu'alors
on

on en fera encore maître, & qu'on aura
affez de force pour la retenir dans certaines bornes, on fe fait une illufion bien
groffiére: c'est fe flatter de pouvoir arrêter les flots d'une Mer furieufe, dont on a
ouvert les digues.

Il n'y a même aucun Commerce qui foit
auffi dangereux à cet égard, que celui du
Jeu. Ailleurs l'Avarice peut pour l'ordinaire trouver paffablement dequoi fe contenter, fans ufer de tromperie. Un Marchand a lieu de fe promettre un profit certain, en obfervant religieufement les Loix
du Négoce & de la Fidélité. Les deux
Contractans trouvent ici leur compte à peu
près également: aucun n'a befoin de dup-
per fon compagnon, pour faire un gain
raifonnable. Si l'on n'est pas à l'abri de toute perte, la Prudence fert de beaucoup pour
aller même au devant de plufieurs cas fortuits. Quand on fait bien fon mêtier, &
qu'on est attentif à prendre garde avec qui
l'on entre en marché, on ne court guéres
rifque de faire mal fes affaires jufques à fe
ruïner ou à s'appauvrir. Dans le Jeu, au
contraire, il n'y a rien d'affûré. Le Hazard
décide fouverainement du fuccès des Jeux
les plus communs, qui font ceux auffi que
les Joueurs aiment le mieux. La victoire
est même extrémement douteufe dans les
Jeux de pure adreffe, à moins qu'un hom-

me

me ne soit de beaucoup plus fort que son compagnon. Personne cependant ne peut gagner au Jeu, sans que les autres en souffrent: le but d'un tel commerce est de se dépouiller réciproquement. Et quelque heureux qu'on ait été pendant un tems, on est tous les jours exposé à de fâcheux revers, qui enléveront le profit d'un grand nombre de séances, & qui souvent reduiront un Joueur à la beface. Toute la prudence du monde n'est nullement un garant sûr du succès dans une chose qui dépend du caprice du Hazard; & la seule ressource qu'elle peut fournir, qui est de jouer sagement, de ménager son bonheur, & de ne pas tenter jusques au bout la Fortune, l'expérience fait voir qu'un Joueur de profession ne sait guéres s'en servir. Ainsi le désir de tromper trouve ici infiniment plus de prise, que dans tout autre Commerce; parce que c'est le seul moien de s'assûrer la victoire & le profit. D'ailleurs, mis à part même ce qui est une suite de la nature du Jeu lors qu'on en fait un mêtier & un commerce; il y a ici non seulement de plus fortes & plus fréquentes tentations à la Tromperie, mais encore beaucoup plus d'apparence de tromper impunément. Un Marchand n'a pas tous les jours occasion de se procurer par des fraudes ou des artifices dont il se promette un heureux succès,

quel-

quelque chose qui vaille la peine de se mettre au dessus des remors de la Conscience : au lieu qu'il y a peu de séances où il ne survienne des cas, dans lesquels, par un coup d'œuil ou un petit tour de main, un Joueur peut faire un butin considérable, ou s'épargner du moins une grosse perte. Les extrémitez fâcheuses auxquelles il se réduit souvent par l'envie de se raquitter ou par l'avidité insatiable du Gain, sont aussi telles, qu'il est bien difficile qu'elles ne le portent à mettre en usage toute sorte de moiens, & à ne faire scrupule de quoi que ce soit pour rétablir ses affaires. Que si une fois il a franchi les bornes d'une Fidélité exacte, pour peu qu'il soit adroit à tromper, il ne manque pas de trouver des momens où il lui est aisé de le faire sûrement, & bien des gens propres à être duppez. Ordinairement on est plus sur ses gardes & on examine mieux les choses, quand on achéte par exemple, ou que l'on fait quelque autre sorte de marché ou de commerce ; parce qu'alors on agit de sang froid. Au lieu que l'ardeur avec laquelle on joue empêche de prendre garde à tout avec tant de soin ; à moins qu'on ne soupçonne son compagnon, ou qu'on ne se soit déja apperçû de quelque tricherie dont il ait usé ou envers nous, ou envers d'autres. Ceux qui entrent en goût du Jeu, sur tout les Jeunes gens, en sont logez-là.

On

On commence par être duppe,
On finit par être frippon.

De sorte qu'un Joueur, qui a de l'expérience & quelque flegme, pourra être comme assûré du succès de ses tromperies, sinon d'abord, du moins lors que ceux avec qui il a à faire seront un peu échauffez au Jeu, comme on en voit un grand nombre qui, après avoir joué quelque tems, s'étourdissent & ne savent guéres plus ce qu'ils font ; sur tout s'ils ont beaucoup perdu. D'ailleurs, dans les autres sortes de Commerces, on est plus retenu à tromper, parce qu'on sait bien que si la tromperie vient à être découverte, la personne lézée a ordinairement action en Justice pour obtenir un plein & entier dédommagement, quelquefois même pour faire punir le Contractant infidéle. Mais comme le Jeu n'est que toléré par une espéce de connivence dans la plûpart des Etats, on n'a guéres à attendre de reparation des tricheries dont on s'y apperçoit, qu'en se faisant justice à soi-même & en s'exposant à des querelles fâcheuses ou des combats périlleux, dont tout le monde ne veut pas courir le risque. Quoi qu'il en soit, c'est un fait certain, que les Filoux trouvent toûjours mille Duppes ; quoi que Mr. *de la Bruyére* regarde (1) avec raison

<hr>

(1) *Je ne m'étonne pas, dit-il, qu'il y ait des Brelans*
pu-

fon cela comme plus étrange, que de voir qu'il y aît tant de Filoux.

§. XXV. JE demande maintenant, s'il y a lieu de croire qu'une personne qui ne fait aucun scrupule de tromper au Jeu, agira de meilleure foi dans les autres sortes d'affaires & de commerces ? Pour moi, il me semble que ce seroit-là une espéce de prodige. La nature même des Habitudes, bonnes ou mauvaises, ne permet pas de croire que, pendant qu'on foule aux pieds les Loix de telle ou telle Vertu dans une certaine sorte de choses, on puisse en être religieux observateur en tout autre cas. Qu'on me vante un homme tant qu'on voudra, comme libéral ou généreux, sous pré-

publics, comme autant de piéges tendus à l'avarice des Hommes, comme des gouffres où l'argent des Particuliers tombe & se précipite sans retour, comme d'affreux écueils où les Joüeurs viennent se briser & se perdre ; qu'il parte de ces lieux des Emissaires pour savoir à heure marquée qui a descendu à terre avec un argent frais d'une nouvelle prise, qui a gagné un procès d'où on lui a compté une grosse somme, qui a reçû un don, qui a fait au Jeu un gain considérable, quel Fils de Famille vient de recueillir une riche Succession, ou quel Commis imprudent veut hazarder sur une Carte les deniers de sa Caisse : c'est un sale & indigne métier, il est vrai, que de tromper, mais c'est un métier qui est ancien, connu, pratiqué de tout tems par ce genre d'hommes que j'appelle Brelandiers ; l'enseigne est à leur porte, on y liroit presque ; Ici l'on trompe de bonne foi ; car se voudroient-ils donner pour irréprochables ? Qui ne sait qu'entrer & perdre dans ces maisons est une même chose ? Qu'ils trouvent donc sous leur main autant de Duppes qu'il en faut pour leur subsistance, c'est ce qui me passe. Caractéres ou Mœurs de ce Siécle, pag. 221, 222.

prétexte qu'il fait de grandes dépenses en
certaines occasions ; & qu'il donne avec
profusion à certaines gens , qu'il regale,
par exemple, magnifiquement ses Amis où
même le prémier qui se présente, & qu'il
comble de largesses un Bouffon , un Co-
médien , un Musicien, qui le divertissent ;
si je vois d'ailleurs que ce même homme est
d'une (1) avarice sordide dans son domestique & en matiére de bagatelles , qu'il est
chiche & même dur envers des Honnêtes-
Gens à qui il pourroit faire du bien , & envers les plus nécessiteux , je dirai hardiment
que ce qu'on admire en lui n'est que faste,
qu'ostentation , qu'amour du Plaisir, en un
mot rien moins que vraie libéralité & que
générosité raisonnable. Qu'un homme passe
dans le monde pour pieux, à cause de son
assiduité extraordinaire à fréquenter les Sain-
tes Assemblées ; à écouter des Sermons, à
lire même chez lui l'Ecriture Sainte, ou parce qu'il est fort attaché à la Religion dans
laquelle il est né , & qu'il en maintient les
intérêts avec chaleur ; si je remarque en
même tems qu'il est médisant , calomnia-
teur ;

(1) *Nec dico sapientem semper uno iturum gradu, sed
una via. Observa itaque, numquid vestis tua domusque
dissentiant : numquid in te liberalis sis, in tuos sordidus :
numquid cænes frugaliter, ædifices luxuriose. . . . . Quidam se domi contrahunt, dilatant foris & extendunt. Vitium est hæc diversitas, & signum vacillantis animi, ac
nondum habentis tenorem suum.* SENEC. Epist. XX.
pag. 74.

teur, fourbe, impitoiable, vindicatif, per-
fecuteur inhumain de tous ceux qui ne font
pas de fon fentiment, fi je vois que *pendant qu'il* (a) *paie la dîme de la Mente,
de l'Aneth, & du Cumin, il néglige ce
qu'il y a de plus important dans la Loi de
Dieu, la Juftice, la Miféricorde, & la
Fidélité*; je dirai hardiment qu'il n'y a en
lui qu'hypocrifie, que faufle dévotion,
qu'efprit de Parti, que bigoterie, tout autre chofe enfin que véritable Piété. Une
Vertu folide ne fe dément pas fi groffiérement. Elle peut bien par foibleffe ou par
ignorance, manquer à quelques égards peu
confidérables, & en certaines occafions rares, où elle fuccombe à une force majeure: mais elle ne fe borne point à une feule
forte d'objets, moins encore aux chofes les
plus faciles; elle ne demeure pas à moitié
chemin, elle fournit toute fa carriere, autant que le permet la fragilité humaine. Ce
que fait la Vertu, malgré tant d'obftacles
qu'elle trouve dans le cœur même de celui
où elle loge; le Vice ne le feroit-il pas, ai-
dé, comme il eft, des mauvaifes difpofitions & des panchans déréglez qui font le
fruit malheureux du Naturel, de l'Education, de l'Exemple, de la Coûtume, &
de la Corruption générale? Conçoit-on
bien que de lui-même il puiffe s'arrêter quelque part, & fe fixer à certaines chofes?
Peut-

(a) Matth.
XXIII, 23.

Peut-on se flatter d'avoir assez d'empire sur lui, pour lui dire: *Ne passe pas plus avant?* Ou plûtôt n'est-il pas naturel & presque infaillible qu'il fasse de plus en plus de nouveaux progrès, & qu'il aille aussi loin qu'il peut s'étendre? Il n'y a certainement que quelque Passion plus violente, qu'un grand interêt de l'Amour propre, que le *qu'en dira-t-on*, ou du moins le peu d'ardeur des désirs & un manque de courage, qui soient capables, lors qu'on a laissé prendre pié au Vice en matiére de certaines choses, d'empêcher qu'il ne l'emporte en tout & par tout, & qu'il ne nous pousse aux derniers excès. Si donc une personne accoûtumée à tromper au Jeu, ne le fait pas toutes les fois que l'occasion s'en présente, soyons sûrs que ce n'est nullement par délicatesse de conscience qu'elle s'en abstient, mais ou parce qu'il s'agit de quelque chose de peu considérable, ou par la crainte de la Peine ou de l'Infamie, ou à cause qu'elle ne voit pas jour à réüssir, ou par quelque autre motif de cette nature. Quelle apparence, en effet, que la laideur de la Tromperie soit seule un frein assez fort pour retenir celui qui s'est familiarizé avec elle dans une certaine sorte de choses? Il pourra bien trouver ce vice plus odieux en d'autres cas; il pourra bien reculer un peu d'abord, quand il sera tenté de ne pas respecter les

droits

droits les plus facrez & les engagemens les plus inviolables de la Bonne Foi : mais s'il n'y a que cette raifon, les foibles impreffions qu'elle fait fur lui s'évanouïront bientôt, il fera en peu de tems accoûtumé aux fraudes les plus infignes. En un mot, il n'y a que le prémier pas qui coûte, & dès qu'on eft hors du chemin de la Vertu, c'eft grand' merveille fi l'on ne s'enfonce chaque jour de plus en plus fans aucune réfiftance dans la route du Vice diamétralement oppofée. On dira peut-être, que les Brigands les plus fcélérats ne laiffent pas de garder entr'eux quelque forte de Juftice. (1) Cela eft vrai : mais on ne fauroit en inférer raifonnablement, qu'ils confervent quelque refpect pour la Juftice elle-même. Leur intérêt feul les oblige à ces ménagemens envers leurs infames Affociez: pour fe maintenir, il faut néceffairement qu'ils s'épargnent les uns les autres. Du refte, auffi-tôt que quelcun de ces gens-là pourra tromper impunément fes Camarades,

des,

_____

(1) *Cujus [Juftitiæ] tanta vis eft, ut nec illi quidem, qui maléficio & fcelere pafcuntur, poffint fine ulla particula Juftitia vivere : nam qui eorum cuipiam, qui una latrocinantur, furatur aliquid, aut eripit ; is fibi ne in latrocinio quidem relinquit locum : ille autem, qui Archipirata dicitur, nifi æquabiliter prædam difpertiat, aut interficiatur à fociis, aut relinquatur. Quin etiam Leges Latronum effe dicantur, quibus pareant, quas obfervent.* CICER. de Offic. Lib. II. Cap. XI. Voïez ce qui fuit immédiatement.

des, ou qu'il ne trouvera plus à propos de demeurer dans leur Corps, il ne fera pas plus de fcrupule de les voler & de les piller, qu'il n'en fait par rapport au refte du Genre Humain.

§. XXVI. UNE autre mauvaise difpofition que la paffion du Jeu produit à l'égard de ce qu'on doit à autrui, c'eft qu'elle porte un Joueur à négliger *le foin des fiens*. Quand un homme refteroit feul de fa Famille, ce feroit toûjours à lui une fouveraine imprudence, pour ne pas dire une grande folie, que de foûmettre fon bien au caprice du Hazard, & de s'expofer ainfi à tous les malheurs & à toutes les tentations de la Pauvreté : cependant, comme il ne feroit du tort qu'à lui-même, il trouveroit là quelque prétexte plaufible de n'être pas fi bon ménager d'un bien fur lequel perfonne n'a après lui aucun droit à la rigueur. Mais lors qu'on a des Enfans ou d'autres perfonnes qui nous touchent de près, & à l'entretien defquelles on eft tenu de pourvoir, il faut être bien dénaturé pour s'engager dans un commerce comme celui du Jeu, où l'avidité du Joueur & les revers de la Fortune mettent chaque jour en grand danger le fonds de la fubfiftance & des commoditez, le fondement de la vie & de l'éducation de ce que l'on doit avoir de plus cher au monde. L'Apôtre St.

St. Paul dit (a) formellement, que *si quel-*
cun n'a pas soin des siens, & sur tout de
ceux de sa Famille, il renonce à la Foi, &
il est même pire qu'un Infidéle. On a vû
néanmoins de tout tems, que cette considération n'est pas assez forte pour retenir
ceux qui se sont une fois adonnez au Jeu.
Pendant qu'un Père inhumain risque &
perd de grosses sommes, pendant qu'il emploie à ce malheureux commerce le plus
liquide de ses revenus & de son fonds même; une Femme & des Enfans sont réduits à l'étroit, ou manquent même du nécessaire. Trop heureux encore si, quand il
vient de faire quelque grosse perte, il ne
décharge sur eux sa mauvaise humeur, &
ne les punit de son imprudence ou plûtôt
de son injustice propre! C'est beaucoup si
un tel homme, pour l'honneur du monde,
ou par un reste d'Humanité, se reserve des
quoi ne laisser pas mourir de faim ou de
froid sa pauvre Famille. Mais supposé qu'il
fasse sur lui-même cet effort, il usera ici de
la derniére économie, il ne donnera que le
moins qu'il lui sera possible, il pensera toûjours à retrancher, autant qu'il pourra, de
ce qu'il destine comme malgré lui à un tel
usage. Tout l'argent qui ne s'emploie pas
au Jeu, au delà de ce dont un Joueur a
besoin pour lui-même, est autant de mal
emploié, autant de perdu, dans son esprit.

(a) I. Ti-
moth. V, 8.

X 3   Sur

Sur tout n'attendons de lui, en faveur de la Famille, que ce qui est absolument nécessaire pour le présent : ne nous imaginons pas qu'il s'embarrasse beaucoup du soin de l'avenir, qu'il s'engage dans quelque dépense considérable pour faire élever ses Enfans d'une manière qui les mette en état de vivre à leur aise & avec honneur. Il n'a garde d'étendre sa prévoiance si loin. C'est, à son gré, une chose superfluë, qui ne vaut pas la peine qu'on y sacrifie la moindre partie de ce que le Jeu demanderoit tout entier. Les Cartes & les Dez sont un gouffre où tout l'Argent des Joueurs doit être englouti : c'est une mer où il faut que tous les Fleuves se rendent. Si quelque chose se sauve & se détourne de là, ce n'est pas la faute du Joueur : il ne tient pas à lui la plûpart du tems qu'à force de jouer toûjours plus gros jeu, de risquer tout, de forcer en quelque façon la Fortune à se déclarer contre lui & à lui faire sentir ses revers les plus fâcheux, il ne se réduise enfin à un tel état, que, bien loin de laisser quelque chose à sa Famille, il n'ait pas lui-même où se loger, ni dequoi s'entretenir : On a vû plus d'un Joueur, qui est mort à l'Hôpital.

§. XXVII. MAIS je veux qu'on ne tombe pas dans cet inconvenient, ou parce que l'on a de grands biens, ou pour savoir se mé-

ménager, ou par un effet extraordinaire
d'une longue suite de bonheur, entremêlée de peu de pertes, ou par quelque autre raison; je veux que l'on dérobe au Jeu
dequoi entretenir sa Famille & faire élever
honorablement ses Enfans selon leur condition: la passion du Jeu empêchera toûjours que l'on ne donne soi-même les soins
que l'on doit à leur éducation, & que l'on
ne contribue, autant qu'il dépend de nous,
à les rendre honnêtes gens. Pour ne rien
dire encore des fâcheuses impressions du
mauvais exemple, de quoi nous parlerons
en son (a) lieu ; comment veut-on qu'un (a) Ci-des-
Pére qui est possedé de la fureur de jouer, sous, §. 40.
aît le tems & l'application nécessaire pour & suiv.
bien régler son domestique? Pour peu qu'il
aît d'affaires sérieuses & ordinaires dont il
ne puisse se dispenser, il s'en trouvera fatigué : le tems qu'il y emploie lui paroîtra
long, quelque court qu'il soit; il ne s'en
fera pas plûtôt aquitté bien ou mal, qu'il
ira vîte chercher à faire quelque partie, pour
se délasser d'un travail où il ne prend point
plaisir, ou plûtôt pour satisfaire la passion
qui lui cause une inquiétude secréte & perpétuelle. Quand une fois il se sera mis à
jouer, il n'en sortira que le plus tard qu'il
pourra : & supposé qu'après cela il daigne
donner quelques momens à voir ce qu'on
fait chez lui, sera-t-il bien en état d'exa-

miner

miner avec attention la conduite & les progrès de ses Enfans, de leur propoſer efficacement ſes inſtructions, d'avoir l'œuil ſur ceux à qui il a confié le ſoin de les former à quelque choſe d'utile? en un mot, pourra-t-il s'aquitter comme il faut de ce qui eſt du devoir d'un bon Pére de Famille? Que s'il n'a preſque rien à faire, comme on ne voit par tout que trop de gens qui ménent une vie ſi honteuſe, il ne profitera guéres de ſon grand loiſir pour travailler ou pour veiller ſoigneuſement à une choſe qui devroit lui tenir ſi fort au cœur, & lui faire oublier même le ſoin d'amaſſer du bien pour laiſſer à ſes Enfans. Plus il ſera deſœuvré, faute d'occupation ordinaire, & moins il penſera à s'en faire une de ce devoir; parce que, moins il a d'affaires qui l'attachent indiſpenſablement, & plus il eſt tourmenté par cette paſſion infatigable qui le poſſéde. Du moment qu'on ceſſe d'y faire une grande diverſion, elle appelle à ſon ſecours tous les charmes de l'Oiſiveté, tous les attraits du Plaiſir: elle préſente à l'imagination les objets du Jeu ſous l'idée la plus riante: elle fait chercher quelque occaſion de lier une partie, & on la trouve aiſément, quand on la cherche. Les Fainéans & les Joueurs ont toûjours bon nombre de compagnons; & quand il ne s'en préſenteroit pour l'heu-

re

re aucun, ils favent en faire de nouveaux.
Comme il y a une infinité de gens qui ne
travaillent que par force, on n'a pas beaucoup de peine à les débaucher. Quiconque
propofe une chofe où la Pareffe trouve fon
compte, ne fût-elle d'ailleurs accompagnée
d'aucun plaifir particulier, peut fe promettre à coup fûr d'être écouté des plus inconnus, du prémier venu : fans éloquence,
fans art, fans habileté, il perfuadera prefque auffi bien que le plus grand Orateur.
Une Oifiveté prefque générale s'introduit
aifément dans une Ville, dans une Provin-
ce, que dis-je? dans un Roiaume entier.
Peu de gens fuffifent même pour la faire
paffer bien-tôt en coûtume. Et quand une
fois elle s'eft emparée des efprits, rien n'eft
plus mal aifé que de l'en chaffer. On ne
manque pas là-deffus de (a) grands exemples.

§. XXVIII. JE n'ai parlé jufqu'ici que
du Chef de la Famille. Mais que dirons-
nous d'une Mére Joueufe? Le ménage
peut-il bien aller, pendant que celle dont
l'affaire propre eft de le conduire, fe laiffe
gouverner elle-même à une paffion qui ne
peut que l'occuper & la diftraire beaucoup,
quand il n'y auroit d'ailleurs aucun autre
inconvénient à appréhender? Aura-t-elle
bien foin de fes Enfans, fur tout dans l'âge
où elle leur eft le plus néceffaire? Cette

(a) Voiez
le Parrha-
fiana, Tom.
II. p. 67, 68.

X 4   paf-passion est-elle moins vive dans les Femmes, que dans les Hommes ? Ou plûtôt ne voit-on pas qu'ici, comme presque par tout ailleurs, la foiblesse du Sexe le rend d'ordinaire & plus susceptible des Passions, & moins capable de les modérer, quelque fortes barriéres que les Loix de la Bienséance, beaucoup plus sévéres pour les Femmes que pour les Hommes, opposent à tout excès qui a la moindre apparence de Débauche ? On a même remarqué, que l'Amour, d'ailleurs si fort en possession de dominer dans leur cœur, est ici quelquefois contraint de plier ; ce qui ne lui arrive guéres, que quand il a à faire à cette Passion & à une autre fort tyrannique. *Il* (a) *est étonnant*, dit très-bien un excellent peintre des Caractéres & des Mœurs de ce siécle, *il est étonnant de voir dans le cœur de certaines Femmes quelque chose de plus vif & de plus fort que l'amour pour les Hommes, je veux dire l'Ambition & le Jeu. De telles Femmes rendent les Hommes chastes : elles n'ont de leur Sexe que les Habits.*

§. XXIX. LA passion du Jeu fait donc renoncer en quelque façon aux sentimens de la Nature. Après cela, il n'est pas difficile de concevoir qu'elle étouffe les sentimens de l'Humanité envers les personnes indifférentes, & avec qui l'on n'a que des relations éloignées ou fort générales. Comment

(a) *La Bruyére*, pag. 136. Voiez aussi les *Amusemens sérieux & comiques*, pag. 75, 101, 102.

ment

ment veut-on qu'un homme qui est dur & impitoiable à l'égard de ses Proches, ou du moins peu soigneux de leurs intérêts, conserve quelque sensibilité pour les maux de ceux qui n'ont avec lui d'autre liaison que celle d'une même Nature ou d'une commune Patrie, quelque empressement à leur rendre tous les services dont il est capable, quelque attachement à contribuer, autant qu'il dépend de lui, au bien de la Société Humaine en général, ou de la Société Civile dont il est membre ? Déja le commerce du Jeu est par lui-même un obstacle à la Libéralité. L'avidité du Gain qui fait qu'on risque son bien pour (a) en avoir davantage, n'est pas moins contraire à cette noble Vertu, qu'une Avarice timide, qui se borne à conserver ce qu'on a, & qui, comme elle ne hazarde rien, ne donne rien non plus de bon cœur, si ce n'est dans l'espérance certaine de recevoir en revanche le double, ou du moins autant. Si ceux qui ont cette derniére manie ne sauroient se résoudre sans beaucoup de peine à rien diminuer de leur Trésor bien-aimé, qu'ils voudroient pouvoir augmenter par quelque voie non périlleuse, & dont ils craignent que la moindre brêche ne tende à une entiére ruïne ; les autres, qui hazardent le certain pour l'incertain, ne se dessaisissent guéres plus volontiers de leur ar-

(a) Voiez la Maxime DLIX. de Mr. le Duc de la Rochefoucaut.

X 5   gent

gent à pure perte, parce que jamais ils n'en ont assez à leur gré. Ces deux sortes d'Avarice, différentes dans les mesures qu'elles prennent pour parvenir à leurs fins, partent au fond du même principe, & produisent à peu près les mêmes effets : elles détournent également, ou peu s'en faut, des actes même extérieurs de la Vertu opposée. Or quoique l'avidité du Gain ne soit pas le seul mobile du Jeu, il est certain qu'elle y entre presque toûjours, quand il s'agit de quelque chose de considérable; & qu'elle a même plus de part aux mouvemens d'un Joueur de profession, que les attraits de l'Oisiveté & du Plaisir, qui concourent à cet amusement, devenu métier & tourné en habitude. Ce seroit donc grand' merveille, si ce désir, d'ailleurs si insatiable & si incompatible avec la Libéralité, ne rendoit un Joueur chiche & ténace, toutes les fois que quelque autre Passion, quelque intérêt, quelque motif de vaine Gloire ou d'Amour propre, ou une disposition particuliére de Tempérament, ne l'emporteront pas sur les impressions naturelles de l'amour excessif du Gain. Un homme qui aime passionnément le Jeu, & qui en fait un commerce, joue tous les jours, autant qu'il dépend de lui : & quand il vient de jouer, ou il a gagné, ou il a perdu, ou bien il est sorti de la séance sans gagner ni

per-

perdre, ou du moins que peu de chose.
S'il n'a ni gagné ni perdu, il compte
(1) pour perdu tout ce qu'il n'a pas gagné,
parce qu'il s'étoit flatté de l'espérance du
Gain, que son avidité lui faisoit sottement
regarder comme une proie presque assûrée.
Ainsi, bien loin d'être disposé à faire quelque libéralité, il soûpirera après une occasion favorable de reparer cette perte imaginaire, & de ratraper le butin qui lui a
malheureusement échappé. S'il a perdu effectivement, voilà pour lui double perte,
puis qu'il est frustré de ce qu'il croioit tenir, & dépouillé en même tems du sien
propre : double motif par conséquent de ne
rien donner. Mais ne s'y portera-t-il pas
volontiers, lors qu'il a gagné, sur tout si
le gain est considérable ? On croiroit d'a-
bord que cela devroit être ainsi : il semble
même qu'un Joueur, qui a du bien consi-
dérablement, devroit toûjours ouvrir sa
bourse sans peine, parce qu'il regarde son
Jeu comme une grande ressource pour rem-
placer toutes ses dépenses, & qu'il est beaucoup plus porté à se promettre la Fortune
favorable, qu'à en craindre les revers. Cependant l'expérience fait voir que cela est
très-rare ; & qu'ordinairement, quelque bonheur

(1) *Denique ut illis [Avaris] nihil fortuna detrahat,*
quidquid non adquiritur, damnum est. Senec. Epist.
CXV. pag. 373.

heur qu'un Joueur aît eu, il n'en est guéres plus libéral. La joie extraordinaire d'un gain considérable pourra bien dans le moment lui faire donner, même avec quelque profusion, ce qu'il regretteroit extrémement de sang froid : mais ce seront le plus souvent des largesses malentenduës, des libéralitez aveugles, qui tomberont sur tout autre que sur ceux qui en devroient être les objets. Il n'aura égard ni au mérite, ni aux besoins ; & cette humeur libérale passera en un instant avec le caprice qui l'a produite. Si l'on en voit (ce qui est très-rare) qui semblent faire litiére de l'argent, c'est en eux vanité, prodigalité, ou du moins sotte confiance en la Fortune, comme s'ils avoient là une source intarissable : en un mot, c'est toute autre chose qu'une vraie & sage libéralité. Bien loin qu'un Joueur soit facile à donner du sien pour subvenir aux besoins d'autrui ; il ne se portera pas même volontiers à rendre service, lors qu'il ne lui en coûteroit autre chose que de quitter le Jeu, ou de manquer une partie qui l'attendoit. Moins encore s'embarrassera-t-il du soin de se rendre utile aux Hommes en général, & à ses Concitoiens en particulier : le commerce du Jeu l'en détourne à tous égards. Il lui fait fuïr le Travail, qui seul pourroit le mettre en état de remplir dignement un Emploi,

ploi, d'augmenter les commoditez de la Vie, d'inventer ou de perfectionner les Sciences & les Arts: il le rend presque incapable de s'occuper avec succès à quelque chose de sérieux: il lui ôte d'ordinaire les moiens de faire valoir ses talens, quand même il en auroit encore quelque désir.

§. XXX. JUSQUES ici je n'ai considéré précisément & directement les mauvaises suites de l'abus du Jeu, que par rapport au Joueur même, & entant qu'elles produisent en lui des dispositions qui seroient vicieuses, quand elles n'auroient rien qui influât sur autrui; quoi que, comme on l'a vû, quelques-unes renferment ou un dommage proprement ainsi nommé par lequel on commet une véritable injustice envers ceux qui le reçoivent, ou du moins une omission inexcusable de ce que demandent les Loix de l'Humanité, de la Charité & de la Bénéficence. Mais voici d'autres cas où l'on fait à son Prochain un tort visible & direct.

Ici je trouve d'abord ceux qui aiant entre les mains un argent d'autrui, ne font pas scrupule de le jouer, sans le consentement du Propriétaire. Car ou ils ont dequoi paier, en cas qu'ils perdent cet argent, ou ils sont hors d'état de le rendre tôt ou tard à son légitime maître. Dans le dernier cas, ils s'exposent manifestement, par

leur

leur propre faute & fans aucune néceffité;
à être débiteurs infolvables d'une perfonne,
qui ne les avoit autorifez en aucune forte
à faire de fon bien un ufage fi périlleux.
Dans l'autre, ils courent rifque de caufer
du dommage au Propriétaire, qui peut
avoir befoin de cette fomme pour quelque
affaire preffante, & manquer par là l'occafion ou de gagner quelque chofe de confidérable, ou d'éviter une groffe perte, ou
de remédier à quelque malheur. Mais quand
on ne romproit pas fes mefures, & qu'il
n'en recevroit aucune incommodité, on lui
fait toûjours du tort en difpofant de fon
bien contre fa volonté: car autant que chacun a droit d'exiger que perfonne ne lui
enléve ni retienne ce qui lui appartient,
autant en a-t-il de prétendre qu'on n'emploie fon bien à aucun ufage, fans fa per-
miffion expreffe ou tacite. A plus forte raifon cela a-t-il lieu, lors que l'on joue un
argent d'autrui contre les défenfes formel-
les de celui à qui il appartient, comme on
en trouve de (I) févéres faites à ceux qui
ont

(I) Mr. THIERS (dans fon *Traité des Jeux* &c.
Chap. XXVIII, pag. 367.) rapporte un Article de l'E-
dit de FRANÇOIS I. donné à *Châteaubriant* en
MDXXXII. où il eft non feulement défendu *à tous
ceux qui manient les deniers & finances du Roi, de jouer
à quelque Jeu que ce foit, de fes deniers; mais encore
ordonné que ceux qui joueront avec eux foient condamnez à rendre l'argent qu'ils gagneront, & le double d'i-
celui.*

ont le maniment des deniers publics. Je ne voudrois pourtant pas traiter cela de *larcin*, moins encore de *péculat*, comme font (a) quelques Docteurs. Ceux qui s'émancipent à jouer l'argent d'autrui, ne le font pas d'ordinaire à dessein de se l'approprier, (caractére essentiel à tout Larcin) mais seulement dans l'espérance qu'il leur fera gagner quelque chose. Que s'ils le jouent comme leur propre argent, dont ils ne veulent pas rendre compte, ce n'est pas de ces sortes de gens qu'il s'agit ici: ils seroient toûjours coupables, quelque autre usage qu'ils fissent de cet argent, & quand même ils ne s'en serviroient que pour leurs besoins. Mais quelque bonne intention qu'on aît de rendre l'argent d'autrui que l'on risque au Jeu, on n'est pas pour cela excusable, soit qu'on gagne, ou que l'on perde. Si cet argent se sauve, c'est par un pur hazard: il n'a pas tenu au Joueur indiscret & témeraire qu'il ne passât sans retour en d'autres mains. Ainsi quoi que par l'événement il se trouve qu'on ne fait aucun tort au Propriétaire, l'action en elle-même tendoit à lui en faire, & pouvoit du moins aussi facilement tourner de ce côté-là, qu'avoir un succès heureux. Si le Joueur se flatte d'un tel succès, c'est sans fondement: toutes les espérances qu'il peut concevoir, ne l'autorisent nullement à exposer aux

tem-

(a) *Thiers* Chap. XXVIII. §. 1.

tempêtes d'une mer si orageuse un bien
dont il n'est que dépositaire. Cette seule
raison devroit obliger quiconque a entre
ses mains des deniers ou des effets dont il
ne peut pas disposer , à bien prendre garde que la passion du Jeu ne s'empare de
son cœur; parce que, si une fois il s'y laisse
maitriser , il ne sauroit se promettre qu'a-
près avoir perdu son propre argent il ne se
hazarde à jouer celui d'autrui. Un Joueur
qui vient d'être dépouillé , & qui a grande envie de jouer ou de se raquitter, est
comme un homme qui se noie ; il se prend
où il peut. Pourvû qu'il trouve de l'argent,
il ne s'informe guéres d'où il vient , ni à
qui il est.

§. XXXI. Ceux qui empruntent pour
jouer, n'ont pas la Conscience plus délicate, que ceux qui risquent au Jeu une somme qu'on leur avoit remise ou qu'on laissoit entre leurs mains pour d'autres usages.
Si les derniers abusent de la confiance qu'on
a en eux, les autres abusent de la facilité
& de l'honnêteté de ceux qui leur prêtent.
Il n'y a pas lieu de présumer qu'une personne qui, pour faire plaisir, se dessaisit de
son argent, & permet à un autre de s'en
servir, consente que celui-ci l'emploie à un
commerce si périlleux; à moins qu'elle ne
sache que c'est pour cela précisément qu'on
l'emprunte, ou qu'elle ne croie que celui

à

à qui elle prête a dequoi le lui rendre bien-
tôt, fuppofé qu'il perde. Que fi le Joueur
voiant bien qu'en ce cas-là il ne fera pas
en état de paier, du moins de long-tems,
tâche de perfuader le contraire à celui de
qui il emprunte, ou profite de fon erreur
à cet égard, fans quoi vrai femblablement
celui-ci ne lui auroit rien prêté; il y a là
quelque chofe qui approche fort de la mauvaife foi & d'un deffein formel d'attraper le
bien d'autrui.   Mais que dirons-nous de la
conduite de (a) *la plûpart des Grands Sei-* (a) *Thiers,*
gneurs & des Gentilshommes, *qui, s'ils ai-* Traité des
ment le Jeu, empruntent de toutes parts Jeux & des
pour fournir à cette dépenfe; & quand leurs Divertiffe-
Créanciers leur demandent de l'argent, ils mens, Chap.
les amufent par de vaines promeffes, ils les XXVIII.
fatiguent par des chicaneries, & au bout §. 4. p. 366.
de tout cela ou ils les paient de Lettres de
Répit, de Lettres d'Etat, ou ils les obli-
gent de remettre une partie confidérable de
ce qui leur eft légitimement dû ? Ici je ne
puis que foufcrire à ce que dit Mr. (b) THIERS, (b) *ubi fu-*
que *ce Péché eft un de ceux qui crient ven-* pra.
geance contre le Ciel.

§. XXXII. EN GÉNÉRAL, tous ceux
qui ont des *Dettes*, quoi qu'elles n'aient
point été contractées pour le Jeu, ne doivent rien éviter avec tant de foin que de
prendre goût à ce malheureux trafic. Quand
on doit, il faut paier, & paier le plus tôt

qu'on peut. Les Dettes (1) font un poids
très-incommode pour une personne qui a
quelque probité ; & ce n'est pas le moien
de s'en décharger, que de s'engager dans
un commerce où l'on est tous les jours à la
veille de se voir réduit au dernier sou. Mais,
direz-vous, je puis gagner, je puis faire
fortune, & par là en peu de tems me mettre en état de satisfaire pleinement mes
Créanciers. Soit : mais vous pouvez aussi
perdre, & dès là je suis en droit de conclurre, que vous êtes & un étourdi, & un
homme peu soigneux de rendre à chacun
le sien. Quand il y auroit (ce qui n'est pas
& qui ne doit pas même être selon les Régles du Jeu) quand il y auroit, dis-je, plus
de degrez de probabilité que vous gagnerez, qu'il n'y en a que vous perdrez, vous
agiriez toûjours, quoi qu'un peu moins,
contre les Loix & de la Prudence & de la
Justice ; puis que c'est risquer le certain
pour l'incertain, pour une espérance plus
probable, si l'on veut, que la crainte de
la perte, mais toûjours peu assûrée. Si vos
Créanciers vous le permettoient, à la bonne heure, ce seroit tant pis pour eux : mais
il n'y en a peut-être aucun qui consente
pleinement à une pareille chose ; & après
tout, quand il s'en trouveroit d'assez sots
pour

(1) *Alienum æs, homini ingenuo acerba servitus.*
PUBL. SYR. Sentent. verf. 12.

pour cela , on ne devroit pas se prévaloir
de leur peu de sens. La Générosité & l'E-
quité y répugnent. D'ailleurs, combien peu
voit-on de gens qui, lors même qu'ils ont
fait quelque gros gain , s'en servent pour
paier leurs Dettes ? La plûpart des Joueurs
ont reperdu ce qu'ils avoient gagné, avant
qu'on puisse leur arracher un sou pour ce
sujet ou autre semblable.

§. XXXIII. DE ce que je viens de dire
il s'ensuit, que le Jeu est une tentation fort
dangereuse pour les *Marchands*, dont le
fonds consiste souvent en sommes emprun-
tées du tiers & du quart , & qui presque
toûjours, quelque riches qu'ils soient, ont
beaucoup de bien d'autrui mêlé avec le leur.
Quand cette passion ne leur nuiroit point
& par rapport au soin de leurs affaires, &
par rapport au besoin qu'ils ont de cor-
respondans & de gens qui leur prêtent ou
leur avancent pour leur commerce (car les
personnes sages & avisées n'ont garde de
confier leur bien à un Joueur) ils doivent
toûjours craindre qu'à force de jouer & de
laisser enraciner en eux la fureur du Jeu,
ils ne fassent de grosses pertes, & ne se
mettent enfin hors d'état de continuer leur
négoce & de satisfaire leurs Créanciers.
Tant de Banqueroutes , causées du moins
en partie par le Jeu, ne font que trop voir
combien peu il faut compter sur un Mar-

chand qui joue avec paſſion & par intérêt.
Lorſqu'il eſt devenu inſolvable par cet endroit-là, il ne ſauroit alleguer aucune ex-
cuſe apparente : ſa Conſcience, s'il a quelque ſentiment d'honneur & de probité, doit
lui faire tout le reſte de ſa vie des reproches ſanglans de ce qu'il a ſi mal à propos
diſſipé le bien d'autrui. Un Marchand qui
eſt ruiné par quelque autre accident, auquel il n'a en rien contribué par ſa faute,
trouve là dequoi ſe conſoler, & ſes Créanciers même ne ſauroient raiſonnablement ſe
plaindre de lui, pourvû qu'il ait été dans
l'impuiſſance de prévoir ſon malheur, &
qu'il ne s'y ſoit pas expoſé légérement ; car
par cela même qu'ils lui ont prêté pour ſon
Négoce, ils ont dû ſe préparer aux cas fâcheux qui y ſont quelquefois inévitables,
quelque habile qu'on ſoit à bien prendre
ſes meſures. Mais que peut-on dire en faveur d'un homme qui ſachant tous les ha-
zards du Jeu, & n'aïant aucune raiſon de
croire que ceux de l'argent deſquels il tra-
fique le lui aient mis entre les mains pour
l'emploier à un tel commerce, s'y engage néanmoins, en ſorte qu'il court riſque tous les jours de n'avoir plus même
dequoi le continuer ?

§. XXXIV. Le Jeu ne ſauroit jamais
paſſer pour innocent, pour peu qu'on riſque de ſe mettre dans l'impuiſſance de paier
ſes

ses Dettes; parce qu'il n'est jamais permis de s'exposer à la moindre chose qui puisse vraisemblablement nous empêcher de rendre à chacun le sien, ou de nous aquitter de quelque autre partie de nos Devoirs. Mais ce honteux trafic est encore plus criminel, lors que, pour avoir dequoi jouer, on retient de propos délibéré le bien d'autrui, d'une maniére ou d'autre, ou qu'en différant de paier on fait souffrir ceux à qui l'on doit.   Un Poëte Latin se plaint fortement des *Romains* de son tems, qui en usoient ainsi: *Jamais*, dit-il (1), *l'avidité des richesses eut-elle un plus vaste champ? l'entêtement des Jeux de hazard fut-il jamais plus furieux? Car ne vous imaginez pas qu'on se contente d'aller risquer dans les Académies de Jeu ce qu'on peut avoir d'argent sur soi; ou y fait porter des cassettes pleines d'argent. Dans quels combats perilleux ne s'y engage-t-on pas, aiant à ses côtez un Esclave qui vous fournit toutes les armes nécessaires pour le Jeu? N'est-ce pas plus que fureur, de perdre les cent*

Sester-

---

(1) ————— ————— ————— *Quando*
Major Avaritia patuit sinus? Alea quando
Hos animos? neque enim loculis comitantibus itur
Ad casum Tabulæ; positâ sed luditur arcâ.
Prælia quanta illic dispensatore videbis
Armigero? simplexne furor sestertia centum
Perdere, & horrenti tunicam non reddere Servo?
JUVENAL Satyr. 1, 87, & seqq.

Y 3

Sesterces (a), *pendant qu'on ne veut pas donner un habit à un pauvre Domestique qui meurt de froid?* A ceux qui ne paient pas les gages de leurs Domestiques, joignons ceux qui retiennent le salaire des Ouvriers & des Artisans, ou qui leur en retranchent une partie, ou qui en faisant long-tems attendre le paiement ne peuvent qu'incommoder beaucoup des gens qui vivent du jour à la journée. Autant vaudroit-il quelquefois les frustrer entiérement du fruit légitime de leur travail, que de ne pas les satisfaire incessamment : & jamais ce refus ou ce délai n'est moins excusable, que lors qu'une chose comme le Jeu en est la cause. Quand nous dirons que c'est-là un Péché criant, nous ne ferons que le qualifier après l'Apôtre St. JAQUES; car voici les vifs reproches qu'il adresse aux *Riches*, qui *vivent ici-bas dans les délices & dans le luxe :* (b) *LE salaire des Ouvriers qui ont moissonné vos Champs, & dont vous les avez privez, crie, & les plaintes de ces moissonneurs ont pénétré jusqu'au fond des oreilles du Seigneur des Armées.* Que peut répondre à cela un Joueur, qui fait profession d'être Chrétien?

§. XXXV. IL Y A aussi des occasions où l'on peut causer un grand préjudice à plusieurs personnes, quelquefois même à l'Etat, en jouant des sommes qu'on a en main,

main, quoi qu'elles nous appartiennent en quelque forte, ou qu'on ait dequoi les paier bien-tôt. Un Marchand, par exemple, qui est en société, manquera de faire quelque bonne emplette, pour avoir perdu au Jeu l'argent (1) qu'il portoit : il sera réduit à se laisser protester une Lettre de Change ; & en ce cas-là ses Associez en souffriront, aussi bien que lui. Un Commis, un Receveur des deniers publics, un homme chargé de paier des Ouvriers, se trouvera dépourvû d'argent au tems qu'il doit le compter. Un Officier jouera l'argent de sa Compagnie. Le Marquis de *Pisany* perdit au Jeu tout son argent & son équippage pendant le Siége de *Thionville :* sur quoi VOITURE se moque agréablement (a) de lui ; *Voiture* , dis-je , qui , comme nous l'apprend (b) l'ingénieux Historien de l'Académie Françoise, *fût mort riche, sans la passion extrême qu'il avoit lui-même pour le Jeu, & qui le tyrannisoit de telle sorte, qu'il s'engageoit insensiblement à des pertes qui étoient fort au dessus de sa condition, comme fut celle de quinze cens pistoles qu'il fit en une nuit.*

(a) Lett.
CXLIV.
(b) Pelisson.

§. XXXVI.

(1) En ce cas-là le Marchand ne peut pas, par le Droit Romain, demander à être remboursé du fonds commun, de ce qu'il a perdu ; non plus que s'il l'avoit dépensé pour une Maitresse. *Quod in alea aut adulterio perdiderit socius, ex medio non est laturus.* DIGEST. Lib. XVII. Tit. II. *Pro socio,* Leg. LIX. §. 2.

§. XXXVI. MAIS sur tout les Princes
& les Grands, ces hommes en place dont
les plus légéres fautes & les moindres excès sont presque toûjours d'une conséquence si dangereuse, & ont de si grandes in-
fluences, ceux-là, dis-je, s'ils se laissent
une fois aller à la passion du Jeu, commet-
tront un grand nombre d'injustices, ren-
dront malheureux une infinité de gens, &
nuiront à l'Etat en plusieurs maniéres. Un
Juge, pour avoir dequoi fournir à son Jeu,
vendra la Justice au plus offrant. Un Ministre trahira son Prince; un Magistrat, sa
Patrie. Ceux qui entrérent dans la Conju-
ration de (1) *Catilina*, étoient la plûpart
grands Joueurs. *Marc Antoine*, l'un de
ceux qui donnérent le coup fatal à la liberté de *Rome*, entr'autres mauvaises qualitez
avoit celle de Joueur. Sa maison (2) étoit
pleine de gens de ce caractére: il s'étoit en-
detté à cause de son jeu; & ce fut (3) pour
paier

(1) *In his gregibus Aleatores omnes ..... versantur.*
CICER. in Catil. *Orat.* II. Cap. X. Voiez aussi SAL-
LUST. *Bell. Catil.* Cap. XIV.
(2) *Domus erat Aleatoribus referta.* CICER. Philipp. II. Cap. XXVII. Voiez aussi XIII, 2.
(3) *Licinium Denticulam, de alea condemnatum,
collusorem suum, restituit: quasi vero ludere cum condem-
nato non liceret: sed ut, quod ille in alea perdiderat,
beneficio legis dissolveret .... hominem omnium nequissi-
mum, qui non dubitaret vel in foro alea ludere, lege,
qua est de Alea, condemnatum, qui in integrum restituit, is non apertissimè studium suum ipse profitetur?*
CICER. Philipp. II. Cap. XXIII.

paier de telles dettes que, dans le tems qu'il étoit Tribun du Peuple, il fit caſſer pour de l'argent la ſentence de condamnation prononcée contre un infame Joueur, qui n'avoit pas honte de s'exercer à ce beau mêtier au milieu de la Place Publique, dans une Ville où les Jeux de hazard étoient défendus par les Loix. Le même *Antoine* (1) choiſiſſoit pour Juges des Joueurs: beaux membres d'un Corps ſi vénérable! *Philibert* de *Châlon*, Prince d'Orange, (a) commandant au Siége de *Florence* pour l'Empereur *Charles Quint*, (b) perdit au jeu de groſſes ſommes qu'il avoit reçuës pour la paie des Soldats: de ſorte qu'il ſe trouva fort embarraſſé, & qu'il étoit réſolu de recevoir à bonne compoſition une Place qu'il aſſiégeoit depuis onze mois, & qui manquant de tout ne pouvoit qu'être forcée de ſe rendre à diſcrétion. Mais quand le gros jeu d'une perſonne de ce rang n'auroit d'ailleurs par lui-même aucune fâcheuſe ſuite, & ne la porteroit à former aucun deſſein pernicieux; l'attachement ſeul qu'elle a pour cet amuſement frivole lui fera ou négliger entiérement, ou régler à la hâte & par maniére d'aquit, des affaires importantes, d'où il arrivera bien du mal ou à l'Etat, ou à

plu-

(a) En 1530.
(b) Paul. Jov. Hiſt. Lib. XXIX, pag. 160. Ed. Baſ. 1578.

(1) *At ille legit* [judices] *Aleatores.... ô confeſſum Judicum praclarum!* Idem, **Philipp. V, 5.**

plufieurs Particuliers. Que peut-on attendre d'un (1) Prince, d'un (2) Général,
d'un Magiftrat, qui paffe le jour & quelquefois la nuit entiére à jouer? Jugeons-en
par quelques exemples remarquables que
je vais rapporter, & auxquels on pourroit
fans doute en joindre une infinité d'autres,
fi l'on favoit bien l'hiftoire de tous ceux
qui ont été adonnez au Jeu. La Ville de
Fidénes, Colonie Romaine, s'étant revol-
tée & mife fous la protection de *Tolumnius*,
Roi de *Véies*, les Romains envoiérent des
Ambaffadeurs aux *Fidénates* pour favoir
d'eux ce qui les avoit obligez à prendre un
tel parti. Ceux-ci vont d'abord trouver
leur nouveau Prince, pour lui demander (3) quelle réponfe ils devoient faire
aux

(1) Comme faifoient les Rois d'*Afie*, dont PLU-
TARQUE blâme *κυθείας μεθημερινάς*: De fort. Ale-
xandr. *pag.* 338. C. Tom. II. Et l'Empereur *Verus*:
FERTUR *& nocte perpeti alea lufiffe*, *quum in Syria
concepiffet id vitium.* JUL. CAPITOLIN. Cap. IV.
    (2) ⸺ ⸺ ⸺ *Effigies quo
Tot bellatorum, fi luditur alea pernox
Ante Numantinos?* ⸺
        JUVENAL. Sat. VIII, 9, 10.
    (3) C. Fulcivium, Clœlium Tullum, Sp. Ancium,
L. Rofcium, *Legatos Romanos, cauffam novi confilis quæ-
rentes, juffu* Tolumnii *interfecerunt* [Fidenates]. *Le-
vant quidam Regis facinus; in tefferarum profpero jactu
vocem ejus ambiguam, ut occidi juffiffe videretur, ab
Fidenatibus exceptam, cauffam mortis legatis fuiffe. Rem
incredibilem: interventu Fidenatium, novorum fociorum,
confulentium de cæde ruptura jus gentium,* NON AVER-
SUM AB INTENTIONE LUSUS ANIMUM: *nec
deinde in horrorem verfum facinus.* Propius *eft fidem,
obftrin-*

aux Ambaſſadeurs de Rome. *Tolumnius*
jouoit alors aux Dez ou au Trictrac : il ne
ſe détourna point de ſon Jeu, & comme
en le continuant il lui ſurvint un bon coup,
qui lui fit lâcher certains mots équivoques
(c'étoit apparemment quelque choſe de
ſemblable à ce que diſent nos Joueurs, lors
que fiers de leur bonheur ils veulent pouſ-
ſer la chance: *Tuë, tuë*) on crut qu'il or-
donnoit de couper la gorge aux Ambaſſadeurs, & on alla l'exécuter au plus vîte,
Je ſai que TITE LIVE, qui rapporte ce
fait le trouve incroiable & inventé à plaiſir
pour ſauver l'honneur du Roi, qui apparemment avoit, dit-il, de ſang froid, commandé aux *Fidénates* ce meurtre horrible,
pour les rendre éternellement odieux aux
Romains, & leur ôter toute eſpérance de
rentrer jamais en grace avec eux. Il paroît
inconcevable à cet Hiſtorien, que *Tolumnius* n'eût pas inceſſamment quitté le Jeu,
pour délibérer ſur une affaire ſi importante.
Mais pourquoi s'en étonner, ſi ce Prince
aimoit le Jeu paſſionnément? Or *Tite Live* ne donne pas même à entendre le contraire. Si *Tolumnius* n'eut pas enſuite horreur de l'attentat énorme auquel il avoit
donné lieu ſans y penſer, s'il ne fit pas aux
Ro-

obſtringi Fidenatium populum , ne reſpicere ſpem ullam
ab Romanis poſſet conſcientia tanti ſceleris. TIT. LIV.
Lib. IV. Cap. XVII.

Romains toute la satisfaction que méritoit une si criante infraction du Droit des Gens ; c'est que, quand il eût cessé de jouer & qu'il eût appris la méprise des *Fidénates*, il ne voulut pas chercher à s'en excuser ni lui, ni eux, par la même raison pour laquelle on veut qu'il leur ait ordonné hors du Jeu & avec une pleine délibération, de faire mourir les Ambassadeurs de *Rome*. S'il a été capable du dernier, comme on le suppose, on ne doit pas, sans de bonnes autoritez, s'inscrire en faux contre l'autre, qui est, à mon avis, beaucoup plus facile à concevoir. Pour approuver un crime déja commis, il faut sans doute moins de scélératesse, que pour le commander & le faire exécuter positivement. Quoi qu'il en soit, voici des exemples qui ne sont pas contestez. Un des *Ptolomées*, Roi d'*Egypte*, (1) se faisoit lire, pendant qu'il jouoit, le nom des Criminels, & le rapport des Juges ; après quoi il prononçoit lui-même la Sentence décisive, jusqu'à condamner à mort ceux qui lui en paroissoient dignes. Sa Femme *Bérénice* voiant un jour cela, arracha les papiers à celui qui lisoit, & dit au Roi en même

(1) Ὁ μὲν Πτολεμαῖος, φασιν, (ὁποτὲ ᵹ, αὐτὸν ἰφὴ δεῖ) καθῆσο ὀπὶ κύβοις, καὶ συνέπαιζ᾽ δαιτίλει. Εἶτά τις αὐτῷ παρισᾶς ἀνεγίνωσι ἢ κατεγνωσμένων τὰ ὀνόματα, καὶ τὰς καταδίκας αὐτῶν προσεπέλεγεν, ἵνα ἐκεῖ῾ρ᾽ σποσημαίνεται τὰς ἀξίας θανάτε. ÆLIAN. Var. Hist. Lib. XIV. Cap. XLIII. Edit. Perizon.

même tems, que, quand il s'agissoit de la Vie d'un Homme, (1) il falloit examiner les choses avec toute l'attention possible, & qu'il n'étoit pas juste de faire sauter la tête à une personne, aussi légèrement qu'on jettoit un Dé. *Ptolomée* reçût l'avis avec plaisir, & (chose rare!) en profita dans la suite. Le Caliphe *Alamin* (a) avoit un Ministre, nommé *Cuter*, avec qui il avoit accoûtumé de jouer & de se divertir. Un jour qu'ils pêchoient ensemble, on vint dire à *Alamin*, qu'un Général, qu'il avoit envoié à quelque expédition, avoit été tué, & son Armée mise en déroute. *Pourquoi me venez-vous rompre la tête de cela?* répondit Alamin, *laissez-moi en repos.* Cuter *a déja pris deux poissons, & je n'en ai pris encore aucun.* Peu de tems après, comme ils jouoient aux Echecs, on courut lui donner avis que *Taher* assiégeoit *Babylone*, & que cette place étoit en grand danger. (2) Un des Domestiques d'*Alamin* prit la liberté de lui dire, qu'il n'étoit pas tems de jouer, & qu'il devoit penser à ses affaires. *Laisse-moi*, dit le Caliphe, *ne vois-*

(a) Elmakin, Hist. Saracen. Lib. II. Cap. VII. pag. 129. apud Bochart. Canaan. Lib. II. Cap. XX. Dav. Cleric. Orat. VII. pag. 93. Th. Hyde, Prolegom. curiof. de Shahiludio, fol. a. 3.

---

(1) Ὅπερε, πάνυ σφόδρα προσήκοντα τὴν διάνοιαν, ὑπὲρ ἀνθρώπε ψυχῆς διαλογίζεσθαι, καὶ μὴ πρὸς παιδιάν γινόμενον. Οὐ γὸ ὅμοιόν εἶναι πτῶσιν τὴν τ' κύβων, καὶ τὴν τ' σωμάτων. Ibid.

(2) S A R A S I N dit, qu'il lui semble avoir là une pareille chose d'un *Duc de Normandie*, *la Ville de* Rouen étant assiégée. Opin. du nom & du Jeu des Echets, pag. 251. de ses *Oeuvres*, Ed. de Holl.

vois-tu pas bien que je fuis fur le point de
donner échec-&-mat à Cuter ? On peut
conclurre de ce dernier exemple, que fi les
Jeux même de pure adreffe, fi les Divertiffemens les plus innocens, comme la Pêche, font fort dangereux lors qu'on s'y attache avec paffion; les Jeux de hazard, à
plus forte raifon, doivent l'être infiniment.
Et ce Lacedémonien, dont on raconte qu'é-
tant envoié à *Corintho* (1) pour traiter alliance avec cette République, il s'en re-
tourna fans vouloir rien faire, parce qu'il
avoit trouvé les Magiftrats & les plus graves du Peuple occupez à des Jeux de hazard; ce Lacedémonien, dis-je, ne démen-
toit point en cela la fageffe tant vantée de
fon païs. Il avoit raifon de croire que lier
amitié avec des Joueurs, c'étoit flêtrir la
gloire de fa Nation.

§. XXXVII. 3. IL Y auroit ici bien d'autres

(1) Chilon *Lacedæmonius, iungendæ focietatis caufa
miffus Corinthum, duces & feniores populi ludentes in-
venit in alea. Infecto itaque negotio reverfus eft, dicens
fe nolle gloriam Spartanorum....hac maculare infamia,
ut dicerentur eum aleatoribus contraxiffe focietatem.*
JOANN. SARISBERIENSIS, de nugis Curialium,
Lib. I. Cap. V. pag. 21. Ed. Plant. 1595. Mr. HYDE,
dans fon II. Livre de *Ludis Orientalium* pag. 118. rapportant ce conte, fans citer perfonne, le divife mal-
à-propos en deux. Il dit, que *Chilon* ne vouloit pas
faire alliance avec des Joueurs; & il ajoûte qu'un certain Envoié refufa de traiter alliance avec les Corinthiens, *au nom des Lacedémoniens, parce qu'il avoit
trouvé les Principaux de Corinthe jouant à des Jeux de
hazard.*

tres chofes à dire : mais ce que l'on vient
de voir fuffit pour mon deffein ; & il eft
tems de finir ce long Chapitre, où il nous
refte encore à traiter en peu de mots un
des trois chefs généraux auxquels nous en
avons réduit toute la matiére.   J'ai montré
comment le Jeu peut être nuifible , ou en
lui-même , ou par l'abus qu'on en fait.
Voions maintenant quel tort il peut faire
ou à nous-mêmes, ou à autrui, à caufe de
certaines *circonftances*, d'où il refulte quelque inconvénient qui feul rendroit le Jeu
vicieux, mis à part même toute autre mauvaife fuite. Ces circonftances font, à mon
avis , les trois fuivantes , la *difpofition de
celui qui joue, l'oxemple*, & le *fcandale.*

Comme il y a de *mauvaifes difpofitions*
que le Jeu produit, il y en a d'autres qu'il
ne fait qu'augmenter ou entretenir: quelques-unes même font telles que le Jeu en
eft tantôt la prémiére & unique fource, &
tantôt l'aliment ou l'occafion feulement.
L'*Avarice*, par exemple, eft prefque toûjours une fuite infaillible du gros jeu. Quelque défintéreffé, quelque libéral, quelque
peu avide d'argent qu'un homme aît pû
être par le paffé ; s'il devient Joueur, on
a tout lieu de craindre, & l'expérience le
confirme ordinairement, qu'il fera tôt ou
tard poffédé du défir infatiable d'avoir, &
auffi ténace & chiche en toute autre chofe,

fe, que promt à risquer de grosses sommes au Jeu, dans l'espérance de faire par là quelque grand butin. Mais c'est bien pis, lors que l'on avoit déja du panchant à l'Avarice. Gros jeu, petit jeu, tout sert alors à nourrir cette passion. Il en est ici comme d'une matiére extrémement combustible ; la moindre étincelle y met le feu. Ceux qui sentent en eux une telle inclination (& pour peu qu'on s'étudie, on n'aura pas de peine à s'en appercevoir) agissent certainement avec la derniére imprudence, s'ils n'éloignent avec soin tous les objets capables de l'enflammer. La grande affaire d'un Homme sage, & à plus forte raison d'un véritable Chrétien, est de travailler sans cesse à étouffer les semences du Vice, à arracher ces mauvaises Plantes, qui croissent prodigieusement & avec une rapidité inconcevable, non seulement lors qu'on les cultive, mais encore lors qu'on néglige d'en couper de bonne heure jusques aux moindres racines. Ainsi quand le gros jeu ne renfermeroit en lui-même rien de vicieux, quand on pourroit se promettre d'en éviter d'ailleurs les mauvaises suites ; cela seul qu'il sert à nourrir l'Avarice, devroit suffire pour en détourner quiconque a un peu son devoir à cœur. Le plus sûr est même de ne jouer rien du tout, pour peu que l'on soit avide de gain & sensible à la perte.

Quel-

Quelque peu confidérable que foit ce qu'on
met au jeu, il ne laiffe pas d'exciter infenfiblement quelques mouvemens d'Avarice
dans un cœur où cette paffion a trouvé entrée ; fur tout fi l'on joue affez fouvent.
Pour prévenir ce mauvais effet, il faut une
grande attention fur foi-même, qui eft une
fituation fort incommode & affez mal aifée
dans les momens que l'on deftine à fe divertir. Mais comme l'ufage de jouer quelque chofe l'emporte généralement & prefque par tout, ceux qui le fuivent ne fauroient du moins fe difpenfer d'être alors
extrêmement fur leurs gardes, pour empêcher que le Jeu ne fortifie ou n'entretienne leur panchant à l'Avarice. Ce font eux
fur tout qui doivent travailler avec beaucoup de foin à fe mettre dans cette fage
indifférence pour le gain ou la perte, dont
nous avons parlé ailleurs, & compter d'a-
vance fur la perte, incomparablement plus
que fur le gain. Je voudrois même que,
pour plus grande fûreté, ils fe laiffaffent
perdre de propos délibéré, non pas toûjours (car ce ne feroit plus Jeu) mais quelquefois, & entr'autres dans certains coups
de conféquence où une légère faute fuffit
pour faire pancher la victoire d'un ou d'autre côté. Comme nous fuppofons toûjours
que ce qu'ils jouent n'eft pas capable de
les incommoder ni eux, ni les leurs, un

Z   tel

tel mépris de leur avantage les accoûtumeroit à fupporter la perte fans chagrin, & à ne pas rechercher le gain avec trop d'ardeur. Ce feroit triompher en quelque manière de la paffion dans un endroit où elle a beaucoup de prife. Du moins, lors qu'on s'apperçoit qu'elle commence à prendre quelque empire, il n'eft guéres poffible d'en arrêter les progrès que par quelque effort de cette nature. Quoi qu'il en foit, il eft certain qu'on ne fauroit ufer de trop de précautions, quand on s'engage dans une chofe qui peut donner lieu à quelque panchant déréglé de fe produire au dehors & de fe rendre maître de nôtre cœur. *Montagne* (1) renonça aux Jeux de Hazard, parce qu'il ne pouvoit pas s'empêcher d'être fenfible à la perte.

§. XXXVIII. Les gens promts & fujets à la Colére, doivent auffi être fort refervez à jouer, & fort circonfpects dans le Jeu, parce qu'il y furvient mille incidens, mille conteftations, qui les feront aifément fortir de l'affiette douce & tranquille où la nature feule des Divertiffemens veut qu'on fe maintienne. Quand même une perfonne de ce caractére joueroit avec beaucoup de des-

(1) *J'aymois autrefois les Jeux hazardeux des Cartes & Dez: je m'en fuis deffait il y a long-temps, pour cela feulement que, quelque bonne mine que je fiffe en ma perte, je ne laiffois pas d'en avoir au dedans de la piqueure.* Effais, *Liv,* III. *Chap.* X. *pag.* 754.

desintéreſſement, elle aura bien de la peine
à ſe modérer dans certaines occaſions. Si
on lui conteſte une choſe dont elle eſt aſ-
ſûrée, ſi elle croit qu'on lui fait quelque chi-
cane, ſi l'on ne joue pas à ſa fantaiſie ou
qu'on lui cauſe de la perte par une faute
groſſiére ; elle prendra feu d'abord, elle
laiſſera échapper des paroles deſobligeantes ;
& ce ſera grand' merveille ſi le divertiſſement ne dégenére en querelle. Il y a par
tout de ces tempéramens vifs, que peu de
choſe émeut & met hors des gonds ; quoi
que certains Climats en produiſent un plus
grand nombre. On en voit même, quoi
que rarement, qui, encore qu'ils ne jouent
rien, ſe fâchent tout de bon & témoignent
un dépit puérile de ce qu'on les a gagnez,
ſur tout aux *Echecs* & autres ſemblables
Jeux. Que ſi avec une humeur chaude &
bouillante on a encore quelque panchant à
l'Avarice, pour peu que cette paſſion s'en
mêle & vienne au ſecours du tempérament ;
à quels excès d'emportement ne court-on
pas riſque de ſe laiſſer entraîner ? Pour ne
pas craindre ces inconvéniens fâcheux, &
pour douter ſeulement s'ils ſont à appréhender, il faut n'avoir fait aucune reflexion ni
ſur ſoi-même, ni ſur la nature des Paſſions,
ni ſur ce qui ſe paſſe dans le Monde tous
les jours. PASCHASIUS JUSTUS, Médecin de profeſſion & grand Joueur lui-

même,

(a) *Lib. I.
de Alea*,
pag. 40.

même, a remarqué qu'en général (a) tous ceux qui sont d'un tempérament chaud, sont fort à craindre de se laisser aller à la passion du Jeu ; parce que la chaleur du Sang porte à concevoir aisément des espérances, & rend hardi à entreprendre des choses périlleuses. De là vient, dit-il, que, quand on a un peu bû, on risque plus volontiers de grosses sommes, & l'on s'engage plus facilement à jouer. Il ajoûte que c'est pour cela que les *Espagnols* sont de tous les Peuples qu'il connoît ceux qui jouent le plus, & qui ont le plus de panchant au Jeu. Je ne sai si aujourd'hui il pourroit dire la même chose. Quoi qu'il en soit, il nous apprend, que voiageant en *Espagne*, il a passé par plusieurs endroits où il n'y avoit pas moien d'avoir ni pain, ni vin, ni aucune autre chose nécessaire à la Vie, mais qu'il n'y a si chetif Village ni si méchant Hameau, où il n'aît trouvé des Cartes à vendre. Il est hors de doute que la grande fainéantise des gens de ce païs-là contribuë aussi beaucoup à leur faire aimer le Jeu.

§. XXXIX. TOUT conspire à demander que chacun soit extrémement attentif à empêcher que le Jeu n'entretienne & ne fasse paroître au dehors les mauvaises dispositions dont j'ai parlé, & autres semblables auxquelles il peut donner occasion. L'hon-

L'honneur du monde devroit feul nous y engager: on le feroit par vanité, fi la Vanité agiffoit conféquemment.   Il n'y a rien qui découvre mieux l'humeur (1) & les foibleffes d'une perfonne, qu'un Jeu qui attache & qui intéreffe: rien n'eft plus capable de donner de mauvaifes impreffions de celui qui joue, & de diminuer l'opinion avantageufe qu'on a de lui. Cela eft fi vrai, qu'un Poëte libertin, qui a malheureufement emploié l'heureufe fertilité de fa veine & de fon génie à donner des leçons d'un Art dont on n'eft que trop inftruit, recommande fort à une Jeune Fille qui veut avoir des Galans, (2) de fe compofer fur tout avec beaucoup de foin dans le Jeu ; fans quoi, bien loin de plaire, elle

(1) Mr. Hyde, dans fon Livre *des Jeux des Orientaux*, II. Part. pag. 122. rapporte une fentence des Rabbins, conçuë en termes qui en Hébreu forment un Jeu de mots, & dont le fens eft, qu'*il y a trois occafion: où l'on peut connoître une perfonne: quand elle a bû; quand elle perd fon argent; & quand elle eft en colére.*

(2) *Sed minimus labor eft, fapienter jactibus uti,*
    Majus opus mores compofuiffe fuos.
  Dum fumus incauti, ftudioque aperimur in ipfo,
    Nudaque per lufus pectora noftra patent;
  Ira fubit, deforme malum, lucrique cupido,
    Jurgiaque & rixa, follicitufque dolor.
  Crimina dicuntur: refonat clangoribus æther:
    Invocat iratos & fibi quifque Deos.
  Nulla fides tabulis, quæ non per vota petuntur:
    Et lacrymis vidi fæpe madere genas.
  Jupiter à vobis tam turpia crimina pellat,
    In quibus eft ulli cura placere viro.

Ovid. de Arte amandi, *Lib.* III. verf. 368. *& feqq.*

Z 3

elle ne fera, dit-il, que rebutter les hommes par son avidité, par ses emportemens, par son dépit, par ses criailleries, par ses disputes, par ses vœux & ses juremens, quelquefois même par ses larmes. Si les Maîtres d'une Ecole de Débauche reconnoissent, que, pour arriver à cette mauvaise fin, il ne faut jouer qu'avec beaucoup de retenuë, s'ils croient qu'autrement on ne sauroit plaire aux moins scrupuleux d'ailleurs ; ne se tiendra-t-on pas ici extrémement sur ses gardes par de plus nobles motifs, pour aquérir & pour conserver l'estime des véritables Gens-de-bien, pour vivre conformément à sa Nature, pour suivre les conseils de la Raison, pour ne pas violer les Loix du Christianisme ?

§. XL. LA seconde circonstance, par rapport à laquelle j'ai dit que le Jeu pouvoit n'être pas innocent, quelque bien réglé qu'il fût d'ailleurs, c'est l'*exemple* qu'on donne à des gens qui vraisemblablement en abuseront. Personne ne peut ignorer la force des Exemples pour porter au Bien, mais plus encore pour porter au Mal : & si quelcun s'imagine qu'on n'est point responsable des suites de ce que l'on fait à la vûë de tout le monde, ou même d'une seule personne, qui court risque d'en prendre occasion de se porter à quelque chose de mauvais ; il ne connoît ni l'Evangile, ni les Loix du

Bon-

Bon-Sens le plus commun. Tout le monde convient aſſez de ceci, à l'égard des choſes vicieuſes en elles - mêmes. L'exemple des perſonnes les plus indifférentes, de celles à qui l'on ne doit rien & avec qui l'on n'a aucune rélation, de celles pour qui l'on n'a aucune eſtime particuliére, ne laiſſe pas de porter coup, lors qu'il renferme la moin-dre choſe qui flatte la Corruption en géné-ral ou les Paſſions favorites: que ne doit-il pas faire, lors qu'il vient de quelcun avec qui l'on a des rélations fort étroites qui nous engagent à une déférence particuliére, ou de ceux de qui l'on dépend en quelque ſorte, ou dont on s'eſt fait du moins une haute idée? Cela regarde ſur tout les Péres & Méres, & autres Parens. Ecoutons là-deſ-ſus un Poëte Satyrique, qui aſſûrément n'ou-tre rien ici: (1) *Il y a*, dit-il, *mille choſes dignes de blâme, qui ſont tout-à-fait con-tre l'honnêteté, capables de gâter & de corrompre les plus innocentes mœurs. Ce-pendant on voit des Péres aſſez déraiſon-nables pour apprendre par leurs exemples ces choſes-là même à leurs Enfans ; pour leur en faire des leçons. Rien n'eſt plus vrai.*

Un

---

(1) *Plurima ſunt, Fuſcine, & fama digna ſiniſtra,*
    Et nitidis maculam ac rugam figentia rebus,
    Quæ monſtrant ipſi pueris traduntque parentes.
    Si damnoſa ſenem juvat Alea, ludit & heres
    Bullatus, parvoque eadem movet arma fritillo.
        JUVENAL. Sat. XIV, 1. & ſeqq.

Un Pére de Famille est-il grand Joueur?
son Fils, qui n'est encore qu'à la bavette,
manie déja les Dez & le Cornet.... Nous
(1) sommes tous ainsi faits : les Exemples
domestiques, s'ils sont mauvais, nous per-
vertissent en fort peu de tems & fort vîte,
parce qu'enfin l'on doit du respect à ceux
qui les donnent. Vous trouverez peut-être
deux ou trois Jeunes Gens, sur qui les désordres d'un Pére ne feront nulle impression,
parce que les Dieux leur auront donné en
partage une belle ame & de bonnes inclinations: mais tous les autres, marchans sur
les pas de leurs malheureux Péres, se laif-
sent entraîner dans la route qu'ils leur ont
fraîée, & dont ils devroient s'éloigner. Ne
fai-

(1) Sic natura jubet: velocius & citius nos
Corrumpunt vitiorum exempla domestica, magnis
Cum subeunt animos auctoribus. unus & alter
Forsitan hæc spernant Juvenes, quibus arte benigna
Et meliore luto finxit præcordia Titan:
Sed reliquos fugienda Patrum vestigia ducunt,
Et monstrata diu veteris trahit orbita culpæ.
Abstineas igitur damnandis. hujus enim vel
Una potens ratio est, ne crimina nostra sequantur
Ex nobis geniti: quoniam dociles imitandis
Turpibus ac pravis omnes sumus ————
Nil dictu fœdum, visuque hæc limina tangat,
Intra quæ puer est ———— ————
Maxima debetur puero reverentia. si quid
Turpe paras, nec tu pueri contempseris annos:
Sed peccaturo obsistat tibi Filius infans.
Ibid. vers. 31, & seqq.
En tout ceci j'ai suivi la Version du P. Tarteron. Voiez
le Dialogue D E O R A T O R I B U S, attribué par les uns
à Tacite, par d'autres à Quintilien, Cap. XXIX.

faites donc jamais rien de tout ce que vous jugez être mal ; & cela par une raison qui seule me paroît valoir toutes les raisons du monde, c'est que, si vous le faites, vôtre Fils le fera. Car, ne nous flattons point, nous apprenons aisément le Mal, & nous ne sommes que trop dociles aux leçons qu'on nous en donne..... Qu'on n'entende jamais chez vous un mot deshonnête, qu'on n'y voie rien que de bienséant. Il faut avoir pour les Enfans je ne sai quel respect ; quelque peu d'âge qu'ils aient, n'en soiez jamais moins retenu devant eux. Que vôtre Fils, tout enfant qu'il est, vous arrête au moment que vous allez tomber dans le désordre. Tout Supérieur, que dis-je ? tout Homme doit s'appliquer la leçon de ce Poëte : combien plus un Chrétien, à qui l'Evangile ordonne de s'abstenir (a) des moindres apparences du mal ?

(a) I. Thessal. V, 22.

§. XLI. MAIS il y a plus. L'Exemple est quelquefois nuisible, quoi qu'il n'y ait rien de mauvais dans l'action même ; & c'est à quoi peu de gens font attention. Lors qu'une chose se trouve de telle nature, qu'on peut facilement en abuser, il est très-dangereux de la faire, quelque duement & légitimement que ce soit, au vû & au sû de quiconque n'a pas assez de discernement & n'est pas assez maître de lui-même pour se tenir dans de justes bornes.

C'est

C'est comme si l'on mettoit un Coûteau tranchant entre les mains d'un Enfant encore à la mammelle : il ne sait pas s'en servir comme il faut, il ne fera que se couper ou se blesser. D'ailleurs, on se flatte aisément (1) qu'on peut aller au delà de ce qu'un Superieur ou un homme de poids permet & autorise ou formellement, ou par son exemple. On suppose, ce qui est vrai au fond, que son caractére demande de lui de plus grands ménagemens : on le soupçonne d'accorder moins qu'il ne croit raisonnable, pour obtenir plus aisément le juste milieu : on s'imagine que, s'il ne s'attache à certaines choses que foiblement & jusqu'à un certain point, c'est parce qu'il n'y prend pas goût. Tout cela joint avec le panchant au Plaisir & à la Licence, si fort dans la plûpart des Hommes & si ingénieux à suggérer mille vains prétextes, fait que des choses très-innocentes, à ne les regarder qu'en elles-mêmes, fournissent occasion à ceux qui les voient de se porter à des excès très-réels, ou de se confirmer de plus en plus dans le désordre où ils étoient déja engagez. Une Dame Romaine, au sujet de laquelle PLINE LE JEUNE nous a conservé quelques parti-

(1) *Nemo satis credit tantum delinquere, quantum Permittas : adeo indulgent sibi latius ipsi.* JUVENAL, Satyr. XIV. vers. 233, 234.

ticularitez, avoit bien compris cette vérité. (1) Elle se divertissoit, dans son grand loisir, à jouer aux *Dames*, & à voir des *Pantomimes* ou Comédiens muets qui représentoient tout par le geste seul : mais, quoi qu'elle aimât le Plaisir, toutes les fois qu'elle avoit envie de prendre l'un ou l'autre de ces divertissemens, elle faisoit retirer un Petit-fils qu'elle avoit auprès d'elle, & l'envoioit étudier : *précaution dont elle usoit*, ajoûte l'Auteur de la Lettre où l'on trouve ce petit conte, *plus, à mon avis, par respect pour la foiblesse de cet âge tendre, que par l'affection qu'elle avoit pour son Petit-fils.* Quand cette Femme n'auroit pas été un peu trop attachée à de tels amusemens, elle auroit toûjours agi en cela fort sagement, & d'une manière très-convenable au dessein qu'elle avoit de faire bien élever son Petit-fils. Quiconque a véritablement à cœur l'intérêt de ceux sur qui son exemple est capable de faire quelque

que

(1) *Vixit* [Quadratus] *in contubernio avia delicato severissimè, & tamen obsequentissimè. Habebat illa* [Numidia Quadratilla] *pantomimos, fovebatque effusius, quam principi fæmina conveniret. Hos* Quadratus *non in theatro, non domi spectabat; nec illa exigebat. Audii ipsam, quum mihi commendaret nepotis sui studia, solere se, ut feminam in illo otio sexus, laxare animum lusu calculorum, solere spectare pantomimos suos; sed quum factura esset alterutrum, semper se nepoti suo præcepisse, abiret, studeretque : quod mihi non amore ejus magis facere, quam reverentia videbatur. Lib. VII. Epist. XXIV. num. 3, & seqq. Ed. Cellar.*

que impreſſion, doit leur cacher avec beaucoup de ſoin tout ce dont ils peuvent abu-
ſer ; ou , s'il n'y a pas moien de leur en
dérober la connoiſſance , il faut ſe permettre beaucoup moins qu'il ne ſeroit raiſonnable & légitime ſans cette conſidération.
Si vôtre Fils vous voit jouer un peu ſouvent , quoi que d'ailleurs vous le faſſiez
d'une maniére qui ne donne aucune atteinte à vôtre devoir , vous lui apprendrez
par là à fuïr le Travail, & à donner beaucoup de tems au Plaiſir à quoi il n'avoit
déja que trop de diſpoſition.   Cette leçon
muette, donnée même contre vôtre intention, ſera plus efficace, que toutes les belles moralitez qu'il entendra de vôtre bouche ou de celle de ſes Maîtres. Il prendra
goût au Jeu, ne fût-ce que pour vous imiter ; il cherchera à jouer autant qu'il pourra, & on aura lieu bien-tôt de lui appliquer ce mot de PLATON, qui (1) cenſu-
rant

(1) O' γῦν Πλάτων λέγεται, διατάειλρ@ τινὰ κυ-
ϐέυοντα, αἰτιάσαθς. τῷ ῇ εἰπόντ@, ὡς ὁπὶ μικροῖς.
'Αλλὰ τό γε 19@, εἶπεν, ὐ μικρόν. DIOGEN. LAERT.
Lib. III. §. 38. Ed. Amſt. Je ne ſai où Mr. THIERS
a trouvé les paroles ſuivantes qu'il donne pour une
réflexion de l'Hiſtorien que je viens de citer , & qu'il
cite auſſi : Ce qu'il diſoit , ajoûte Diogéne Laërce, parce qu'il ſavoit que ces Jeux étoient pernicieux, & qu'ils
fomentoient l'Oiſiveté, qui eſt la mére de tous les crimes.
Traité des Jeux, Chap. XIII. pag. 136. Il n'y a pas un
mot de tout cela dans l'Original, ni près, ni loin ;
& voilà ce que c'eſt que de ne pas tenir les choſes de
la prémiére main.

rant un jour quelcun qu'il voioit jouer aux Dez, comme celui-ci lui eût dit; *Voilà bien du bruit pour peu de chose: Il est vrai,* répondit-il, *c'est peu de chose; mais ce n'est pas peu de chose que la Coûtume.* Confirmons ceci par les paroles d'un grand Philosophe de nos jours : „ Vous ne devez, „ dit-il , jamais faire devant (a) vôtre Fils „ ce que vous ne voudriez pas qu'il fît à „ vôtre imitation. S'il vous échappe de fai-„ re vous-même quelque chose que vous „ prétendiez faire passer en lui pour une „ faute, il ne manquera pas de se couvrir „ de vôtre exemple; & je ne vois pas trop „ bien comment vous pourrez alors vous „ adresser à lui pour l'en corriger par quel-„ que voie légitime. Si vous le punissez „ pour avoir fait ce qu'il vous voit faire à „ vous-même, cette sévérité ne passera pas „ dans son esprit pour une marque d'af-„ fection, & du soin que vous prenez de „ le corriger de ses défauts, mais pour un „ effet de l'humeur chagrine & impérieu-„ se d'un Pére, qui par une autorité pu-„ rement arbitraire & destituée de tout „ fondement, veut priver son Fils de la „ liberté & des plaisirs dont il joüit lui-„ même. Que si vous voulez faire passer „ la liberté que vous avez prise , pour un „ privilége qui appartient à des Hommes
„ faits

(a) *Locke,* Educat. des Enfans, §. 71.

„ faits, mais à quoi les Enfans n'ont aucun
„ droit de prétendre, vous ne faites par là
„ que donner une nouvelle force à vôtre
„ exemple, & rendre l'action d'autant plus
„ recommandable à vôtre Enfant ; car
„ vous devez toûjours vous reſſouvenir
„ que les Enfans ſe piquent d'être hom-
„ mes bien plûtôt qu'on ne croit ordinai-
„ rement.

§. XLII. ENFIN, le Jeu devient nuiſible, & par conſéquent illicite, lors qu'on
joue devant des gens qui en ſont choquez,
ou en certains tems & dans certains lieux
que l'on regarde communément comme
conſacrez à d'autres occupations plus graves, ou dans quelques autres circonſtances qui font que cet amuſement paſſe pour
meſſéant & hors de ſaiſon ; en un mot,
toutes les fois qu'il y a quelque *ſcandale*.
Les Loix de la Bienſéance & de la Civilité voudroient ſeules qu'en ces cas-là on
s'abſtînt d'une choſe comme le Jeu, qui eſt
ſi peu néceſſaire & de ſi petite importance. Mais il eſt auſſi du devoir de l'Honnête-Homme, & à plus forte raiſon du véritable Chrétien, de ne choquer perſonne
ſans néceſſité, autant qu'il lui eſt poſſible:
c'eſt ce que demande l'obligation indiſpenſable d'entretenir la ſociété & de vivre en
paix avec tout le monde. Il faut reſpecter
juſ-

jusqu'aux foiblesses d'autrui, que l'on ne peut pas guérir. Si je sai qu'une personne fait scrupule de jouer, & qu'elle croit le Jeu mauvais par lui-même, la Charité veut que, pour ne pas la scandaliser, je m'abstienne absolument de jouer en sa présence, & que je lui cache même autant qu'il est possible le plaisir innocent, mais suspect ou dangereux à son gré, que je prens quelquefois à ce divertissement. Il n'y a là rien que de très-juste; & c'est aussi tout ce qu'on peut exiger raisonnablement. Car si sous prétexte que vous condamnez indifféremment toute sorte de Jeu, sans distinguer l'usage d'avec l'abus, vous vouliez m'assujettir à me passer absolument de jouer, ou si vous prétendiez que je dois y renoncer du moment que vous n'ignorez pas que je joue, quoi que ce ne soit pas ma faute si vous l'avez appris; en ce cas-là rien ne m'obligeroit à me priver d'une chose dont je suis assûré que j'use innocemment, pour satisfaire vôtre désir injuste & vôtre sévérité excessive. Il y a mille choses indifférentes sur lesquelles on peut se faire de vains scrupules: & comme l'un se scandalisera de celle-ci, l'autre de celle-là, s'il falloit se sevrer de tout ce que quelcun ne croit pas permis, cela réduiroit presque à rien l'usage de ces sortes de choses, &
anéan-

anéantiroit la Liberté Chrétienne par conséquent. Si je dois vous épargner la vûë d'une chose qui vous choque, vous devez de vôtre côté ne pas me gêner inutilement, & ne pas me donner lieu de vous soupçonner ou d'une curiosité indiscréte, ou d'un attachement excessif à vôtre sens qui vous fait ériger en pédagogue de ma conduite. En un mot, il suffit d'éviter tout ce dont une personne sage & modeste peut se choquer raisonnablement: on n'est point tenu d'avoir égard à toutes les fantaisies d'une ignorance scrupuleuse, ou d'une superstition aveugle.

§. XLIII. J'AI déja (a) dit quelque chose de ce que défendent ici certains *tems*; & chacun peut aisément distinguer toutes les occasions où le Jeu est mal placé. Les *lieux* méritent aussi qu'on y ait beaucoup d'égard. Ces anciens *Grecs*, par exemple, qui alloient d'*Athénes* jouer à *Sciros* (b) dans le Temple de *Minerve*, quand ils n'auroient pas été d'infames Joueurs de profession, quand ils auroient observé d'ailleurs tout ce qui est nécessaire pour jouer innocemment, auroient toûjours été dignes d'une censure & d'un traitement semblable à celui (c) qu'un saint zéle inspira à Nôtre Seigneur JÉSUS-CHRIST envers des *Juifs* qui profanoient le Temple du vrai Dieu

(a) Chap. IV. §. 16. & suiv. de ce III. Liv.

(b) Jul. Pollux, Onomastic. Lib. IX. Cap. VII. §. 96. ibique Intt. Edit. Amstel.

(c) Jean, I, 14, & suiv.

Dieu par un trafic en lui-même plus honnête. Quoi qu'il n'y ait proprement aucune sainteté attachée aux lieux, c'est témoigner bien peu de respect pour la Divinité qu'on adore, que de faire servir sans nécessité à d'autres usages un lieu destiné à ce Culte religieux. D'ailleurs, il faut s'abstenir, autant qu'on peut, de mêler les idées graves & sérieuses, sur tout celles de la Religion avec les idées badines ou frivoles, de peur qu'on ne s'accoûtume à les regarder les unes & les autres sur le même pié ; & il est bien difficile que cela n'arrive lors que l'on s'amuse à des bagatelles dans les mêmes endroits où se traitent les choses de la plus haute importance. On donne lieu du moins à ceux qui le voient de faire de nous un tel jugement, & par là ou l'on les scandalize, ou l'on leur inspire de mauvais sentimens que l'on n'a peut-être pas soi-même. Il y a des lieux où l'on ne doit pas jouer par une raison toute opposée, je veux dire, à cause qu'ils ne sont pas assez convenables à une personne grave, ou même à un honnête homme, comme nous le verrons (a) ailleurs. C'est à chacun à considérer attentivement les autres circonstances qui peuvent rendre le Jeu sujet à quelque inconvenient, sur tout celles des *Personnes*. Il y a des gens

(a) Chap. VII. de ce III. Livre.

A a

de

de quoi l'on attend ; & avec raison, une retenuë & des ménagemens beaucoup plus grands, que du combran des Hommes. C'est de quoi nous allons traiter dans ce Chapitre, où la matiére nous engagera aussi à développer plus distinctement & à appliquer plusieurs choses que nous avons dites dans ce Chapitre.

Fin du Premier Tome.

www.ingramcontent.com/pod-product-compliance
Lightning Source LLC
Chambersburg PA
CBHW060946220326
41599CB00023B/3603